万卷方法®

如何做好研究计划：
关于开题报告和项目申请的指导

（原书第6版）

劳伦斯·F.洛柯
（Lawrence F. Locke）

[美]　维涅恩·瑞克·斯波多索　　著　　李英武　朱光明　译
（Waneen Wyrick Spirduso）

斯蒂芬·J.斯尔弗曼
（Stephen J. Silverman）

重庆大学出版社

Proposals That Work: A Guide for Planning Dissertations and Grant Proposals 6th Edition, by Lawrence F. Locke, Waneen Wyrick Spirduso, Stephen J. Silverman. English language edition published by SAGE Publications of London, Thousand Oaks, New Delhi and Singapore, 2017.

如何做好研究计划：关于开题报告和项目申请的指导：原书第 6 版。原书英文版由 SAGE 出版公司于 2017 年出版，版权属于 SAGE 出版公司。

版贸核渝字（2023）第 063 号

图书在版编目（CIP）数据

如何做好研究计划：关于开题报告和项目申请的指
导：原书第 6 版 /（美）劳伦斯·F. 洛柯
（Lawrence F. Locke），（美）维涅恩·瑞克·斯波多索
（Waneen Wyrick Spirduso），（美）斯蒂芬·J. 斯尔弗
曼（Stephen J. Silverman）著；李英武，朱光明译
. -- 重庆：重庆大学出版社，2023.8
（万卷方法）
书名原文：Proposals That Work: A Guide for
Planning Dissertations and Grant Proposals 6th
Edition
ISBN 978-7-5689-3923-2

Ⅰ. ①如… Ⅱ. ①劳… ②维… ③斯… ④李… ⑤朱
… Ⅲ. ①论文—写作 Ⅳ. ①H052
中国国家版本馆 CIP 数据核字（2023）第 093503 号

如何做好研究计划：
关于开题报告和项目申请的指导
（原书第 6 版）

RUHE ZUOHAO YANJIU JIHUA：
GUANYU KAITI BAOGAO HE XIANGMU SHENQING DE ZHIDAO

劳伦斯·F. 洛柯（Lawrence F. Locke）
［美］维涅恩·瑞克·斯波多索（Waneen Wyrick Spirduso）著
斯蒂芬·J. 斯尔弗曼（Stephen J. Silverman）
李英武　朱光明　译

策划编辑：林佳木
责任编辑：李桂英　　版式设计：林佳木
责任校对：关德强　　责任印制：张　策

*

重庆大学出版社出版发行
出版人：陈晓阳
社址：重庆市沙坪坝区大学城西路 21 号
邮编：401331
电话：（023）88617190 88617185（中小学）
传真：（023）88617186 88617166
网址：http：// www.cqup.com.cn
邮箱：fxk@ cqup.com.cn（营销中心）
全国新华书店经销
重庆升光电力印务有限公司印刷

*

开本：787mm×1092mm　1/16　印张：19　字数：365 千
2023 年 8 月第 1 版　　2023 年 8 月第 1 次印刷
ISBN 978-7-5689-3923-2　　定价：68.00 元

作者简介

劳伦斯·F.洛柯（Lawrence F.Locke）

马萨诸塞大学艾摩斯特分校教育和体育名誉教授。他出生于康涅狄格州，在斯普林菲尔德学院获得学士学位和硕士学位，在斯坦福大学获得博士学位。他写了大量关于教学和教师教育研究成果的产生和利用的文章。他写了许多书，旨在帮助非专业人士完成阅读和理解科研成果。他和妻子洛林·戈耶特（Lorraine Goyette）教授每年都花大量时间写作、跑步和探索位于雷德角的天空牧场的熊齿山。他的电子邮件地址是 lawrenceflocke@gmail。

维涅恩·瑞克·斯波多索（Waneen Wyrick Spirduso）

得克萨斯大学奥斯汀分校运动科学与健康教育系的教授。她出生于奥斯汀，拥有得克萨斯大学学士学位和博士学位，并在北卡罗来纳大学获得硕士学位。她的研究重点是衰老的影响和运动控制的机制。她对研究文献做出了很大贡献，并编写了与研究方法和老龄化相关的教科书。四十多年来，她教授研究方法，指导学生研究，并获得联邦政府和基金会的多项研究资助。她打高尔夫球和划船，与丈夫克雷格·斯皮杜索（Craig Spirduso）住在得克萨斯州奥斯汀。

斯蒂芬·J.斯尔弗曼（Stephen J.Silverman）

哥伦比亚大学师范学院教育学教授兼生物行为科学系主任。他是费城人，拥有天普大学学士学位，华盛顿州立大学硕士学位，马萨诸塞大学艾摩斯特分校博士学位。他的研究重点是体育教学和学习，以及在田野中进行研究的方法。他撰写了大量的研究文章和章节。他曾担任两种研究期刊的编辑，是一名经验丰富的研究生导师，多年来教授研究方法、统计学和测量学课程。他喜欢跑步和水上运动，与妻子帕特里夏·莫兰（Patricia Moran）住在曼哈顿上西区。

译者简介

李英武

中国人民大学心理学系副教授,博硕士生导师。目前担任中国心理学会心理测量专业委员会委员(2022—2025);中国心理学会员工心理促进工作委员会(EAP)委员(2022—2025);中国健康管理协会公职人员心理健康管理分会常务理事(2022—2025)。近年来,主要关注:组织管理心理学和职业健康心理学领域的研究;基于组织多水平研究范式,探讨组织情境特征与员工心理健康(Psychological Distress)的影响机制,组织中的领导风格与员工心理与行为的跨层影响。

朱光明

安徽巢湖人,安徽大学高等教育研究所副研究员,北京大学教育学博士,北京大学教育质性研究中心兼职副研究员,主要从事高等教育、教师教育、课程与教学、质性研究方法、现象学教育学等方面的研究;公开发表学术论文20余篇,出版学术专著1部,出版译著4部;主持完成课题2项;2012—2013年,在加拿大阿尔伯塔大学做访问学者。

翻译分工

李英武翻译第七章到第十章,第三部分的四个研究计划书样例以及推荐阅读的书;朱光明翻译前言、第一章到第六章。

前言

本书的特色

本书并没有直接教学生如何去做研究,本书的主旨是告诉读者如何起草研究计划书(Proposal①)。虽然研究者执行研究和撰写研究计划书的能力之间有着密切的联系,但两者并不是一回事。有些人虽然在研究设计及资料分析的方法方面学富五车,但是在将自己的研究设计和思路进行传达时,却显得捉襟见肘、不得要领。

资深学者都知道,在某些情况下,撰写研究计划书十分重要,而且也比预想的要难得多。即使是研究新手,也应该知道研究计划书在获取研究资助时所发挥的重要作用,因为一旦你确定了研究目标,那么很明显,要想获得支持或者资助,就只能通过清晰而有说服力的研究计划书来展示你的研究设计的高明和执行研究的能力。

相对而言,研究生很少能意识到,研究计划书是他们随后的论文写作能否顺利完成并获得通过的一个关键。在研究生教育实践中我们发现,研究计划书起着举足轻重的作用——它不仅仅是一个简单的研究计划。在大部分情况下,学生是否获准开始自己的研究完全取决于这第一份关于研究的正式文档。开题委员会往往就是通过研究计划书的质量来判断,学生的研究思路是否清晰,是否具备实施研究的技能,以及学生将来的研究报告结果是否具备足够的解释能力。总之,研究计划书相当于一种载体,委员会正是通过它来判断某研究生是否具备实施该具体研究的能力。

如果理解了撰写研究计划书的重要性,那么我们写作这本指导手册的意图就不言而喻了。自始至终,我们的目标只有一个——让你起草的研究计划书看起来不但

---

① 本书中所述的 Proposal,英文直译为"计划书或建议书",但基于不同的中文背景会有不同的意译方式。在我国申请纵向科研课题,如申请国家自然科学或社会科学基金时,Proposal 常译为"基金申请书";在研究生申请学位时,常译为硕士或博士"开题报告";而在申请横向课题经费时,如向国家部委、大型企业、非政府组织申请科研资助时,"Proposal"则相应可译为"研究计划书"或"经费申请书"。为此,在本书中以"Proposal"的意译"研究计划书"为主,兼顾不同背景使用"课题申请书"以及"开题报告"。——译者注

结构合理而且更贴合实际。如果你的研究计划还是不幸被拒，那应该就是由于研究本身缺乏价值或可行性，而不是研究计划书写得不够好。

在阅读本书时，你会发现，我们在解释说明如何起草研究计划书时，会用到很多概念（以及和它们相关的术语），这些概念和术语对所有的研究似乎都通用。虽然在一些特定的研究传统中，它们可能被贴上不同的标签，或者在某些研究中它们被赋予了特殊的意义，但我们依然使用这些概念。我们之所以喜欢用通用的术语，部分是因为在研究中区分出这些概念的细微变化是一件非常烦琐的事情。而且我们确实看到，虽然研究的形式多种多样，但在各种类型的研究之上，还是有一套共同的标准和大家共同关心的问题。在撰写研究计划书时，我们不仅要记住各种研究方法共有的东西，也要记住各种方法所独有的东西，这点非常重要。

作为一种学术展示，在历史研究或哲学研究中，研究计划书一定要反映这两种研究形式所特有的规范。同样地，质性研究计划与实验研究是不同的，计划书中首先要就研究假设进行说明。但是不论哪种规范，在研究设计阶段都有这样一些要求：应该提出研究问题；研究计划应该建立在文献梳理基础之上；应该可以找到合适的资料来源；使用的方法论应该符合研究传统；所有这些都应该能够说服读者（课题评审专家）：研究者能胜任该研究。换言之，不同类型的研究有各自不同的要求，而且都有其独特的优势，但在本书中，我们主要强调在各种研究形式中共同的特征。

新版本的变化

每当我们考虑对这本《如何做好研究计划》（*Proposals That Work*）进行修订时，都会产生很多顾虑。我们的第六次修订也不例外。这里我们就不再赘述历次修订中的所有细节。读者可以相信我们已经完成了所有必要的但通常不明显的修订工作，例如更新参考资料、研究样例及对需要进一步澄清的地方进行了重写等。因此，这里我们只想为读者指出促成最新这版《如何做好研究计划》中那些主要的因素。

在第五版中，我们对第二部分关于申请研究经费的内容做了重大的修改。这一次，我们进一步对研究生申请资助研究的两个章节进行了修改。我们对如何以及到什么地方寻求资助这部分内容进行了拓展，把自上一版以来出现的所有的技术进步都吸纳到书中。对于那些为论文及其他研究寻求资助的学生来说，这些章节能提供帮助。

为了满足越来越多的撰写混合研究的计划书的需要，本次修订新增了一整章来讨论这个话题。此外，还为读者的进一步学习补充了信息资源，并为学生准备混合方法研究计划提供了建议。那些打算用混合方法写论文做研究的人一定会希望早点阅读本章。

我们在第六版中吸纳了两个新的研究计划书样例。研究计划书1是一个复合实验研究(multipart experimental study)。在很多社会科学和行为科学学术领域，复合实验研究已成为博士论文研究的标准范式。该研究计划书以及书中我们新增的评论详细解释了复合实验研究的设计规范，以及如何让计划书与之后进行的博士研究任务相互契合。研究计划书2是一项质性研究，该学生做的是一项田野研究。我们对该研究计划书做了一定的删减，使其聚焦于为研究形成一个案例和细化的研究方法。质性研究的特殊性在该研究计划书中体现得非常明显——因为都是要求的一般性任务。结合研究计划书3和研究计划书4，读者对各种撰写研究计划书的方法将会有更好的把握，从而赢得委员会的支持或资助。

在整本书中，我们特别注重样例的增加，并提供更多领域的学术资源。本书的成功以及各个大学对该书的利用需要这些，我们尽量提供一些不需要太多学科背景知识就可以读懂的样例。

本书的使用建议

本书分为三个大的部分：第一部分，撰写研究计划书；第二部分，申请科研经费；第三部分，研究计划书样例。第一部分的各个章节构成了本书的核心，这部分不仅提供了适用于所有研究计划书的一般知识，而且还讨论了在研究生教育和项目资助申请中使用研究计划书的一些具体问题。目录中显示的各个章节的标题为本书内容提供了一个提纲挈领的说明。我们希望读者注意第五章的内容，在这一章中我们回答了在质性研究和批判研究范式假设基础上提出研究的一些特殊要求，第六章阐述的是混合方法研究。

在第二部分，我们为那些希望获得研究资助的人提供一些帮助。第九章中我们介绍了寻找资金来源和递交申请的一般问题。在这一章中，我们主要介绍学生在做研究(项目、论文和学位论文)时如何寻求资助，然后在第十章介绍撰写申请资助研究计划书的具体事项。总的来说，对于那些想要寻求和利用这些提供经济资助的基金会和机构(无论是政府还是私人)的研究者来说，第二部分这两章的内容为他们提供了一个可靠起点。如果需要，还可以在书末附录推荐阅读的书中找到更详细的信息。

在第三部分，我们提供了四个研究计划书样例。每个研究计划书都带有指导性的注解，目的是说明它们各自的优势和不足——从研究计划本身到呈现这些计划的书面表达两个方面。总之，这四份研究计划书样例，既有量化研究设计，也有质性研究设计；既有研究生学位论文的研究计划书，也有申请研究资助的研究计划书。

不同背景的读者都能够从本书中受益。那些毫无研究计划书撰写经验的读者应该从第一章开始读，这一章主要介绍研究计划书的基本功能。对于新手研究者来说，可以先浏览一下第三部分的几份研究计划书，初步了解研究计划书各个部分的构成。这样，在阅读后面的章节时，对研究计划书的作用的感受就会更加具体。

那些有研究经验的读者可以直接转到第三章，在这一章中我们讨论了如何寻找研究问题，以及开始撰写研究计划书时的一些具体问题。那些对申请资助感兴趣的读者，应该从第九章和第十章开始阅读，然后根据需要再转向其他章节。那些打算做质性研究的读者，也可以采取同样的方式——可以从第五章和第六章及第三部分中相应的质性研究计划书样例开始阅读，并在需要时阅读其他章节。

致谢

与很多合作型著述一样，很多人在完成本书的过程中都起了非常重要的作用，但他们的名字却未出现在封面。在这里，我们首先要感谢来自麻省大学阿姆赫斯特分校（University of Massachusetts at Amherst）、田纳西大学奥斯汀分校（University of Texas at Austin）以及哥伦比亚大学教育学院（Teachers College，Columbia University）我们班级中那些学生的贡献，他们使用了本书最初版本，并提供了很多修改意见。其次要感谢对我们的《如何做好研究计划》和《阅读和理解研究》（*Reading and Understanding Research*，SAGE）这两本书提供评论的所有专家和教授。我们还要感谢下面这些评论者对这个版本的修改建议：国王学院（Queens College）的 Eve Bernstein；堪萨斯大学（University of Kansas）的 Bruce Frey；圣安东尼田纳西大学（University of Texas at San Antonio）的 John P.Bartkowski；阿萨巴斯卡大学（Athabasca University）的 Kam Jugdev；以及阿拉巴马农工大学（Alabama A & M University）的 Jitendra M.Kapoor。另外，谢谢 Alissa Ferry、Rhia Hamilton、Pamela Rothpletz-Puglia，以及 Jed Tucker，本书引用了他们撰写的非常出色的研究计划书。

我们还要感谢SAGE出版公司的编辑 Vicki Knight，她激发我们开始修改本书并不断鼓励我们继续完成。我们要把我们最深的感谢给予 Lori、Craig 和 Pat，他们的耐心和理解再一次鼓舞了我们。还有很多人我们无法一一感谢，在此深表歉意。

目　　录

第一部分
撰写研究计划书

第一章 研究计划书的作用

在撰写学位论文的过程中,第一步是提交课题申请,也就是研究计划书。在研究计划书中,不但要准确地说明研究对象的性质,还要详细说明将要使用的研究方法。另外,研究计划书一般还要提供足够的材料来支持并说明选题的重要性和所使用的研究方法的恰当性。

基本作用

研究计划书至少起到了三个方面的作用:作为一种沟通的工具;作为一个计划;作为一项合约。

沟 通

研究计划书的作用是把研究者的研究计划传达给那些能够提供咨询、授予许可或提供研究资助的人。对于研究生,学位论文委员会主要是根据研究生的研究计划书来评论、指导他们的研究,更重要的是,研究计划书还是委员会判断是否同意他们实施研究计划的依据。对于其他人，研究计划书还有一个作用，就是抓住基金会或政府资助机构的钱包。资助的性质、咨询费用和资助的可能性都直接取决于研究计划书的清晰性和完整性。

计 划

研究计划书可以是一个行动计划。任何实证研究都包括对一些特定现象的详细、周密和预先的观察。研究结果是否能够被人们接受，完全取决于所设计实施的观察、记录和解释是否恰当。因此，对研究现象进行观察的计划，以及相应的论据和解释说明都是衡量论文、学位论文或研究报告是否恰当的基础。

研究计划和研究报告同样重要。一份好的研究计划书会把研究计划一步步详细地列出来，并且还在其中列出可能遇到的各种问题和各种可能遇到的变化，这样的计划是实施研究最有力的保证，能够防止疏忽或考虑不周。优秀的研究计划书的特点是研究设计细致而周全，能够让另外一个研究者重复该项研究。也就是说，实施同样的观察，而所获得的结果和该研究者没有太大的差别。但这对某些质性研究来说则有些例外（见第五章）。

合 约

一份通过委员会审议并签字确认的完整的研究计划书，就是学生和导师之间的一份协定；一份被同意资助的研究计划书，就是研究者（以及大学）和资助方之间签订的一份合约。获准实施的研究计划书表明，如果具备研究的能力并完全实施了研究，那么研究就应该能够提供一个符合目前标准的报告。因此，一旦合约签订了，就不可以变动，除非做出一些细微的修改，但也只能在证据表明必须修改或强烈希望修改时才可以这样做。

在资料收集之前，论文研究计划书应先定稿。在大多数情况下，要想做出重大修改只有在全体委员会明确同意的情况下才可以。一旦开题报告确定下来并获得同意，学生和委员会的成员都不能随意地单方面改变该"合约"的基本规定。

关于研究计划书的规定

任何资助机构对于申请资助都有他们自己的一套指导原则，而且要求申请者必须严格遵守。但是,大学目前却并没有一套通用的规则或指导原则来规定研究计划书的格式和内容。不过,对于最终研究报告的内容和形式各所学校却都有一些传统规定。研究计划书是提出一个行动计划,这些写在报告中的行动必须符合这些规定。所以在撰写研究计划书的过程中,一定要考虑这些规定。本章后面我们将会讨论,知道最终报告的呈现形式对你完成学位论文和发表文章会有帮助。

很明显,各种传统都是在大学的各个部门内发展起来的,因此,无论是研究题目的选择还是研究方法的选择,都不能强迫规定。一般来说,学生的研究设计和实施都会受到一定的限制,有些部门对最后的报告形式会有所规定,有的大学则对论文和学位论文有所规定,还有个别导师或研究委员会也会有一些非正式的标准。

有些情况下,大学和院系对研究生研究计划书的规定过分清晰,无法变通,[例如,"研究计划书不能超过25页"或"研究计划书一定要符合《APA论文写作和发表手册》(*Publication Manual of the American Psychological Assciation*)确立的规范"]。有的时候则没有任何特殊或者具体的规定(例如,"研究题目必须适当"或"研究计划书必须反映对问题领域内知识的充分了解")。学生在撰写研究计划书的过程中,符合这些规定,通常都不会有什么特别的困难。

现在有些大学允许学生选择灵活的学位论文格式,例如附录带有论文(或一系列的文章),把大量的文献综述和证明材料放在附录中。我们在本章的最后一节将会讨论这个问题,而且我们希望你也可以考虑这么做。因为在最后要出版学位论文时,论文越紧凑就越能减少出版过程的时间。但是,任何最终的报告都不能缺少一篇完整的研究计划书。因为一项好的研究一定要有一个完善的计划,无论用什么样的形式报告最终的结果。

关于研究计划,还可能有来自其他方面的规定,例如论文委员会的个别成员,他们在研究者提出研究计划或开题报告时起着重要的作用。资助委员会成员也许对特定的研究程序、写作风格或研究计划书格式有着强烈的个人倾向。学生在撰写研究计划书时,必须把这些都考虑在内,这些精英独特的要求会影响到研究计划书的格式。在开始收集资料和撰写研究报告之前,能够预料到这些不同的要求并设法解决总是一种明智之举。

委员会会提出风格和格式方面的要求,但一般不会与现有的写作模式有太大的出入。一般来说,大多数导师都赞成本书中提出的一般指导原则。只有在强调一些事情或可能遇到结构上的一些问题时(例如,在研究计划书文本中加入某些小标题),才会出现一些差异。

撰写研究计划书的常见问题

撰写研究计划书的过程中面临的问题大多数都一目了然。常见的问题一般不会涉及研究设计和资料处理中细致而复杂的问题。问题主要是研究过程中的一些最基本要素：要提出哪些合适的问题？在哪里可以找到最佳的答案？最好的记录观察的方法是什么？怎样才能更好地将观察结果量化、标准化？如何恰当地回答这些问题是写好研究计划书最常见的困难。

研究计划书的撰写要简洁、清晰和通俗，这反映了作者对研究问题的恰当思考。复杂的事情只有通过简洁的形式才能更好地沟通。在提出计划的早期，想要获得及时、有益的帮助，唯一的方法就是给导师一份准确易懂的研究计划书。在提交研究计划书的后期，研究计划是否能够通过不仅取决于计划设计得有多么详细，还取决于有没有很好地把计划传达给委员会。面对研究设计的大量细节，研究者一定不要忘记，研究计划书最直接的作用就是快速、准确地把研究设计传达给读者。

从根本上说，撰写研究计划书中遇到的问题和撰写研究报告中遇到的问题是相同的。研究计划书写好了，研究报告就等于完成了一半（研究生需要密切关注大学要求的最后期限）。在理想的情况下，做一些小小的改动，如改变一下动词的时态就可以把研究计划书变成论文或学位论文的开始章节，或者研究报告的开始部分。

很多研究计划书是通过一系列步骤提出来的。最初和同事及其他教师的讨论，也许能够产生一系列研究设想。这些设想逐渐修改为最终的研究计划书，可以正式呈现给论文或学位论文委员会，或者通过大学交给资助机构。我们可以遵循下面这些简单的规则加快这个修改的过程，并使它更有效。

1.把最新修改过的、完整的研究计划书打印稿准备好，提前交给导师或同事。

2.准备好想请教的问题以及需要讨论的疑难问题，提前把这些问题给他们。

3.对于计划请教的每一个问题，在请教之后都要详细地记下讨论的内容和做出的决定，并标上日期。

研究计划书的一般格式

在研究计划书的撰写过程中,给研究计划书提供格式规范通常都会对撰写过程产生不良影响,即使只是想提供一般的建议。一旦照章办事,这样的指导原则很快就成为一种硬性指令。当学生想要遵循一种固定的格式时,他们的研究计划书作为行动计划就不仅会显得粗糙、混乱,而且虚假、乏味。

很多资助机构和大学对研究计划书撰写格式制定了非常具体的要求,而有些大学和机构则只对形式和内容提供一些指导原则。但是无论何种情况,研究者都要记住,研究计划书没有普遍适用和唯一正确的格式。每一项研究计划都要求完成某种沟通的任务。因此,有些格式属于通用格式,而有些格式则为某些研究所特有。但总的来说,任何研究计划书的撰写都要求适合手头研究的真实问题,而不是某种空想。灵活而不是刻板,才能使研究计划书更有说服力。

下面几个段落将列出研究计划书需要传达的具体任务,这些任务几乎是所有实证研究研究计划书都要达成的。但就各个部分的作用来说,每一份研究计划书都要有自己的考虑安排。在一份特定的研究计划书中,可以和传统的名称相一致,用"研究背景""研究意义""文献综述""方法论""适用范围"或"局限"来呈现具体的任务,也可以和传统不一样。每个人的研究计划书肯定需要在呈现顺序上有所变化,或者需要注意到下面没有具体说明的其他任务。对于寻求资助的申请书尤其要如此(见第二部分)。最后,从下面几个任务的小标题你将会看到,有些相关的任务通常可以整合到一个部分,注意这些联系非常重要。

在阅读下面每一项任务时,你只要翻到本书第三部分的第一个研究计划书样例,就可以看到具体的指导说明。为了使各个部分与讨论的每一项具体任务相对应,我们对这份研究计划书进行了注解,对其中的每个部分都提供一个评论,从而与本章提供的建议联系起来。

介绍研究

研究计划书要向读者呈现研究所关注的全部领域,激发读者的兴趣,而且要用简短的语言把基本信息传达给读者,让他们能够理解,因此,谋篇布局需要精心设计。它的标准是一种"柔和的介绍",即要避免冗长乏味的语言和让人发怵的技术细节或抽象的论证。在详细的介绍之后才开始另外三项任务(陈述目的、理论基础和研究背景）。很多研究计划书在开头第一段可能就涵盖了这三个方面的内容。

对于大多数研究计划书来说，最简便、最有效地介绍研究的办法是找出并界定研究涉及的核心概念。概念就是为可观察的表征或现象提供一个抽象符号，在这个意义上，所有的研究都要使用概念。例如研究中用到"智能"或"教师激情"时，可把它们定义为一些可观察的事件，也就是说，"智能"是通过一套测试分数来界定的，"教师激情"是通过一系列班级行为来界定的。当有读者问，"该研究打算研究什么？"最好的答案是给出核心概念并说明在研究中如何呈现它们。需要注意的是，在这些开头的段落中，应该用一些主要的概念大致描述一下自己要做的研究，但不要喧宾夺主，因为后面还有更加详细的讨论。

对这些概念，如果它们具有特定的旨趣，或其中含有明显的假设，那么对这些概念之间的关系就需要有一个简单的说明。读者可能熟悉的概念就可以不用介绍了，因为它们和作者的研究关系不大。

在介绍研究时，最常见的错误是不得要领——总是泛泛而谈。例如在介绍平衡能力的归因研究中，第一段可能有这样的句子"在小学课程设计中，儿童维持平衡的能力是最重要的因素"。在完成运动的任务中，"平衡"概念的意义可能使它成为小学教育中的一个重要特征，但这并不是该研究所涉及的平衡。例如，如果想研究的是肌肉力量与平衡的关系，那么在学校课程设计中把平衡作为一个因素来观察就应该放在后面讨论，当然不一定有这样的因素。所以前面的陈述应该开门见山："维持静态平衡需要肌肉把骨盆控制在水平的位置。当肌肉力量不能维持这种平衡时，行动就受到影响。"

指出研究对理论或实践的重要性也许能够吸引读者的兴趣，但在导论部分，不必说明研究的所有意义。首先呈现一些基本要素，然后把全部的细节留到一个更加适当的地方再讨论。另一个妨碍读者理解研究主要思想的是使用不必要的技术性语言。同样在最初的陈述中，大量使用引用语和参考文献也会影响到行文的简洁。一般来说，导论的第一段应该避免引用。文献中的重要观点可以放到问题充分说明之后。

说明研究的目的

最好在研究计划书的开始，通常在导论的段落中，就明确地说明你的研究目的。我们是在一般意义上使用"目的"这个词，用它来说明你为什么要做这项研究以及你想达到什么目的。这些说明大致可以分为改进的愿望和理解的愿望两类。马克斯威尔（Maxwell，2013）指出，除了这些实践的和理论的目的之外，有些情况下最好还要说明个人的目的,包括朴素的好奇心、某种社会责任或职业需要等。

在说明研究目的时,不必把你的想法全都列出来,也不必都用学术式的语言将其以研究问题的形式写出来(这些更加正规的表达方式正是你想要学习的)。一开始就具体地说明研究的主要目标以及你为什么把这个目标作为研究目的,这能够回答读者最关心的问题——你研究什么,以及为什么要提出这样的研究。简洁的回答能够让读者继续关注你后面的陈述,而不需要让他们挑剔地等着发现你的主要目的。因此,开始就要说明你的研究目的,而且要开门见山、简单明了。

提供研究的理论基础

当读者理解了你的研究问题,而且对你的研究目的至少有了一个总体印象之后,接下来的任务就是要详细地说明"为什么要研究这个问题"。为论证自己的研究而提供一个理论基础时,通常既涉及逻辑证据又涉及事实证据。提供理论基础的目的是让读者相信该研究(以及研究的相关问题或假设)值得关注,而且研究问题已经有了准确的界定。

为了达到这样的目的,最好的办法通常是把支持你问题假设的那些构成因素以及它们之间的关系绘制成图表。假如研究中有一个观点需要通过实验验证——做过六个月有氧治疗的老年人和控制组比较起来,他们会显示出更好的认知能力。这种观点表明给老年人大脑供氧的程度与他们的认知能力有关系。对于这样一个复杂的预想(supposition),可以通过下面这样一个简单的图表(图1.1)把它的原因清晰地呈现出来。如果概念已经界定清楚,就可以在每个方框中列出其理论基础,然后说明它们对研究发现可能会产生哪些实际影响。恰当的理论基础能够让读者相信,你所提出的问题是正确的,以及你的研究是有价值的。

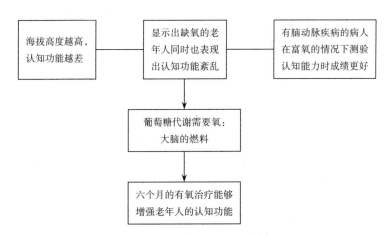

图1.1 理论基础的逻辑图样例

在大多数情况下，前期在为自己的研究进行论证时，应该把注意力放在界定研究问题和研究意义等基本问题上。这些论证可以从实践出发，也可以从理论出发，或者两者兼而有之，而且应该非常简洁地呈现给读者。对于资料收集以及资料分析方法中涉及的一些具体理论细节问题，可以放到研究计划书后面的章节中进行讨论。

提出研究问题或假设

所有的研究计划书都要正式提出自己的研究问题或假设，但需要谨慎地用概念性的书面语言进行陈述，每一个变量都要用明确的术语具体说明。例如，像"天天学习能够提高学识"这样的陈述，最好写成"每天六十分钟的学习将会显著地提升标准测试的成绩"。这些问题或假设可以单独作为一节，也可以直接放到其他讨论中。这些陈述不同于研究目的，因为：(1)这些陈述一般都使用正式的、适合研究设计和资料分析的术语；(2)它们都以一定的逻辑顺序出现，能够展示研究题目所涵盖的内容。

当研究还处于探索阶段，或假设还提不出来以及无法提出假设时，最好采取提问形式的表达。在质性研究中，问题形式的表达是更加合适的。不过，研究者应该通过对问题的具体说明表明自己已经对研究问题进行了充分的分析。通过详细的提问，研究者应该把研究指向文献或预研究所预示的结果，而不只是粗略地指向可能的发现。

当现有的知识和理论允许对变量(variable)之间的关系进行合理的预测时，就可以使用假设的形式提出问题。假设也有自己的来源，它们一般都是建立在已有文献的理论结论的基础之上。研究计划书一定要保证读者能够理解，理论中阐明的关系是如何转变成可检验的假设的，因此，在正式陈述研究假设之前，简单地重申研究的理论框架通常是非常有用的。

在提出研究问题的过程中，最常见的困难是问题不够清晰。

那些在自己研究领域查阅了数周或数月文献，并已经着手研究的学生们通常会发现，他们很难把自己的发现归结为一个明确的问题，这常常让他们感到非常沮丧。

研究问题是否清晰取决于说明是否恰当和研究边界的准确程度。研究的主要因素一定要界定清楚，不能和其他因素混淆了。同时，陈述一定要简洁，不能超出主要变量所涵盖的基本意义以及各个变量之间的关系。例如，量化研究的问题在语言表达和问题边界上一定要能够经受以下三个方面的检验：

1.问题表述是否清晰？

2.是否表明了各个变量之间的关系?

3.研究问题需要通过实验来验证吗?

把这些标准应用到像"儿童自尊和阅读成绩有关系吗?"这样的问题上,显然是适用的。这里可以运用非常清晰的方式辨别研究的主要因素:自尊和阅读成绩是变量,而儿童则是被试对象。这里暗示着一种关系,而且自尊和阅读成绩之间的相关性明显是一个可以通过实验来验证的关系。然而,自尊和阅读成绩的概念还是非常宽泛的,不同的读者也许有着不同的理解。因此我们还需要改变一下问题的问法,如"儿童在自尊测验(Children's Test of Self-Esteem)中所得的分数和三态成就测验(Tri-State Achievement Test)中阅读所得分数之间有关系吗?"如此一来,模棱两可的问题被解决了,同时还保持了问题的简洁性。是否需要赋予"儿童"这个普通词语更多的特征,取决于研究的目的是不是验证特定类型儿童自尊和阅读之间的关系。如果不是,普通词语就可以,但如果是,由于它是一个重要的变量,这里就需要进行更详细的说明。

在质性研究中(将在第五章详细地讨论),由于人们很少预先提出假设,所以提问就成了人们经常用来聚焦研究的工具。虽然学者对质性研究中正式使用提问并没达成一致的意见,但他们认为研究中(无论是明确或是暗示)都需要提出问题,用来指导观察什么或指导访谈哪些人——至少在研究的开始应该这样。

质性研究中这些问题的表述方式和实证科学论文中的问题通常有很大的差异(因此,本书第五章专门对质性研究计划书给出了一些特别的建议)。有些问题听起来过于宽泛,例如下面这些从质性研究计划书中摘出来的表述:

1.城市学校的课堂里发生了什么?

2.专业摔跤手如何看待他们的工作?

3.住在收容所对一个病人意味着什么?

还有一些问题的陈述反映出研究中运用了特定的理论框架。

1.医学院的学生如何理解他们在医学院的经验?

2.男同性恋和女同性恋军人在他们的工作场景中如何表现出他们的性倾向?

3.当教师和学生在课堂上想要实现个人目标时,他们的社会角色如何影响他们之间的互动?

与量化研究相比较,质性研究计划书中的问题在研究初始阶段一般被看作是试探性的、暂时性的问题。不过,提出详细的问题依然非常重要。这些问题可以指导最初的设计,为分析过程提供理论概念,同时也反映了在聚焦研究过程中的思考深度。

其实,有时候,那些有经验的质性研究者不愿意把他们的好奇心、个人兴趣、担忧以及预见转变为明确的研究问题。但是，研究生在尝试用质性研究范式进行研究时，经常会发现，当研究计划书中详细地描述资料将要揭示哪些未知的东西时，他们的导师将会更加安心。也就是说，对于新手研究者，最好还是说明那些激起个人研究动机的问题，这样就能够把研究稳稳地建立在学术研究的传统之上。至于质性研究者对世界和研究持有的那些假设，以及这些假设如何形成他们的问题，将在第五章讨论。

研究假设不同于研究问题，因为假设不但预示研究问题的检验形式，而且还表明了答案的性质。一个清晰的研究问题很容易转变为一个假设，方法是把它变成一个能够验证为真或假的陈述。然而，想要得到恰当的假设并不像说起来这么简单。

和问题不同，假设对研究的每一个步骤，从设计一直到最后研究报告的撰写，都会产生直接的影响。假设通过对结果的具体推测，在理论思考和相应的研究程序之间建立起一座桥梁，理论思考构成研究问题的基础，而相应的研究程序就是设计用来获得答案的。研究者受到这些程序的制约，他们用这些程序来检验研究提出的关系是否为真，而且任何从结果推演出来的关系都完全取决于具体检验的方法。由于假设具有如此明显的先天局限，所以在研究的一开始就要非常小心，从而在后面的设计和执行过程中更好地保持客观性。

对量化研究来说，除了会使研究设计有所不同，研究假设相对于研究问题的普遍优势还在于，它允许得出更加强有力的结论。研究问题并不能让研究者自信地总结："这就是当我们观察世界时世界的样子。"而假设却允许研究者说："根据我对世界的特定解释，这就是我要观察的，看——这就是它看起来的样子！因此我对世界的看法一定是可信的。"当一个假设被证实，研究者就有权为知识进行辩护，而对一个研究问题的质询与回答就无法达到这一步。

如果我们在这里不提当前学者对假设的价值和统计意义检验的争论，这将是一种失职。有人认为从统计上进行检验（验证假设过程中的一个步骤）在技术层面具有一定的局限性（Schmidt, 1996；Thompson, 1996, 1997；Thompson & Kieffer, 2000）。至少对于有些研究来说，比起检验效力大小（examining effect sizes），其他类型的分析或许更为适合。这种争论超出了本书的范围，但是能够确定的是，研究生应该和导师及委员会成员讨论这个问题，直到他们的期待和研究生院的要求（如果有的话）达到一致。无论是依靠验证假设还是用研究问题来指导研究，都应该要求精确，而且一定要适合研究的目的。

假设可以是一个零假设（null statement），例如"在……之间没有差异"，或者作为一种指向性陈述（directional statement），指出某种预期的关系，例如"当这样时，那样也成立"（正面的）或"当这样时，则那样不成立"（反面的）。很多论据都支持运用指向性假设,因为指向性假设可以更有逻辑说服力和统计说服力。如果已经做了预研究或文献综述为导向性假设的结论提供了有力的推理,那么很明显导向性假设就是合适的。在有些情况下,特别是评价研究中,实践性问题也许需要运用导向性假设。例如,如果评价一个治疗过程,而且实践的唯一目的就是要去发现治疗过程在减轻压力上比目前采用的更有效,那么导向性假设就可以对这种单一结果进行有导向的检验。

有关这种形式的假设的技术上的争论不是本书讨论的范围,但是对于新手研究者来说,当预研究的资料清晰地指出了一个方向,或者当演绎出假设的理论足够强大,能够提供导向性假设的证据时,首先就应该选择用导向性假设。如果研究是一种初步的探索,而且该领域也没有很好的理论,或者无法获得足够的预研究资料,若无法直接预测,那么最好就选择零假设。总之,当前人已经通过大量的实证研究回答了一系列问题时,选择导向性假设就更为明智,而零假设就不再受到重视。

我们同样可以用评价研究问题的标准对研究假设进行评价(问题陈述清晰、关系表述正确、恰当检验的意义)。另外,必须要用完全可以在单独一个检验中进行检验的语言进行陈述。如果假设过于复杂,在否定某一部分时不能同时否定其他部分,此种情况下,假设就要重新表述。

一般来说,多个简短的、易验证的假设要比一个长的、难以操作的假设要好。例如,下面的假设中,"但是"这个词就表明了问题的存在。"男性比女性更加忧虑,但是男护士并不比女教师更加忧虑。"在隐含的变量分析中,对性别的主要影响的 F 检验很容易地处理男女性别问题,但是作为变量分析的一部分,这里还需要对职业地位进行独立检验。如果检验得出相反的结果,那么假设很明显就有两个方向。

类似地,出现两个不连续的变量就预示着困难的出现,如下面的例子:"连续五天的血压都大大低于前一天,而心率却并不因此在三天后大大地降低。"这就无法通过指出我们是否接受或反对来挽救这种暗含着多元变量的分析。虽然可以接受心率,但后面要求的检验却不能接受对血压的预测。很明显,在这类情况下,只能把假设分成更小的单元。

当需要很多假设的时候,如为了探讨交互效应的影响或使用了多个自变量且要对其效应进行分析,应首先陈述主要假设,以突出研究的主要意图。这些主要假设可以和那些次要的或已经被证实的假设分开说明。

最后,提出假设应该同时注意现有测量工具的质量特征。例如,如果假设表明了两个变量之间有很多关系,那么就需要指出得出结论使用的测量工作具有较好的信度,这是最基本的要求。回到早先自尊和阅读成绩的例子,需要考虑的是,在每次的信度检验中,两种测验分数之间的相关不能超过两者乘积的平方根。因此,如果自尊测验的信度是0.68，而阅读成绩测验是0.76，则提出两者的正相关大于0.80的假设就必然是虚假的（$\sqrt{0.68 \times 0.76} = 0.72$）。

研究的适用范围和局限

有些情况下，需要研究者详细指出研究的适用范围和局限。适用范围说明可以确定研究结论推广的范围。研究是否可以推广是抽样和分析的意义之一。界定（delimit）的字面意义就是限定具体概念或群体在使用中固有的范围。

研究计划书中的局限，是指限定条件或限制性方面的不足。例如，当在研究设计中不能控制所有的因素时，或者由于伦理问题或可行性问题而无法获得理想的观察数据时，就会出现这种情况。如果研究者慎重地考虑了这些问题，而且确定从这些限定范围获得的资料都是有效而且是有用的，那么研究可以继续进行，但是在计划书中要恰当地指出这些局限。

任何研究都有其适用范围和局限，但是，到底是把它们放在一个章节中，还是只在出现的时候才讨论，这取决于个人。如果这些问题较少，而且很明显，后一种方式也许更好。但是，无论运用何种形式，研究者都有责任理解这些限制，并让读者知道，他们在提出研究的过程中已经考虑了这些问题。

提供定义

任何研究计划书都有特定领域或特定的研究对象的学术语言。我们将在第六章中更加详细地讨论如何运用定义。

讨论研究问题的背景

任何研究问题必然都与现有的知识背景或先前的研究存在继承关系，如果是应用研究，则与当代的实践具有继承关系。因此，研究者必须要回答下面三个问题：

1. 我们已经知道什么或者做过什么？（这里的目的，简单地说，就是要表明研究问题的合理性和重要意义。具体的研究意义和重要性将放在"研究的理论基础"部分讨论。）

2. 具体的研究问题与我们已经知道的或做过的研究工作有什么关系？（这里的目的是论证和说明问题或假设的确切形式，它们是研究的焦点。）

3. 为什么选择这样的研究方法？（这里的目的是论证和说明计划采用的研究方法的合理性。）

文献综述一般都提供了研究的背景,因此在文献综述中,研究者要指出该领域其他研究者主要的研究方向、研究方法,以及他们提出的解释。特别要注意的是,要批判地分析已有各种研究的研究方法,并揭示已有研究的优势和不足,要密切注意这些研究中的理论和思想是如何形成的。

如果合适的话,可以从现有的知识结构中为研究寻找一个理论基础,从所有已经回答的或没有回答的问题中揭出自己的问题或假设,选择已有研究成果中的研究方法,这样研究者就把自己的研究放在了已有研究的基础上并且构成了一个知识整体。密切地关注研究背景是进行持续的科学研究对话的第一步。

研究者应该只选择那些能够为自己的研究提供基础的研究成果,并充分地讨论这些研究成果,弄清楚它们之间的关系,明确地指出它们对自己的研究的作用,并且指出自己的研究将如何超越现有的研究。第四章将对如何准备文献综述提供指导。

学生和新手研究者往往会把他们收集到的所有资料和有趣的著作统统展示出来,但这些作品可能与当前的研究丝毫不相干,学会控制这样的冲动非常重要。文献综述的原则是研究计划书需要用多少文献就列多少文献——把讨论限制在主要话题必不可少的内容上。研究者可以在计划书的附录中完整地列出研究计划涉及的全部文献(区别于参考文献,也许可以把它们叫作参考书目),这样不但可以满足有些读者的兴趣,也可以给那些作品的作者一些心理安慰。但是,我们应该注意,很多论文委员会成员认为参考文献只能是被引用的那些,如果既有引用出处又有参考书目,会增加读者的负担。

理论上或概念上,研究者对自己的研究应该十分清楚,因此只要有可能,计划书里就应该建立一个有组织的框架,它既包括已有研究,又涵盖研究者自己的研究。这种框架可以采取常见的或实用的形式,例如可以根据某种方法理论来进行组织(通常是为了检验有分歧的结论);也可以采取深奥一点的形式,例如找出并组织其他研究者在提出他们的研究问题过程中所包含的还不清晰的假设(通常是为了支持你计划研究的问题)。

在很多研究计划书中,建立一个有组织的概念框架为展现原初的思想提供了一个最好的机会。在某种意义上,组织概念框架是为了帮助表达,清晰地进行沟通。通过一种系统分类把各种思想或不很明确的事情分类成便于认识和记忆的子集,这无论对研究者还是读者,都是一种方便。除此之外,有组织的框架还能够发现研究思路。这里的目的就是要分离出一些平行的思路,这些都是研究者在不同的时期和各种认知程度中对什么是真实的看法。在为他人的研究的相同和不同之处建立图示的过程中,研究者不但对理解知识做了贡献,而且也把自己的研究传达给了读者。

即使非常简单的组织框架或整合系统都要求提出一些基本的概念，而且通常要求对已有的结论和假定的关系提出新的解释。研究中变量的顺序也可以作为架构文献综述的主线。像"当能力保持恒定，社会阶级和学业成绩之间有何种关系？"这样的问题就是由简易的次序图表中的概念构成的。反过来，这样的概念图中通常包含着有用的因果关系假设，因此它能够作为预设变量对理论进行有效的解释。最好的研究计划书完全能够运用框架来组织文献综述，从而建立起已有知识、自己的研究和在理论基础上有待于实证检验的假设之间的桥梁，实现三者之间的连接。

说明研究的程序

所有实证研究的研究计划书都要求对研究对象的观察有一个严密而详细的计划。选择用来观察的方法决定了所获资料的质量。研究计划书中研究者打算运用的研究程序最容易受到批判。所以，研究方法的呈现要小心谨慎。讨论方法时，一定要包括资料来源、资料收集以及资料分析。另外，讨论一定要显示出，你所选择的具体方法要和研究计划书前面部分所主张的一致。

方法部分一定要和研究目的相一致。无论什么样的形式，研究计划书一定要为研究实施提供一个一步步操作的说明。例如，大多数研究要求说明下面这些问题：

1. 选择并说明研究的人群和所用的抽样方法。

2. 说明研究工具和测量的方法。

3. 说明如何收集资料。

4. 说明收集资料和记录资料的过程。

5. 说明分析资料的过程。

6. 提出如何处理像研究对象退出这样的意外性问题。

对研究方法选择的论证，往往很容易淹没在形成问题的背景中。但对理论基础的选择，只有在把方法作为研究计划的一部分介绍时，才容易呈现。

在介绍这些内容时，研究计划书可能要用数页的篇幅，不仅让读者读得身心疲惫，而且对研究的整体形式依然无法有一个清晰的把握。很多情况下，可以通过图表避免这样问题的出现。图1.2展示了如何平衡地处理一个比较复杂的设计，它只需附有一小段文字就可以清晰地说明该项研究的程序。

在呈现有待于检验的量化研究时，如果资料已经收集好了，图表非常有用。注意呈现在图1.3中的统计模式之间的关系是多么清楚。在这个图表中，椭圆代表了各类变量，方框显示出每类变量中的变量，不同的箭头代表了相互关系。想一想，如果是用文字来说明所有这些关系，得需要多少字啊！但是使用这些图表，多数读者都会发现只要简单地浏览一下无需再进一步说明，就能明白研究的意图。

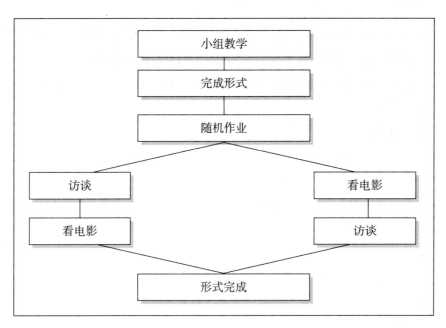

图 1.2　方法流程图样例

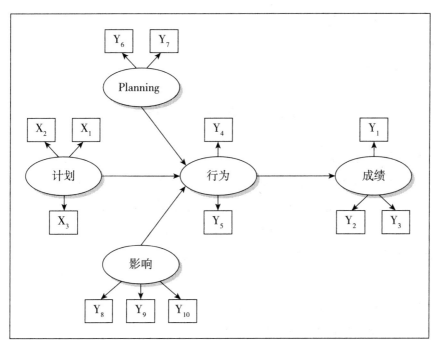

图 1.3　统计模式样例

提供研究的补充材料

为了精简和表述的清晰，很多内容可以放到附录中，作为主要文本的参考资料。如果这样安排，读者就可以根据需要自行选择材料阅读，这样在理解研究计划书主题时就不至于分心或感到困惑。例如下面的内容就可以放在研究计划书的附录中。

1. 设备说明

2. 介绍研究对象

3. 信件和其他相关文件

4. 被试知情同意书（subject consent forms）

5. 预研究中的原始数据或整理材料

6. 来自相关研究的整理材料

7. 材料和工具的复制品

8. 结构化访谈的问题

9. 专家、评审者以及其他个体研究参与者的相关证明材料

10. 研究设计的模型示意图

11. 统计分析的模型示意图

12. 建构设备的图表

13. 各章最终报告的提纲

14. 研究进度表

15. 参考书目

完成研究计划书或开题报告

不同大学和资助机构对完成上面讨论的这些任务要求不同。有些大学要求在详细的研究计划书之前要有一个简短的计划说明、研究样例；还有一些大学要求一个详细的研究计划书；也有一些大学把这些具体要求交给院系去决定。我们强烈建议你要设法拿到这些规范性文件，而且在这个过程中，要尽可能早地获知相关要求。这样你就不会先为研究计划书设计了一个结构，然后又不得不把它变成要求的样式。

此外，我们认为当已经收集资料并且对数据进行了分析的情况下，就可以提前考虑把研究计划书转换为论文，然后分成一篇或更多篇投递给学术期刊，这样做对你非常有利。

大多数学校对论文撰写没有什么范围要求。一般来说，完整的论文由下面五个

或六个章节构成：(a)一个导论章节，介绍研究，陈述研究目的、理论基础、研究问题或假设，在有些研究中还要说明局限、边界和适用范围；(b)文献综述(例如，研究提出的背景)；(c)研究方法；(d)研究结果；(e)讨论和结论(后者可以分成独立的章节)。理论上，在采用这种结构时，研究计划书的前三章——导论、文献综述和研究方法——应该随时更新，然后只要添加研究结果、讨论及结论部分就可以完成论文或研究报告。

但是，用这种五章或六章的格式撰写论文的时候，也有一个问题——当把论文修改为期刊投稿文章的时候，需要做大量的修改工作(Jensen, Martin, & Mann, 2003; Thomas, Nelson, & Silverman, 2011)。我们见到过很多学生，包括我们自己在内，花费了数月，甚至数年把论文修改成期刊文章。要修改发表一篇全新的文章，这是一项艰巨的任务，有些人这时都不愿意再看他们的论文。有些情况下，这种情感上不愿意的结果对于作者和知识生产都是一种真正的损失。

本书的目的就是要帮助并引导你进行论文的设计和研究的实施。除了这些，我们认为早早地计划不但可以加快共享知识的过程，也能促进这个过程。把这些任务完成并且获得学位只是万里长征的第一步，仅仅停留在那儿并不算结束。

现在很多大学允许，有些大学甚至鼓励，撰写与传统格式不同的学位论文。对于研究计划书的规定，我们认为，在这个过程中你应该知道你有哪些选择，并尽早和你的导师协商。如果有一种格式能够让你加快把你的论文变成期刊文章，我们希望你尽量采用。

表1.1展示了研究计划书与一般的论文及期刊文章的结构转换。在表中所选择的计划书结构中，第一章或第一节是整个研究的概括。下一章或后面几章分别代表了研究的各个部分，都是潜在的期刊文章，其中包括文献综述、研究设计和方法理论以及研究发现。至于到底有多少文章可以发表，取决于具体的论文内容及适合发表的渠道。

博士论文在各个章节之后，一般会有讨论和结论，而且有参考文献和附录。有些文献综述就是这样的，可以将完整的版本放在附录中。期刊文章的内容则并不包括研究计划书里的所有材料。

学位论文的各个章节，只要做最后的修改并增加一些参考文献，就能很快地变成期刊文章的格式并投稿发表。

表 1.1　从研究计划书到论文

章节	论文研究计划书	一般论文(学位论文)	准备发表的期刊文章
1	引言 目的 理论基础 问题或假设 界定/边界/定义（是否放在分开的章节中）	引言 目的 理论基础 问题或假设 界定/边界/定义（是否放在分开的章节中）	引言 目的 理论基础 问题或假设 界定/边界/定义（是否放在分开的章节中）
2	文献综述(完整的)	文献综述(完整的)	
3	方法	方法	文章1
4		结果	文章2
5		讨论和结论	文章3
6	参考文献	参考文献	参考文献
7	附录——包括一些或所有的在增补材料中提供的信息	附录——包括一些或所有的在增补材料中提供的信息	附录——包括完整的文献综述和一些或所有的在增补材料中提供的信息

第二章　做正确的事——研究乃求真

学术作为人类的集体事业，它的基础既不是智力也不是技巧，而是真诚。如果学者没有按照雅各布·布朗诺斯基（Jacob Bronowski, 1965）所说的"真理的习性"实施研究，就不会有可靠的知识积累，因此也就没有科学。这种良知的原则是绝对的：没有妥协，没有退路，没有捷径，没有借口，也不是为了面子。只要学者之间的社会约定是诚实的——每个人讲的都是他或她确实知道的，那么他们设计、实施以及报告的研究就是有意义的。

当然，我们没有理由认为所有的研究者都是道德模范。我们也不应该期待着由于某种本性或教育，他们就不会受到诱惑。他们和其他人一样，都免不了骄傲、自私、贪婪、懒惰和有报复心理，和他们所从事的其他事情一样，在他们的研究过程中，到处充满着妥协。

真理的习性在所有个体学者那里得以维持是一件复杂而又个人化的事情。就像爱一样，知识分子的真诚也许难以真正去理解，但对此我们却能够确信，研究者知道哪怕"只是一点点"都无法欺骗。任何欺骗，无论大小，都会侵蚀并污染研究过程和研究结果——通过向所有的人否认真理从而对有罪者和无辜者造成伤害。因此，我们提醒所有打算做研究的人：学术界的欺骗只要被发现、被抓住，将会迅速招来严重的后果。在这场游戏中，败坏风气者永远得不到原谅。

曾经有过一段时间，科学是那些闲暇的人追求好奇的副业，因此科学不会引起非道德的行为，但是我们的世界已经发生了变化，研究也像社会一样发生了变化。在商界、律师界、医药界以及大学中，研究常常成了一种严酷的竞争，研究是为了利益，因此也到处充满竞争的张力。

商业实验室十分重视预算，很多研究人员为了击败其他研究团体，获得商业专利，得到新的合约，都在和时间赛跑。在大学的院系，教授们努力争取外部的资助，顺着这些机构管理人员的爱好，目的是追求可能的学术荣誉。年轻的副教授全力以赴地出版著作，不顾一切地追求晋升和终身职位。在所有的地方，研究生都匆匆地完成他们的论文，这样他们就能够获得一份教职，最终摆脱助教的贫困。那些看不到各行各业中大量不道德行为的人是不会理解人性的。

任何社会统计都无法知道，科学欺骗事件是否已经真正上升到超过了研究工业本身的增长。然而，能够确定的是，我们现在经常听到并看到一些资深研究者、助理研究员及研究生，他们篡改资料，剽窃知识，违背良好的学术道德规范，隐瞒他们研究的真实情况（Altman & Broad，2005；Bell，1992；Payne，2005；Safrit，1993；Swazey，Anderson，&Lewis，1993；Taubes，1995）。在他们匆匆忙忙完成研究项目，获取资金的时候，他们已经破坏了脆弱的真理的习性。

当然，有些情况下，这种好习惯从来都没有过。在培养研究人员的过程中，很多大学在让学生习得遵守诚实的学术道德标准方面是失败的，不像引导学生探索数据的秘密时那样严格和完美。科学哲学课程和学术道德问题的研讨已经被挤出了课程体系。教授们忙于自己的研究，没有时间指导学生在复杂的学术生涯中什么样的行为是可以接受的，什么样的行为是不能被接受的。我们认为学术界在多年之后将要承担由此而来的后果。

本书提出的准则无法完全、实际地代替你所在领域的道德标准。我们所能做的只是提出一些警告，提示出写作研究计划书时可能遇到的学术道德的问题。这些问题中有一类是关注过程本身的，如取得研究对象的合作，进入研究现场，收集资料，写研究报告以及公开研究结果。第二类是一些在人际关系中遇到的道德问题，是个人在专业上和导师（比较突出的是教授和研究生）及同事之间的关系。

这一章中，我们将尽可能多地提供资源来学习研究中的伦理问题。但是，我们还是希望你能够利用一切机会同那些积极的研究人员就伦理问题进行非正式的讨论，我们也希望你能够修一些学术道德方面的课程和研讨课，或者在你的研究领域的研究会议上，只要有伦理问题的座谈会和工作坊（symposia and workshops），你就去参加。你也可以做一些自我研究，例如，潘斯勒（Penslar，1995）和麦克瑞娜（Macrina，2005）就是很好的榜样。和在其他地方一样，学术界的规范行为并不是由好的意图所形成的，它更多的是由预先警告和预先培养这样的健康药剂所形成的。

研究过程与伦理

和生活中其他方面一样，研究中的伦理行为也是由社会规定的。作为一个社会概念，它和特定的时间、地点以及人群联系在一起。但是在以研究为基础的学术界（也就是通常所说的"科学"界），这一点却有点不一样。因为科学是随着时间而不断累积并进行自我纠正的，它超越了文化（和民族的边界），因此在科学工作的参与者中，道德行为的标准已经成为广泛统一的社会约定。

例如,在北美,美国国家科学协会(NAS)的成员就非常详细、明确地规定了科学上的不当行为(道德败坏的行为)(科学研究的行为和责任小组,1992)。这些行为又被分成三类较为宽泛的行为(并非所有的具体内容都直接与研究活动有关):(a)科学上的不当行为(例如,伪造数据、剽窃),(b)可疑的研究程序(例如,保存不恰当的记录,粗心的资料收集),(c)其他不当的行为(例如,违反政府规定、工作场所的性骚扰)。

我们自己的经验和研究及报道的结果都证实美国国家科学协会所列举的伦理问题都是研究现场出现的问题(Altman & Broad, 2005;Payne, 2005;Swazey et al., 1993)。然而,在设计和提出研究的具体情境中,我们发现,研究过程中最常见的不足是没有给研究对象提供一个适当的保护措施。这种问题有可能是由于参与者的风险并不总是那么明显。也可能是,如果为参与者设计一个安全、平等和尊敬的情境,有时候研究就很难实施。然而,就研究伦理来说,社会约定的惯例是从研究计划书开始的。道德的败坏通常既涉及行为的缺失又涉及研究计划书中行为的责任,这造成很大的危险——不但对人,而且对学术事业造成危险。

人类参与者的保护

所有得到联邦机构资助的大学都有一个部门,这些部门要对所有的研究计划书中涉及利用研究对象的问题进行强制性审查。审查的目的是确保参与者的健康和利益。这个过程可能在一个或好几个层次上进行,有时候由院系委员会进行,有时候则由大学委员会实施(在有些学校,两者都起作用)。无论审查程序是什么样的,大多数学校都公布一些指导纲要,说明获得许可的过程,并且详细规定研究计划书中需要澄清的伦理问题。我们特别建议,在开始撰写研究计划书之前,你应该拿到这样的文件并熟悉其内容。发自内心地、设身处地为他人考虑,而不是勉强为之。

除了学校审查给予了参与者保护之外,现在有些研究杂志也有一些伦理规范,如果希望文稿被采用也必须符合这些规范。专业组织和学术机构也公布了一些标准来管理自己成员实施的研究。所有的这些规定中,大家都非常关注在参与者主动参与的情况下,研究者是如何思考和行动的。我们相信,这些文字反映了一种重要的对话,每一个新手研究者都应该是一个见证人——在这里,在他们整个的职业生涯中,他们可能都是参与者。

一篇论文或学位论文的研究计划书并不只是要研究生实施并完成一项研究。归根到底,如果论文写作能够恰如其分地发挥作用,那么它的基本目的是告诉我们科学是什么，而且对有些人来说，它是进入学术生涯的最初仪式。因此，所有的学生都应该投入时间来学习和思考人的权利问题，以及他们参与到研究中的方式。

如果你没有机会得到这样的训练，你可以通过阅读一些文献来完成这非常重要的第一步，例如《美国教育研究协会伦理标准》(*American Educational Research Association*, 2011)，《心理学家的伦理原则和行为准则》(*American Psychological Association*, 2010a)，由美国心理学会出版的《有关参与者的研究伦理》(*Ethics in Research With Human Participants*, Sales & Folkman, 2000)，以及《论作为一名科学家》(*Being a Scientist*, 2009)，这是美国科学、工程和公共政策委员会，国家科学协会，国家工程协会，以及医药协会为开始第一次研究的学生准备的。还有很多关于研究伦理的书籍可以阅读（例如，Farrell, 2005；Kimmel, 1988；Oliver, 2003；Reece & Siegel, 1986；Sieber & Tolich, 2013；Simons & Usher, 2000；Stanley, Sieber, & Melton, 1996；and Zeni, 2001），以及一系列很有价值的文章（Horner & Minifie, 2011a, 2011b, 2011c）。最后，为了提供一些生动的例子，以说明在我们的调查研究中，在反对非伦理地利用而保护参与者和保持我们研究设计的完整之间存在的复杂张力，我们建议看一看克罗尔(Kroll, 1993)对这个问题的评论。

新手研究者很容易被这么多的责任所吓倒，这些责任似乎在对他人的直接研究中都会遇到。确实，最近几年，对参与者的健康和利益的关注越来越多。在很大程度上，这反映了越来越多的研究需要拓宽什么是研究者伦理以及什么是对研究参与者的合理保护。确实，我们关于人类生理学的研究距离免于人身侵犯还有很长一段距离，因此，在撰写研究计划书的"人类参与者的保护"这一部分时，也有很多因素是需要考虑的。

伦理标准

新手研究者面对的伦理关系如此复杂，有时候很难让他们保持道德责任。我们的建议是，关注自己价值体系中最基本的东西，并把它作为标准来检验自己的每一个决策。我们认为，这样的起始点比任何现有的对参与者的身心安全的关注都更加简单，而且包括的范围更加广泛。我们认为，保护权首先是知情的权利和自由选择的权利。

每个人都有权不被他人利用。研究者需要他人提供资料，这就意味着总要听从他人是提供还是不提供的决定。这种不被利用的权利既适用于五年级的小学生，也适用于大学二年级的学生，既适用于收垃圾的人，也适用于职业运动员，同样适用于社区退休居民。被邀请参与研究的人有权知道他们参与的是什么样的研究，也有权在知情的基础上进行合作或者退出研究。

尊重自身利益

无论是使用广告招募志愿者,还是从监狱中付款招募研究对象,这些都不能改变参与者有权不被当作奴隶使用的权利。研究人员保护他们的权利不仅是一种责任,而且也是一种特殊的利益。为了获得潜在参与者的合作,为了避免大规模的测量困难,在以往的很多研究计划书中,知情同意原则经常明显且狡猾地被忽视或被破坏了。参与者并不总是觉察(或故意装作不知道)到他们被研究者利用却没有得到尊重。这种个人侵犯会在参与者的记忆中留下长久的印迹,因此在下一次他们可能通过不愿意合作来保护自己。更糟糕的是,他们可能在研究中采取故意欺骗的方式进行报复。

表面上看不出来的危险

到底什么情况属于不道德地利用他人,这并不总是非常清晰的。例如,在多大程度上可以运用心理测量工具、问卷调查以及访谈,社会科学工作者的意见并不一致,他们认为应该有一些程序保护被研究者的权利,让他们知情并得到他们的同意。至少,当研究计划中涉及这些方法时,应该把它们提出来和导师讨论。

在这些问题上我们的立场毫不含糊。就像使用任何其他资料收集方式一样,在使用问卷调查和访谈这类研究工具的同时,也应该关注参与者的权利。用来保护参与者权利的程序也许不如那些在实验研究中涉及身体的不便或某种程度的危险交代得那样清楚,但是却同样要小心设计并谨慎使用。

问卷的普适性、访谈中对话的友好性、李克特式量表问题表面上的单调性,以及社会情境中的简短田野笔记的"无知",都存在很大的危险。危险有时很明显,如医学研究中,小心保护研究参与者就是一种规定。但危险有时也可能并不明显,且研究者喜欢无形的权利,如"全面揭露的权利",这样保护参与者的要求可能就仅仅作为一种形式被抛在一边,因此,滥用权利本身就成了隐藏的且颇具危害的标准。

每次人们感觉到好像对自己的身体、思想或行动的隐私权都没有了,这就意味着他们这样被对待是正确的,是可以接受的。其实并不是这样。相反,当研究者把进入参与者的私人领域看作是一种特权时,作为一种由同伴授予的知情合作行为,就要给予相反的教育——这需要学习。我们都能够从这样的教育中获益。

知情同意书

任何研究计划书,只要涉及利用参与者时,就至少应该考虑下面的标准。

1.参与者应该知道调查研究的一般性质,以及他们在合理限度内的时间和精力方面的付出。当这些信息是口头传达的时候,就应该带一份草稿。(但是,需要提供一个完整的、字词准确的文本放在研究计划书的附录中。）

2. 研究过程中应该告诉参与者，为了保护他们，他们可以匿名。应该说清楚，你并不能担保他们的匿名。所有应该做到的承诺是，使用时会有严格的保护措施。

3. 在合理考虑之后（包括问问题的权利），参与者应该签订一份文书，声明他们已经知道了研究的性质，并愿意进行合作（研究计划书中应该有一份副本）。现在，很多大学对非正式的授予同意书都有自己的规定。我们希望你在为自己的研究签订非正式的授予同意书之前，要弄清楚你们大学的要求，而且阅读你们大学提供的样本。

4. 在实验研究中，应该给参与者一份说明，告诉他们会有哪些具体程序以及会遇到什么不适或危险。如果有危险，无论是心理的还是生理的，都不能轻视，用来保护参与者利益的程序应该充分解释清楚。

5. 应该告诉参与者，他们参与研究将得到什么，其他参与研究的人已经获得了什么好处。

6. 应该明确地告诉参与者，他们可以随时撤销他们的同意，并在研究的任何时候终止对研究的参与。在有些情况下，必须要向他们保证，他们的这种决定不会受到任何打击报复。（比较复杂的问题有，对这项权利设定了一个时间限制，或者建立了一项权利协议——如果合作终止他们有权撤回已经提供的资料。这些在研究计划中都要仔细考虑。）

7. 应该告诉参与者该研究负责人的名字，这样他们才能够就自己的角色或任何其他参与后果直接向他咨询。如果是研究生实施的研究，就应该把学生和导师的名字、住址和电话都告诉参与者们。

8. 应该让参与者有机会收到有关研究结果的反馈。其形式应该符合参与者的需求和兴趣。

诚实的互动效果

一方面，有许多人认为知情书将导致无法预知的偏见，这种观点在大多数情况下是站不住脚的。研究者和参与者之间的所有合约都有可能产生未知的后果。确保参与者权利的程序与其说会导致回应上的偏见，不如说会产生其他的互动。另一方面，除了其伦理意义之外，这些保护他们尊严的措施还能够发挥保持合作稳定的作用，对所有和参与者有关的变量的最基础（有时候是最变化无常的）部分产生影响。

隐瞒信息

如果有必要保留某项具体信息不让参与者知道，那么就可以考虑隐瞒信息

（omission）。但是只有在慎重考虑了如果不保留可能会产生什么危害或更大的不利时，才可以这么做。有时候，在使用安慰方法和控制群组时，如果全部透露，确实会受到限制。虽然隐瞒信息的做法很常见，但是这里并不是没有伦理问题的。

任何限制参与者知情的决定都非常严重，因为在任何研究领域都绝对禁止欺骗，不允许以虚假信息隐瞒研究的性质或参与研究的危险（真正的欺骗）。我们都知道，隐瞒（omission）的罪过（sin）和犯罪（commission）之间的边界很近。

在任何情况下，当参与者没有获知全部信息，那么应该让他们知道，在决定参与该研究之前的情况就是这样。有任何信息不让参与者知道的时候，研究计划书一定要详细地说明将如何以及在什么时候，并如何报告这些信息，以及如何弥补由隐瞒所带来的不利。

强制合作

知情同意书除了作为一封需要遵守其规定的信件外，它也是一种精神。当个人受到监督或受到另外一个人控制时，他们很难拒绝参与一项研究。在某种意义上，他们确实不可能随意放弃他们的合作。因此，研究生可能因不愿意拒绝导师的要求而成为一名研究对象，而本科生也许因为不愿意拒绝助教的建议而成为论文研究的参与者。秘书和科层人员可能胆子太小，不敢拒绝主席的要求。他们也许签订了同意书，并参与了研究，但他们内心却非常愤慨。人们的权利很多都是因为强制合作而受到侵犯，而这在研究的设计中却并不是有意的。

很多研究者认为，不利用自己班级的学生或自己指导的学生，这是一种很好的伦理实践。有些机构现在明文规定禁止这种做法。更为明智的做法也许是，利用媒体征求志愿者，如果是学生的话，只邀请其他院系的学生或者来自你的权利范围以外的学生。

互惠互利

参与者给予合作，付出时间、精力，允许研究人员进入他们有权控制的领域（除了完全的私人领域），而研究者将以什么作为回报呢？新手研究者也许很难找到满意的答案，很难确定怎样才能很好地补偿研究的参与者。在任何情况下，没有哪个研究者能够买得起他们研究参与者所做出的贡献。在某种意义上，进入研究的参与者的所作所为只能是一种馈赠，是免费给予的，因此最重要的是研究者要尽可能地感谢他们。

互惠的方法很多，有的只是一些象征性的、表达你的感谢的象征物：一个笔记本、一场免费讲演或参与者感兴趣的话题的问答会议，或者只是一句真诚的"谢谢"。

当参与者感到他们对知识的探索做出了贡献（或找到了解决实际问题的答案）的时候，他们的自豪感也是对他们的一种报答，虽然有时候要求他们投入的时间或精力很大，这些报答显得有些微不足道。质性研究者经常发现，不做评判地倾听参与者描述自己的经历，这种尊重对于合作具有重要的回报价值。提供一个满足好奇心的机会，或让参与者了解他们自己（甚至是研究他们自己），这也可以成为一种真诚的交换。不过，最终，总有两个难题需要研究者去回答：这项研究是为了谁的利益而做的？在寻觅答案的过程中，我的参与者的利益在哪里？

写作的伦理

不要剽窃

思想，以及表达思想的语言，都是学术财富。创造这些思想的人有权因此而获益。如果一个人占用了另外一个人的思想或文本，而且把它们当作他/她自己的东西呈现，那么这就是偷窃。专业术语就是剽窃（plagiarism），但其本质就是偷窃，而学术伦理不允许有任何微小的违法行为。

确实，存在着灰色地带，在那儿，思想、语言，甚至所有的思考问题的方式都进入公共领域，人们却不必感谢它们的原创者。而且，用自己的语言解释与大量借用他人之间的区别也是需要判断的。对于这类问题的判断，我们交给其他渠道——包括你的良知。

我们这里讨论的是偷窃问题，这包括引用却没有使用引号，从他人那里援引材料却删除了出处，参考资料列举中的粗心大意，以及没有许可就使用别人的数据、表格，甚至使用其他文献中的证明——无论是否发表。在每一种情况下，正确选择并不意味着非得知道美好的传统或者准确地阅读了晦涩的规则。你不需要任何学习就完全知道什么是符合道德的。你只需要记住你母亲说过的话——"不要欺骗！"如果你需要鼓励才能做到，那么你只需要记住，你希望别人怎么对待你的财产，你就要怎样对待别人的财产。

提供所有的事实

你要记住，研究计划书的目的就是帮助其他人理解你要做的事情。为了实现这一目的，你需要告诉他们所有的相关事实，而不是仅仅提供你自己喜欢的东西。故意隐匿一些和你的研究计划书某部分内容冲突的重要信息是不诚实的行为。意外丢失重要的信息(包括在不知情的情况下)是能力不足。无论如何,在撰写研究计划书时,你的主要目的是为获得良好建议提供基础,一个不完整的描述对此而言是一种失败。

不要编造数据

研究中经常会发生编造数据(生造的而不是收集的)以及篡改数据(修改数据使得事实看不出来)这样的事情。这虽然明显有违伦理,但让人吃惊的是,这些欺诈行为看起来似乎又非常合理。如果你就一个主题收集了五天多的资料,却正好丢失了第三天的资料,而且你最后的记录显示分数为10、20、(?)、40和50,要不是一个谎言,插入一个30有什么不合理的呢?

研究中这样的诱惑并不少见。其实,这种情况与其说是例外,不如说是规则。为了在规定期限之前完成,只是一个小小的谎言,应该没什么大不了吧?你的回答中蕴含着另外一个问题:你想要成为什么样的学者?(在很多形式的数据分析中都有适当的处理缺失数据的办法。你所要做的是使用正确的程序,并且要诚实——在你的报告中真实地描述你是如何处理数据的。)

不正确地使用数据(资料)和编造数据(资料)没有什么两样。如果你知道原始记录在分析之前应该要转换,但你还是直接使用,这就是另外一种篡改。数据(资料)挖掘——当结果不像预期的那样时,就不断地改变你的分析——也是另外一种欺骗。基于你已有的资料,且正确地使用,并告诉读者你所做的一切,只要遵循这些简单的规则,你就不会犯欺骗的错误。

还有一些欺骗并不直接涉及数据(资料)。例如,人们也许不知不觉地把验证程序描述得比实际能够做的更加严格,或者报告采取的防止污染的措施比研究计划书中的要更加严格,但其实是不可能做到这样的。读者可能据此推断标准协议没有改变,而事实上已经被修改了。又或者你的报告给人的印象是,你选择的观察地点是随机的,而你实际只能选择离你的办公室最近的地方。所有这些都有悖学术道德,所有这些都削弱了你的研究价值,使得研究的科学品质被污染。

讨论你的研究发现为人们倾向于相信你的事实提供了最后一点希望,从而赞成你的个人兴趣,但却未必相信你的描述。研究者完全有权强调结果是最重要的。然而,当反面的数据(资料)被放在一边而不讨论,或者放在文章里但对它们的意义没有一个清晰的说明,那么这样的权利就被滥用了。

研究生常常这样做。按照导师的期望呈现结果对他们来说压力重重,他们必须要找到一种处理模糊情况的或者违背直觉的研究发现的方法，否则很可能被延迟毕业，于是这样做就成为一种诱惑。选择正确的做法只会带来损失，代价昂贵，甚至造成痛苦。没有经验的研究者才会说，研究就像一座玫瑰花园。

出版的伦理

当把你的稿子投递给杂志，把你的文章概要邮寄给委员会评审以参加国内会议，在期刊目录中看到自己的名字时——这些都是美好的时刻。无论哪个研究者，如果发现自己对这些不再有美好的感觉，就应该考虑好好地休假了。然而，在通向这美好时刻的道路上，新手研究者稍不注意就会落入道德陷阱之中。出版中有很多需要知道的伦理规则，本书提及的只是其中的部分。

例如，在研究中，有很多人都做出了贡献，有些规定（既有书面也有非书面的），指示了谁的名字应该出现在报告上，按照什么顺序出现，以及应该向哪些人致谢却并不署名。不幸的是，这些规定千差万别，既有大学的规定，也有期刊、学术组织、政府机构、实验室，甚至有教授自己的规定。我们建议你最好找一个适合你所在环境的规定。谁的名字将出现在出版物上，以及谁（或哪个单位）是研究成果的拥有者，像这样的事情，最好在研究计划书里就明确好——因此，正式文件总比非正式的口头承诺更为合适。

我们这里仅指出三个有关出版的伦理问题，其中一个最明显，而另外两个则非常隐蔽。第一，你可以把你的稿子同时投递给一家以上的杂志吗？回答是：不行，绝不要这样做。如果你足够聪明，你会很快认识到这一简单原则背后有很多的道理。例如，你可以在一个会议纪要上发表一个研究的概要，然后再把稿子投递给杂志吗？（回答是"可以"）对于每一个子问题，你必须要在具体情况下考虑其伦理问题。只是不要忘记了基本的原则——重复投稿是绝对禁止的，而重复发表立即会带来严重的后果。

第二个诱惑在研究中来得很早，就是完成速度，它不但具有巨大的诱惑力而且非常危险。几乎我们认识的所有研究者都抵挡不住重要会议的诱惑，会在分析还没有完成，甚至任何资料都没有拿到的时候，就递交摘要（在研究得出结论之后最好放一段时间）。这种动机可以理解。研究者对自己的研究感到激动，总是渴望参加代表他们学术领域的重要对话。写一个不完整的摘要或预期结果的方案似乎并不算多么冒进，但是一事物可能会导致另一事物的产生。如果最后的分析与你信心十足的预期是矛盾的，怎么办？如果研究被延迟，而且到会议开始时还没有完成，怎么办？也只能是尴尬地撤回论文或公开道歉。然而，更糟糕的是，你可能会禁不住诱惑而违背学术道德，例如捏造结果或对那些与早期摘要不一致的研究发现置之不理，从而隐瞒自己的研究轨迹。匆匆写一个摘要，以便自己能够在会议上占有一席之地，这是一件危险的事情。我们建议你做出正确的选择——等到研究完成以后，也许是第二年再参加。

　　第三个陷阱潜伏在你的各种报告和期刊文章的后面，在一种看似没有危险的文本——你的履历中。大多数初入学术界的研究者会对履历进行美化，将一些很小的成果列入其中，有些成果后来会随着发表的增多逐渐被忽视，但是这样做的问题在于它是一种欺骗行为而不是无知。雇主和晋升委员会逐渐开始抵制这种不道德的美化学术履历的行为。其中真正的欺骗行为是从一篇确定发表的报告中摘取一些内容，赋予不同的标题——这样两篇文章看起来是不同的研究，其实不然。另外一种是列举一些文章或资助研究项目，让读者感到你是一个合作研究者，但你实际上对文章或项目的贡献微乎其微。再一种是投稿给杂志的"研究简讯"也被展示得好像它们是重大成就。

　　所有这些填补形式都不是什么无知的激情，它们是欺骗。好消息是，采用一个简单的程序就可以让你避免别人指责你的履历——而且仍然让你能够获得荣誉。把你的成果分类，在前面放上标签，清楚地描述每一项内容，而且涉及交叉的地方，援引同样的著作。

个人关系与专业关系

　　在违反研究伦理（包括大部分与此有关的讨论）和伦理不当行为之间有一个细微的区别。要想知道伦理领域如何分类，请见《负责任的科学》(Responsible Science)第一卷，该书由科学责任和研究行为小组组织编写(1992)。这类不当行为，包括学者如何相互处理在个人和专业关系中的伦理，就是我们现在要讨论的。

个人与导师的关系

　　就像很多出版物所介绍的(Guston, 1993; National Academy of Science, National Academy of Engineering, and Institute of Medicine, 1997; Roberts, 1993)，在理想的情况下，研究生和导师之间的关系，只有到了学生和老师已经完全成为同事的时候，才逐渐成熟。不幸的是，理想很丰满，现实很骨感。师生关系中总会有一些不协调，有的是个人风格上的冲突，有些是知识兴趣上的冲突，还有一些是个人政治见解的差异。这些都是非常痛苦的，如果不说出来甚至会造成伤害，但这些却并不必然涉及任何一方的不道德行为。然而，有些类型的人际行为却是不能接受的，因为这些行为是危险的或有违公正的，或者两者都有。

我们认为，教师强加给学生的任何学业、学术之外的扩展关系都是不合适的，而且多数大学现在都有具体政策规定学生和导师之间的关系。

一种伦理不当行为是来自导师的压力，有时候不是很明显。导师要求学生做一些不属于学术训练的事情——而且学生并不愿意做。这些微妙的权利滥用行为包括差使学生、让学生参加社会事务，甚至希望学生和他们一起跑步。在大多数同事关系中，这些都是正常的。一起亲密合作的人经常相互表示关心并保持交往。但是问题是，教授和学生之间的关系并不是真正的同事关系。这里有很大的权力不平衡。在多数不知情以及善意的邀请下，学生经常感受到潜在的压力。

从不合适的压力到合理的要求之间，是一个灰色地带。研究生经历的一个重要部分是通过亲身参与获得研究经验，和导师一起做研究是获得这种经验的有益渠道。但是，这里我们也要看到其局限，而且需要小心，不要使师徒关系变成了使役关系。

当学生执行的任务范围非常狭窄，因此学不到新的技巧或知识时；当学生自己的研究毫无理由地被拖延，而且导师要求研究的问题和学生的专业毫无关系时，这类事情就像是"教育"名义下的滥用权力了。面对这些情况，导师不能心安理得地自我解脱。我们认为，应该事先就和其他老师、可能的导师以及其他研究生讨论所有这些研究主题。

更严重的滥用师生关系权力不平等的事情是各种形式的性骚扰。这种情况包括不合适地谈论性到直接的性要求。确实有些时候，一个人认为是幽默或机智应答，另一个人却认为是性骚扰。但这种情况的存在并不意味着性暗示是可以接受的，也不意味着它不再是严重的违背道德的行为。学生绝对有权免受这种骚扰。无论是隐蔽的还是公然的，有意的还是无意的，性骚扰都是错误的，而且是不能容忍的。

如果你遇到这样的问题，我们认为应该直接面对，而不是任其蔓延。有些教师也许不能理解，认为你在找麻烦，认为私人协商会使一切更加顺利。不断受到性要求或任何不合理的邀请或压力，就应该告诉你可以信任的人——其他教师、院长、主任，或许最好的选择就是告诉学校专职调查舞弊的督察人员（纪检人员）。学生和教授之间保持正常的师生关系，对双方都有利。如果你希望指导/被指导关系更进一步，升华成另外的关系，那么我们劝你在此之前重新换一个导师。人类关系本来就非常复杂,那些试图跨越不平等权利的关系就更加复杂了。

　　心存良好的愿望,同时对行为的标准保持敏感,那么教授和学生之间的关系就是一个没有危险的矿藏——它能带来珍贵和无价的人际交流。如果加上理性的培养和保护,这种关系将会是美好的,并进一步成长——成为同事关系。

是否揭发与你的责任

　　如果这事情真的发生了怎么办? 如果你发现了或有充分的理由怀疑一个同事或教师有不道德行为,你该怎么办? 我们的第一个建议是要慎重,你要非常慎重地考虑该怎样保护自己不受牵连或遭到报复,还要考虑被指控诬蔑或诽谤的严重后果。你是否采取行动是一个良知的问题,你的良知会告诉你,研究中的欺骗永远也不会得到宽恕或谅解。然而,你采取什么样的行动要考虑环境,要慎重,而且要有勇气。

　　和有关人员谈论这件事是一种行动方式。如果你认为有的做法不合理,那么就一定要寻求其他的方法。很多大学设置了一些合适的权威人员可以求助,而且督察人员会知道这些人是谁。任何接受联邦资助的机构都有调查违反研究伦理的程序。有些情况下,还有条款保护"通风报信者"(Miceli & Near,1992),尽管这未必每次都可能。

　　最后,任何被控告违反伦理的人都有权通过一定的程序进行辩护,即使揭示违反伦理的报告者意愿是良好的,但是当调查被驳回时,即使原告人感到不舒服(通常是处于不利状态),调查也不能继续(更多的说明请见斯普雷格[Sprague,1998])。所以,在你行动之前,应该花一些时间看一看《负责任的科学》(Panel on Scientific Responsibility and the Conduct of Research,1992)中的相关内容。做正确的事情也许并不容易,但至少可以通过正确的方式来做事。

　　我们没有人会拒绝承担责任。任何研究在一定程度上都是一项共同的事业——学术研究。任何人做了不正当的事情,所有人都受其害。

第三章 如何起草学位论文开题报告

我们已经讨论了研究计划书的一般目的和大概格式。但是，学生撰写学位论文开题报告的过程中，还会遇到很多具体的困难。有时候，问题缘于写作本身的困难，还有些时候，问题缘于研究人员甚至是大学的导师之间的混乱、意见冲突以及模糊不清的标准。

针对很多研究都可能建立一些大多数实践者都能够遵守的一般规则。然而，真正成功地把握开题报告的撰写并不在于知道或遵循这些规则，而在于学会在规则之内行事。

每个学生都会找到属于自己的特殊问题。有些问题只能通过实践和经验的积累才能够解决。虽然在写开题报告时需要绞尽脑汁，但你应该记住，研究的真正魅力在于它的研究性质，在于寻找有用的假设，在于敏锐地寻找分析数据（资料）的方法，以及创造性地设计研究。

研究生遇到的有些问题并不是仅仅通过阅读就能够解决的。要努力让自己对最常见的陷阱提高警惕，对问题的解决知晓一些一般性的建议，知道在哪里能获得一些鼓励性的意见：咨询同学和导师们。耐心地对待通常非常缓慢的"证明"过程，以及慎重地写作，将会克服或战胜开题报告撰写过程中遇到的大多数问题。在遇到困难的时候，要记住：在撰写开题报告时遇到问题，可比在提交最后的研究报告时遇到问题要好得多。

我们把研究生遇到的这些问题分成两大部分："开题报告之前：重中之重"和"开题报告提交过程：从选择研究问题到形成报告提交给指导委员会"。每一个部分都有很多具体的问题，我们提供了一些重要的规则，用来避免或解决一些附带的困难。你应该有选择地阅读这两部分，因为并非所有的讨论都与你的需要相关。第四章（研究计划书的内容：重要问题）、第七章（研究计划书的写作风格与注意事项），以及第八章（口头汇报）都是讨论具体的技巧问题，因此，在阅读完下面内容后，应该还要看看这些章节。

开题报告之前:重中之重

做出决定:你真的想要做这项研究吗?

下面是准备论文或学位论文开题报告的理想步骤。

1.在完成本科或硕士学习过程中,学生找到了一个具体的兴趣领域,自己愿意集中深入研究。

2.学生选择了一个在该兴趣领域研究和教学都具有较好声誉的研究生培养机构。

3.学生找到了一位已经在该兴趣领域发表了大量文章并经常指导研究生进行研究的导师。

4.在进一步研究以及与导师联系的基础上,学生选择并形成了一个问题或假设作为毕业论文或学位论文研究的基础。

由于我们并不是生活在最理想的世界中,所以很少有学生能够循着这条幸福的道路和逻辑顺序前进。出于多种原因,大多数学生至少在这些步骤中有一个是颠倒过来的。有些甚至发现自己在好几个学期的学习之后才找到一个主要的兴趣领域,或者发现学院可能并不能很好地满足他们的需要,或者把他们分配给一个在该领域里没有多少经验的导师。对于这种不幸的情况,我们无法提供任何解决办法。但我们相信,对遇到这类情况的学生,一个可供选择的重要决定是,或者应该是——下定决心做一项研究,或者下定决心不做。面对上述这些情形,如果可以选择,更加理性和更有教育价值的办法也许是选择不要做。你可以在选择学校之前做出决定,或者至少在制订研究计划之前做出决定。

我们有充分的理由相信,做研究的经历有益于研究生教育。我们也有充分的理由相信,对有些学生,其他经验对他们也许更合适、更有利。这里的问题是:哪种经验适合你?

如果你准备或可能以学术作为生涯以及在大学度过一生,那么你的选择就很清楚。你越早开始在研究活动中积累经验就越好。如果你真的对研究过程中的各项工作感到好奇,对把研究和职业生涯结合起来感兴趣,或执着于那些把具体的知识运用到实践中的问题,那么如何选择也显而易见。一段这样的研究经历在你的教育规划中至少是一种有意义的选择。

缺少一个这样的动机,就应该转向其他方面,做出一个更适合你的选择。缺少一个正确动机激发的研究往往无法完成，或者更糟糕的是，虽然完成了，但却是以一种平庸的方式结束，远在该学生的真正能力之下。即使研究做得很好，如果学生没有把它当作一个合理的且渴望完成的任务，也会对其研究生的经历产生很大的负面影响。

在研究生教育中，一个触动所有人的问题（教师和学生都一样）就是时间的紧迫感。学生都想在合理的时间内完成他们的学位计划。然而，有些安排或有些情况下，人们可能把合理的时间定义为"最短的可能时间"。还有些人发现，一想到要超过规定的学期，就会严重威胁到他们的信心。对于这些学生，论文或学位论文就是一种冒险的历程。

与此相对的是，很少有研究是在规定的时间内完成的，研究需要的时间总是被低估。频频出现的挫折几乎是不可避免的。这是研究过程的一个组成部分，也是研究经历中学习的一个方面：研究中的草率不仅影响研究的质量，也使得研究经历失去其价值。如果不能花时间，那么当你决定开始一项研究的时候，你就开始危害你的研究领域、你的导师、你的机构、你的教育、你的声誉以及任何可能从完成任务中获得的满足感。总之，如果你不能花费时间，那么你根本就不要做研究。

选择你的研究领域：导师和研究方向

一旦下定决心写一篇论文或学位论文，选择一位导师并没有什么困难。这里，对研究领域的兴趣决定了选择，而一位学识渊博的导师是最基本的要求。而且，人们总是倾向于选择一个在相关兴趣领域积极发表文章的人。

有力的指导非常重要，这是一个攻读学位的学生所需要的。学生最好对准他们的长远目标，不要研究那些导师完全陌生的问题。学生的论文或学位论文也许是导师自己研究课题的一部分，但只要研究问题是学生感兴趣的、愿意做的，那么他就有可能在提出问题、设计研究以及应用技巧和研究方法等方面从导师那里获得重要的经验。这些做法都是研究领域普遍适用的。

学生最好能够在开始最初的选择、整个撰写开题报告及提出研究问题的过程中都和导师进行交流。有的时候，学生可以带着一个初步形成的计划给意向中的导师，试探一下他/她的兴趣或促进老师接受自己为学生。经验显示，如果这样的研究计划正好是导师的兴趣领域，这种策略很可能立竿见影。如果开题报告的某些部分和导师先前研究的某些方面有重复，那么导师对其研究的关注程度，可能会让学生非常惊讶。

找到你的问题：有什么重要的东西我们还不知道

我们建议，在开始寻找一个合适的研究问题之前，要有一个简短的词义和概念考察过程。这个小小过程的目的是确立一套简单而又可靠的术语，凭借它们来帮助思考有时候可能是艰深和冗长的问题——我要研究什么？

一切研究都来自感知到的问题，来自世界上某种我们想要面对却又不满意的境况。有时候，困难仅仅是因为我们不知道事情是如何起作用的，但是我们却有着人类共有的求知的渴望。还有些时候，当我们不知道如何选择，或者事情的结果不明晰的时候，我们就面临着选择，或者做出行动。这些感知到的问题在我们的意识中就表现为不安与冲突。但是要注意的是，它们并不存在于世界之外，而是存在于我们的意识之中。

乍听起来，这像"很好的问题点"（nice points），有时候学术界非常喜欢这些问题，但是对于新手研究者来说，选择一个恰当的问题，对真正不满意的地方提出自己的理解比想当然的大问题更有意义。把问题、疑问、假设以及研究目的想清楚能够防止思想僵化，否则它们有时候就会阻碍或延迟对将要研究事物的清晰认识。

新手将会看到一些研究报告、开题报告，甚至一些非常看好的教材，它们随意换用"问题"（problem）和"疑问"（question），因此造成了各种各样的逻辑混乱（例如"The question in this study is to investigate the problem of ..."或者"The problem in this study is to investigate the question of ..."）。问题一会儿在世界中，一会儿在研究中，问题（problems）和疑问（questions）①之间的区别不清楚，所以让人搞不清楚如何在具体情境中建立一个清晰的研究目标。

我们认为，当你考虑研究什么疑问（question）的时候，应该更加小心。一开始就要界定概念并保持一致，除非已经证明界定某些概念没有意义了。我们的经验告诉我们做出这样的区分是一种良好的思维习惯，适用于如何界定概念。因此，我们认为，当你思考并开始写你的研究问题（problems）的时候，应该用下面的解释。

问题（problem）——这是在我们遇到一个不能令我们满意的情境时所具有的体验。当我们仔细地界定概念之后，正是该情境及该情境所引起的一切相关疑问（questions），成了你计划研究的目标。如此一来，你的开题报告就不是要展示研究该问题的计划，而是要提出一个或几个疑问（questions），说明你发现该情境是"有问题性的"（problematic）。注意这种情况下，问题和情境都不只是日常话语里的意思。

---

① problems 和 questions 作为名词时，在汉语中一般都翻译为"问题"。原书中两个英语词是区别使用的，相应地，我们将 problems 翻译为"问题"，将 questions 翻译为"疑问"。但考虑到汉语的使用习惯，本书有些时候还是将 questions 翻译为了"问题"，比如"研究问题"。从此段开始区分，并夹注英文。——译者注

对两个相互冲突理论的观察可能被视为一个问题，而一个疑问可以是提出来说明这种冲突的。

疑问（question）——一种希望对某种不满意情境了解的状态，就像下面的情况：……之间有什么关系？……是最快的方法？如果……会发生什么？……定位是什么？……的观点是什么？正如下面的解释，当以表述准确的、可以回答的形式提出一个或几个这样的疑问时，它们将会成为你研究的源泉——正式的研究问题。目的（purpose）——研究者收集资料用来回答作为研究焦点而提出来的研究问题的明确意图。在这里，比较合理的同义词是"目标"（objective）。虽然只有人才会有意图，但人们一般在行文时会给研究设计带上目的（例如，"该研究的目的是通过……来研究它的机制。"）

假设（hypothesis）——对于我们世界中某种情境性质上的断言。为了研究的方便而提出的一个暂时性的主张，一种有待于通过证据证实或证伪的陈述。

根据上面的解释，寻找一个题目（topic）就成了探求（quest）一个令人难以满意的情境，我们把这样的体验叫作一个问题。开题报告把它作为自己的目的，提出一个疑问，并确定研究者打算到底如何（和为什么）寻找答案。问题引出疑问，而疑问又引出研究目的，有时候还引出了假设。表3.1展示了一项具体研究的问题、目的和假设。注意假设要符合第一章确立的标准而且要具体。

表3.1　问题、疑问、目的和假设

问题：教师备课需要大量的时间和精力的投入，而且经常还和其他重要的事情发生冲突——既有专业方面的冲突又有个人方面的冲突。
疑问：教师的备课时间和种类与学生的课堂学习行为，例如学习时间正相关吗？
目的：本研究的目的是探究教师在高中自习课中几种（类型）备课形式和学生学习时间的关系。
假设：（注意假设1–3都是用导向性假设，假设4虽然以零假设的形式提出，但也是建立在预研究资料的基础上。） 1.在教学过程中，教师备课计划中与积极学习策略相联系的设计和使用的数量与学生的学习时间正相关。 2.在教学过程中，与准备具体教学任务相关的课堂管理与学生的学习时间正相关。 3.在教学过程中，教师备课计划要求学生等着拿到工具或到操作地点与学生的学习时间负相关。 4.在教学过程中，教学备课（不考虑类别）总数量和学生学习时间没有关系。

研究过程以及开题报告都是从疑问（questions）开始的。在一个既定的研究领域专注地进行一项研究，并辅以一位合适的导师，学生必须要找到一个研究问题，研究问题不但符合他们的兴趣，而且也要与他们拥有的资源和他们所处的情境条件相匹配。如果研究一个从理论上看起来就具有无限可能性的问题，那么很多学生一开

始就会被吓倒,而且会举步维艰。这没有什么奇怪的。"我找不到研究问题"这样的综合征在研究生中是一种常见的疾病,但是非常幸运的是,这种病可以通过时间和知识积累而治愈。

疑问大致有三个来源:逻辑推演、实践和偶然事件。有些情况下,研究者是受好奇心的指使去填补已知领域中的逻辑漏洞。有些情况下,研究者是应邀把知识应用于某种实践的目的。还有些情况下,会有意外发现,研究者被意料之外的观察所激发,这通常是在进行其他的研究中发生的。这几方面的因素经常同时发挥作用,从而使研究者的注意力指向特定的研究问题。每个研究者的个体情况和个人风格往往也决定其疑问的来源。最后,所有疑问的来源都取决于一个更加基础和前提因素——该领域的所有知识。

正是后面的原因导致了"我找不到研究问题综合征"。只有当一个人理解了特定知识领域的一般框架和详细知识之后,才有可能揭示未知领域。偶然的观察会引起疑问,解决它就需要运用知识。传统的文献研究是走向成熟的第一步,凭借它研究者才能自信地选择研究问题。虽说传统的文献研究是必需的,但还不够。在任何活跃的探究领域,当前的知识基础并不在图书馆里——而是存在于大学研究者之间看不见的非正式合作中。

一个领域内正在发展的知识基础往往存在于未发表的论文中、会议的演说中、讨论的手稿中、备忘录中、正在撰写的论文中、授予的申请中、私人信件中、电话中、电子邮件中,以及会议现场的走廊、餐厅、休憩室和酒吧的谈话中。为了能够获得这些偶然的资源,学生必须到这些活动现场去。

接近目前研究领域现状的最好方法是加强与导师的联系,他们了解该领域而且正在提出并努力解决他们自己的问题。和同伴交流,听一听专业方面的讨论,参与研究项目,听讲座和会议,交流论文,以及和其他机构的老师或学生通信,这些都是大概了解研究现状的方式。然而,在所有这些情况中,能否获益通常取决于你对该领域是否有足够的知识,是否有能力参与对话,提出具体的问题来讨论,或者提出批判。正如任何其他地方一样,研究中你知道得越多,你学到的就越多。

尽管青年学生要建立一个交流的人际网络似乎是不可能的,他们都把自己看作新手和外围人员,但是令人欣慰的是,其实一般情况下,新人在任何一个研究圈子中都是非常受欢迎的。任何人做研究,都会依靠研究同事之间的非正式关系,而且在学术圈中这种友好关系也是一个维持动力和愉悦的资源。只要你能够对当前的问题发表很好的见解,你的同僚会很乐意给予评论,提出建设性的问题、建议以及鼓励。

在最后选择论文或学位论文问题的过程中,有一种练习可以用来厘清各种问题的相对意义。

把所有问题以概念模式放到一起，把它们按照一种相关的顺序一一列举出来——通常是按照逻辑关系或实际的思考来决定其顺序。可以从小的问题开始，然后到更大的问题。一般性的问题、方法论问题必然是放在具体问题的前面，理论性问题可以散布在纯粹实证问题之中。下面是一个完全真实的例子，体现了这种练习的一个简化形式。这个用于示范的研究从日常观察开始，然后通过一系列具体而相互关联的问题，逐步聚焦，最终提出一个具有重要意义的上位问题。

观察：老年人在完成认知任务方面一般比年轻人需要更长的时间，但是那些身体活跃的老年人在智力上反应似乎更快，特别在那些要求行为速度的任务中。

1. 什么类型的认知功能与锻炼有关系？

2. 如何测量这些认知功能？

3. 经常锻炼对这些类型的认知功能的一个因素——反应时长有什么影响？

4. 活跃的老年人在简单的反应时任务上比不活跃的老年人速度更快吗？

5. 活跃的老年人在复杂的反应时任务上比不活跃的老年人速度更快吗？

疑问（question）：经常锻炼对老年人反应时间有什么影响？

通过艰苦的思考和思维的转化，在列出一系列具体问题的过程中，原先没有注意到的现象可能就被揭示出来了，或短暂的印象得到确认。在上面给出的简单例子中，读者也许一眼就能够看出其他可以插入的问题，或者从主干逻辑上分叉出去的其他系列研究。比如，我们也可以从不同但又是相关的起点提出其他关于锻炼和认知功能的问题，用图表将其列举出来。举个例子，你可以从精心设计的观察发现，经常锻炼的老年人其身体的循环系统更优越。这可以通过一系列的实验来导出最后的问题，"由锻炼维持的认知功能其生理机制是什么？"

绘制这样的图表对学生有很多好处。这是一种通过本能去捕捉第一个可研究的问题的练习，抓住一个突出的点，让它牵引出问题。通常这些问题没有那些通过其他方式精心选择出来的问题重要。多数问题都是按照逻辑顺序以这样的提问开始——"首先必须要问什么"。一旦这些顺序关系搞清楚了，就很容易安排先后次序。

除了寻找问题的正确顺序，判断其重要性之外，这样的概念模式也能促进学生思考一系列深远的研究。这些研究有潜力累积成为更有价值的学术成果，而不是仅仅一篇论文或学位论文就能够完成的。那些对学生的研究设计有很明显贡献的导师可能成为关键性的因素，他们能够吸引学生进行长期研究，全身心地投入到一个研究领域中。

积极的研究者每天都会想到可研究的问题。关键并不在于找到它们，而是研究者对是否以及在什么地方可以把它们放进整体的研究计划保持某种敏感。虽然这种情况对新手似乎非常遥远,他们还在为确定第一个研究题目而奋斗,因此,只要他们能提出一个最简单的研究日程就已经很不错了。指导学生有序地展示问题,可以让学生充满信心地确定开题报告的目标。

形成开题报告的步骤:从选题到组成指导委员会

拟一个行动计划:先做什么后做什么?

图3.1呈现的是一套形成开题报告的行动步骤。抓住它的核心意义,将对新手非常有用。在大多数开题报告的实际形成过程中,并没有一个整齐划一的、线性的步骤。人类思维过程的神奇性质和获取知识的奇妙过程使开题报告的形成不可能是整齐划一的。学生们遇到更多的往往是令人眩晕的跳跃、停滞不前或痛苦的放弃,而不是始终朝向一个方向连续前进。我们可以用这个图表来获得对该项任务的总体认识,确立一个大致的时间进度,或者回头检查可能的遗漏,但是不能用它来代替介绍什么应该发生或什么将要发生的文字描述。

说开题报告的形成没有一个可以被百分之百预见的流程,并不是说它一点儿规律都没有。从开头出发,然后循着思想和研究的逻辑顺序进行写作,这种做法有很多明显的优势。当开题报告完成的时候回头看看,通常可以看出,如果开题报告的整个形成过程是以合理有序的形式发展的,将来的研究工作就会节约很多时间和精力。

以图3.1为例,虽然思想可以向前跳跃,并预见到具体用来测量的量具类型,但是也不能先做第11步("考虑其他收集资料的方法"),然后才做第6步("查阅相关文献")。在阅读文献的过程中,可能会发现并注意到很多测量的方法。有时候,人们还在一些不可能的地方或研究中提出使用具体仪器的建议,但是这些地方和研究最初就被认为是不可能产生有关测量的知识。另外,在做出任何最终决定之前,都要报告来自其他研究的关于结果数值的信度和效度的证据。因此,在仔细查阅文献之前,就花费大量精力考虑其他研究方法是一种时间的浪费。

为了简洁,图3.1省略了很多重要的内容。这里没有把形成理论框架、给文献分类或陈述假设这些重要的步骤列出来参考。而且,像确立统一的术语这样属于写作过程本身的内在要求等细节问题都没有提到。这里所呈现的只是外显的逻辑和程序——操作过程和研究问题,它们标志着一个行动计划的形成。另外,读者将会发现,在几个结合处的操作步骤走的似乎是循环的路径。例如,如果在问题F中,单独一种研究形式并不是最合适的,指向"(不)NO"的出口线条指引回到前面的步骤,即要考虑其他的研究形式。这种安排的目的并不是说这里必然有一个陷阱,新手研究者在这里必然像小狗那样追着自己的尾巴转圈圈。在每一种情况下,封闭的环只是表示,当问题无法解决时,就要思考其他的方法(更多的研究、思想或建议),或者是问题本身并不适合这种情况,必须要进行修改。

在多数情况下,图3.1可以作为一种给自己的提示。我们假定,学生在操作这些步骤的时候,会和他们的导师一起研究,并从他们那里获得指导建议。我们选择了其中一些操作步骤和问题来进行评论,或是因为在开题报告的形成中它们是关键的节点,或是因为它们已经被证明总是会引起特别多的麻烦。下面的每一项,你都要找到它们在图表中的位置,这样前面和随后的步骤和问题就为我们的评论提供了一个框架。

第3步：聚焦——"我想知道什么?"

从一般到具体对于初学者来说总是比预想的要困难。正是在这个环节,学生第一次面临科学生活中两个严峻的现实:逻辑实用性和那些看起来简单事件的无理性。新手必然要学会,一次只能采取一小步,针对一个可以解决的问题。换句话说,开题报告在范围上必须和研究过程本身的真正界限相一致。再好的研究工具也只能涵盖有限的事实。如果延伸得太远,它们只能导致幻想而不是理解。

很重要的一点是,起初可以大胆地设想,不考虑实用性地胡思乱想,也允许大大超过现有知识基础范围地猜想。不过,研究者从这些创造性的思想练习中出发,最终一定要回到研究问题。试着问自己这个问题:"按照我的资源和问题的性质,我可以从哪儿开始?"对诸如"在哪些人中?""在什么情况下?""在什么时间?""在什么地方?""通过观察哪些事件?"以及"通过控制哪些变量?"等问题进行界定,就能够将思考练习限定集中到研究问题上。

第5步：寻找合理的答案非常重要

在这一步,学生开始学习把自己的研究置于"科学的—社会学的"视角。研究应该有助于形成或证明理论,或是其中的要素,或是相关的操作程序,人们通过这些程序来利用知识促进专业实践。这里的策略是用适合问题性质的概念去证明它。目的在于填补知识结构空白的研究不需要声明实际的应用价值(即使后来可以产生这样的回报)。直接在实践中产生的问题就不需要声明可以促进人们对基本现象的理解(即使随后的事实可能会产生这种理解)。每一种问题的重要性都有自己的衡量方式。把重要的问题和次要的问题区别开来并不总是那么容易,但千万不要用错了标准,这样会使得问题更加困难。

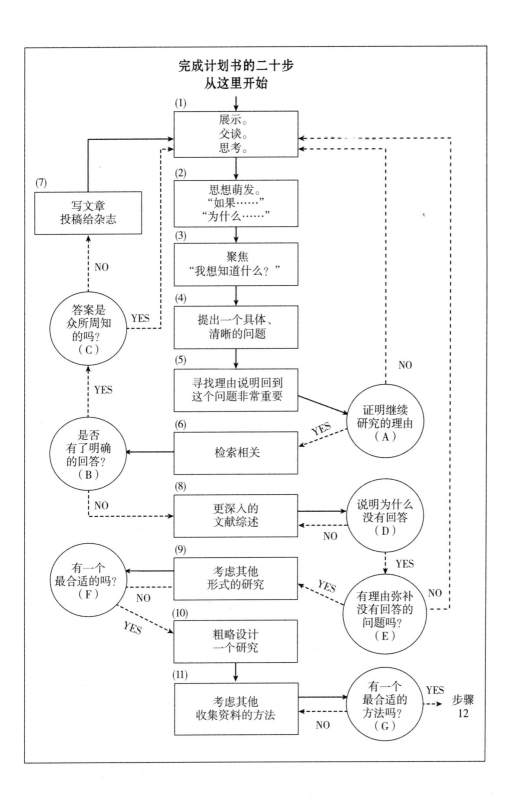

如何做好研究计划：关于开题报告和项目申请的指导（原书第6版）

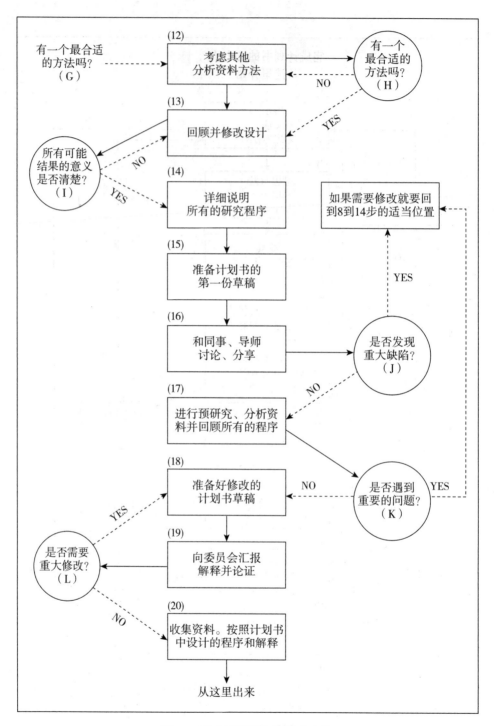

图3.1　形成开题报告的20个步骤

注：方框代表主要的研究步骤，实线连接的是研究步骤的主要顺序。圆圈代表了需要面对的主要问题，当回答"是"或"否"时，虚线指向相应结果的研究步骤。

问题A：论证继续研究的理由

开题报告需要给出一系列理由说明待论证的研究问题的重要性，检查这些理由时可以从几个方面进行：对个体沉思和对专业的价值，对学术共同体的价值，以及最终对社会的价值。问题A，"论证继续研究的理由"就是研究者必须从个人兴趣和需要角度去回答。这个世界到处都是清晰阐明而又具体的问题，而一旦正式提出来，它们似乎又不值得花费精力去回答。因为研究者都是人，完全合理的问题看起来也许非常乏味，有趣的研究路径也许会变成繁缛细节，而且界定细致的问题也无法适合个人风格。另一方面，有些问题之所以受到支持是由于研究者迫切需要改进重要学科领域的教学或满足人们一直以来的好奇心。

基本的原则是要做好诚实以待的准备。如果你真的不想回答这个问题，那么最好在你投入相对较小的时候重新开始。

第6步：查阅相关文献

粗略地浏览一下那些最明显的相关资源，特别是文献综述性的论文或报告，这是一种节省时间的方法。与其耗费几个月的努力，循着自己的方法，慢慢地、完整地吸收每个得出同样结论的文献，还不如经过几周有选择地浏览之后就放弃某个想法。

尽责的学生有时候会对这种快速的检索隐隐约约感到有些心虚。请记住你真正的目的，就是要排除那些已经有了令人满意的答案的研究问题，这样做才是减轻这种压力的唯一方法。

问题E：有理由弥补没有回答的问题吗？

有些情况下，文献中呈现出一个空白领域，因为技术现状、现有的知识结构、研究中的伦理考虑，或者问题特有的实际需要，使得一些形式的研究不能实施或不能合理地实施。只要存在知识的空白，研究就有进行的理由，因为还没有人解释过该问题或投入到寻找问题的答案中。不过，文献中空白领域或模糊领域，往往自然有其原因，研究生在研究之前应当有所警惕。

问题I：各种可能的结论的意义是清晰的吗？

逻辑越严密，理论框架越美观，设计越紧密地结合在一起，所有的研究工作清晰地朝着一个方向进行——总而言之就是开题报告的质量越高，那么研究者不幸被假设诱惑的危险也就越高：在他们真正执行研究，获得资料之前，他们就已经知道了研究的结果。研究生有时候会遇到这样喜人的消息，他们的方法产生了一个相反的效果，这种效果本身既不让人感到意外，也没有什么害处。然而，不幸的是，他们又不能给这种情况一个合理的解释，而多数情况下这又是可以避免的。

研究者必须要面对的一个基本问题是，总会有意料之外的结果出现。你的研究发现确实反映了资料中存在着什么，还只是一种人为分析的创造？如果你对分析方法存在任何怀疑，特别是，如果研究步骤和研究问题不完全一致，那么就要考虑后一种可能性了。如果重新分析还是无法说明那些和预期很不一致的研究发现，那么必须要寻找其他的解释。如果从来没有想到过会有什么不一致的发现的可能，那么这一切就更加困难。一个有说服力的开题报告，结构严谨、步骤清晰，将能提高处理意料之外研究发现的能力，你至少可以体面地处理这些意料之外的发现。

在构思开题报告的时候，通过认真考虑其他可能的研究结果，就有可能在研究中增加一些因素，从而在一些最可能的结果中消除模棱两可的模糊性。有一个预测意料之外结果的方法可以学习，那就是对研究的每个假设进行反驳，看看结果如何，或者看看无法反驳的结果是怎样的。如果假设被驳斥，该如何解释呢？如果研究的理论基础证明了这样的解释，该怎么办呢？如果研究发现支持这样的解释，该怎么办呢？相反，如果研究发现不能为反驳提供基础，那么该如何进行解释呢？

至少，那些最初为每一种可能结果而做出的慎重思考，对自己的担心将起到一种保护的作用，避免发生这样一种尴尬——最终的研究结果"看不到任何重大区别是因为使用的方法不合适"。

第16步：与同事及导师讨论和分享

准备做研究的人常犯一种大家都知道的毛病，就是总喜欢把最后报告的写作时间往后推延——无限期地推延。有些人只是无法面对他们想象中个人会遇到的障碍，他们认为向大家宣称开始他们的研究是一种挑战。这些人很难成为成熟的、积极的学者。这些人在学生时期就会出现一些迹象，他们不敢把自己的开题报告拿出来请教导师并接受批判。

有时候，学生由于还没有准备充分，没有提出一个有效的概念框架，而受到导师严厉的批评。很多教授不愿意猜测性地谈论这些"半生不熟的"思想，其实这些往往只是学生的一念之想。一份经过数周艰苦思考、研究和修改积累而写成的开题报告，如果被拿来请求指导，很少会有哪位教授拒绝这样的请求。虽然如此，学生也可能会经历一个痛苦的过程——自己已经尽了最大的努力，但却要面对排山倒海般的尖锐的批评。有些人会选择坚持错误或我行我素，不过这在研究工作中多半是要不得的。

如果你所在的研究团队拥有一群精力旺盛、喜欢探究的人员,并且经常不断地进行学术讨论,他们往往将吃苦和摔跟头看作形成好的研究的一种方式,那么你是相当幸运的。新手在这样的团队里请求帮助,即使过程并不总是愉快的,但最终会得到最有益的批评意见。

有人认为在写开题报告过程中,寻求帮助有些不道德。这种观念从好的方面说,它是对真正科学活动的一种拙劣的模仿,而从坏的方面说,这是一种由于无知而产生的歪曲。研究工作也许有些寻找乐趣的性质,但是研究成果却不能存在系统性缺陷。任何研究的目标都是在现有环境下获得最佳答案,而且也希望获得最好的指导。所以,我们希望学生不要被任何标准束缚住。

很明显,学生在消化并权衡了受到的所有批评之后,他们仍然必须做出自己的选择。并非所有的建议都是好的,而且并非所有的批评都是合理的。然而,你无法事先排除,唯一能做的只能是把开题报告和那些富有见解的同事分享,即使他们的意见你并不总是接受。

如果你在各种阶段都得到了建议,而不是一直等到最后才寻求反馈,那么这将加速你开题报告的完成。我们强烈建议,你要和你的导师及委员会成员一起努力,稳步地推进你的研究计划实施。例如,在第4步,向你的导师咨询可能存在的研究问题,这可以帮助你提炼问题并帮你发现相关的文献。在第9到第12步,在准备好之后,简短、集中地当面讨论你准备的具体问题,对你将特别有用。在整个开题报告撰写的过程中,最好是不断地收到大大小小的以及整体性的建议和建设性的批评。

第19步:向委员会陈述、说明和论证

在研究生院正式批准之前,你要向学位论文委员会陈述你的开题报告,或者在导师办公室的非正式聚会中向他们口头汇报。在任何情况下,汇报的目的和重要程度将取决于你所在学校的传统,以及主席、委员会成员和学生之间的关系程度。

例如,如果主席一直关注着开题报告的写作,而且感到比较满意,认为可以进行最后的评论并赞成通过,那么这个汇报会议就主要是完成规定程序。如果其他委员会成员在写作的各个阶段都进行过指导,那么也许会议的主要目的是为最后的回顾做准备以及演示你汇报研究工作的技巧,而不是进行评估、吸纳意见或进行判断。如果会议不是为了这些,那么会议本身的作用会更重要,汇报的时间和性质将会受到影响。

无论什么情况下,都要谨慎,不但要尊重委员会成员所能给予你的重要帮助,而且要努力展示出他们已经给予过的有效指导,精心准备、好好汇报是绝对必要的。关于这方面的意见大部分在第七章。现在我们只想强调下面几点。

1.在正式会议之前，你和委员会成员在一起讨论得越多，会议内容就越能够集中到改进和赏识你的开题报告这个方面——而不只是老师们去理解你的开题报告。

2.当委员会成员在会上和你讨论或者相互间讨论的时候，自然就会有新的洞见产生，一些新的问题将会浮现。你需要准确地把它们记录下来，只要有人清楚地建议后面的修改，这对你都是有益的。你的目的不仅仅是让开题报告（原封不动地）被接受，而是要为你的论文或者学位论文建立一个可能性最好的计划。

3.很可能你必须做出艰难的选择，为了实用的原因在方法上进行妥协，或者留一些事情放在后面再决定。我们建议你直接在委员会面前把这些问题先提出来，而不要等到被问及时才提到。在你进行汇报的时候，要主动向导师们提出并展示你存在疑虑和困惑的方面。但你不需要显得自己的研究好像陷入困境的样子。提出你的解决办法，并提供你的理论基础，但是决不要忽视也不要掩盖你所知道的——你需要更多的关注以及你的委员会的帮助。

4.如果开题报告获得通过，只需要做出一些修改或补充，那么最好在会议上就让委员们签字。然后把签过字的表格交给你的主席，等着他或她做最后的决定。

第20步：收集资料，按照开题报告中的设计实施和解释

这是最后一步。一个好的开题报告不仅仅是一个行动指南，它还是最终结果的知识解释框架和最终报告的核心。开题报告不能保证结果是否有意义，但是它能够保证，无论结果如何，该学生能够通过合理地分配任务，完成该研究，至少能力上是可以的。如果这听起来还不足以补偿一切努力的话，那么只能写这样的一个报告：不仅逻辑混乱，没有一个恰当的研究方法，而且还有一大堆无法分析的资料。

说明研究的原创性和重复性：什么是你对知识的贡献？

开题报告之前固然就要注意寻找和界定研究题目的重要与困难，但还有一个基本的问题不能忽视，即原创性问题。

有些导师认为学生做的研究主要是用来训练他们，就像是用来帮助拿斧头的人训练肌肉而非真正为了增加燃料的砍柴活动一样。这样的观点有一定的道理，但学生的想法通常却并非如此。他们更希望严格遵照学术研究的传统要求，为人类知识做出原创性的贡献。

在开始研究计划之初，研究生或导师往往从字面意思去解释"原创性"这个词，就会出现一个最常见的问题，即把它定义为"最初的、第一次，以前从没有存在或发生过的（事情）"。当运用在科学研究中的时候，这种看法是对该词的一种严重误读。

在研究中,"原创性"这个词很明显包括所有那些有意识地验证他人已有结论的研究,或者使用先人研究所提出的结论的研究。但不包括这些研究:只是一味重复已有的研究,忽视已有研究的存在,或不顾已有研究的缺点或局限。

对原创性贡献这个词语理解混乱的一个结果是,被误导的学生和导师往往忽视一个最重要的研究活动和一个最有用的训练新手研究者的形式——模仿。模仿有时候被认为仅仅是机械模仿,没有为学生提供充分使用和发展他们自己能力的机会,这种情况表明,有些人对"研究"这项操作的误解以及对知识概念的误解是多么严重。

模仿在研究中的根本角色已经被中肯地提出来(Gall,Gall,& Borg,2007)。但是其作用还没有被充分地认识到,认为模仿只能是有挑战性的问题,需要创造性的解决办法。而且,有些导师不理解,认为新手撰写模仿性的开题报告并不能成为一种理想的学习机会。

在直接的模仿中,学生不仅要在创造性的研究中准确地寻找一切关键的变量,而且还要为他们自己的研究实施创造相同条件。任何人如果一眼就能从原创性的报告中立即看出关键变量,那么他肯定没有大量地阅读研究文献。类似地,个人如果认为真正相等的条件只能按照"同样的方法去做"才能建立,那么他就不会努力去进行一个模仿研究。因此,在形成一个恰当的直接模仿式的研究的开题报告中,经常要求大量的技术创新和对研究问题的彻底理解。

还有另外一种直接模仿,学生也许重复了一项有趣的研究,但先前的研究却被认为在抽样、方法、分析资料或解释方面存在很大缺陷。而学生在这些地方有意识地进行了变革,改进了前面的研究。对于任何人,无论其兴趣是在学习做研究,还是为积累可靠的知识做贡献,想象一个更具挑战性或有用的活动都是非常艰难的事情。

写模仿性研究的开题报告时,无论是直接式模仿还是修改式模仿,学生都应该适当地引用介绍原始的研究,做一些必要的评论,并且不要对自己准备做的研究改动含糊其词或表示歉意。虽然有些部门持相反意见,但是我们认为模仿性研究没有丝毫不好,或者说丝毫也不比自创的研究差。

如果前人的研究报告存在不足,为了你的研究而和原作者讨论原初的研究,这对你一般都非常有益。大多数研究者都愿意提供更多的细节,在有些情况下还愿意提供原始材料供你审查或再分析。在健康的科学研究中,模仿是最真诚的恭维。在开题报告的附录中放进和作者有关原初报告的通信,或者原报告中没有的资料,这通常能够让导师感兴趣,而且能够打消导师的顾虑。

准备开始:拿出第一份草稿

从来没有撰写过开题报告的学生通常一坐到桌前,就会眼睁睁地盯着白纸或空白显示器一坐就是几个小时,头脑中满是从文献中搜集来的知识,却无从动笔。人们到底是如何真正开始的呢?"开题报告"这个词魔法般地让你想起准确、精练、谨慎以及由虔诚的研究者使用的崭新的、陌生的系统语言。这些要求似乎突然压垮了一切。

学生应该认识到,几乎每一个人都经历过这种恐慌,不仅仅是那些写作新手,对于那些熟练的老手也是一样。范格(Fanger,1985)说得非常精彩:"在我看来,任何严肃的学术写作必然都伴随着恐慌感"(p.28)。一面对白纸或空白显示器就显得无能为力的研究者,下面的这些建议也许对你有些帮助。

列一个提纲,和第一章中用来承担沟通任务的那个提纲格式一样。最初的提纲如果得到导师的同意就可以为后面的修改节省一些时间。收集各种来源的材料、笔记和参考书目,并对它们进行分组,注意要和提纲的标题相一致。例如,关于论证研究的理论基础的笔记就应该放在同一小组中,而论证工具信度的笔记应该放在另外一个小组中。

当你写好了提纲而且也收集了材料,就可以处理提纲中的任何一个标题(不必是第一个)并开始写作了。如果准备写"研究目的"这一节,你就要设想,有人问"本研究的目的是什么"。你的任务就是回答这个问题。开始写吧。不要担心语法、句法,只管写就行了。这样你就可以避开提出创造性成果的一个最大障碍——总是猛烈地自我批评,以至于任何思想还没有成为现实就被驳斥了。记住,修改比创造容易得多。如果一个问题的所有主要部分都以某种方式写出来了,那么随后就可以重新组织、编辑以及变换表达方法。根据经验,这时新手就会开始以学术性的语言和开题报告的形式进行思考。直到这时,真正的开题报告写作才开始。无论是笨拙还是优雅,举步维艰还是轻车熟路,在撰写第一份草稿的时候没有其他可替代的方法。

有一种写作的方法就是利用Word提供的大纲模式,它可以让你首先形成自己的大纲,然后再回头不断地在每一个标题下面增加细节内容。你得学会使用这种方法,学会了你将会不断地获得回报。Word为作者提供了轻松编辑、组织文本以及存储副本以备进一步修改的机会。有了可以轻松修改的文本,就有了巨大的心理优势。这让作者有了修改的动力,否则在限定时间的压力下,也许就放弃了,而且这也极大地提高了开题报告作者修改和润色自己作品的能力。

选择论文或学位论文委员会成员

硕士论文委员会成员数量不等,从一名教授到五位或六位教师。一个博士学位论文委员会一般由四到六名成员组成。有时候,所有的委员会成员都来自学生所属的院系。有时候,委员会由各种学科教师组成,还有学校其他院系的老师。

在多数大学里,学生都有机会邀请一些特定的教师成为委员会成员。如果学生有一些选择的自由,那么委员会的成员组成就应该能够最大限度地支持学生完成论文。例如,一名学生有兴趣研究年轻的上层流动妇女滥用毒品的行为,他就可以邀请不同院系的教师,以便利用教师不同的视角所带来的价值。因此,委员会成员具有多方面的兴趣就特别有帮助。也许基于统计和行为矫正的内容选择一位心理系的教师,学校社会研究部门的某个老师可能带来了有关毒品使用流行病的专家,而一位学校公共健康部门的老师也许因为实验设计和治疗应用的技能而成为指导成员之一。

研究生从一开始就知道,最终都要选择老师组成这样一个委员会,因此他们最好在整个学习期间选修课程时就考虑这些事情。如果在选修课程时,必须要在两位教授之间做出选择,那么就选择对该学生的研究领域可能更感兴趣的那位。虽然学生并不是必须要选修委员会成员的课程,但是邀请一位已经认识的老师作为你的委员会成员相对会更容易些。这个人可能对你的研究更感兴趣,而你对他或她的学术标准和方法也更加了解。

第四章　研究计划书的内容

本章的这些论题是用来帮助初学者的。有经验的研究计划书作者可以直接阅读第七章，或者简单地浏览一下本章的内容作为一种回顾。

文献综述

查找文献的基本原则学科内的研究领域是作为正在进行中的对话存在于那些做学术研究的人之间的。一个领域已经出版的文献构成了这些对话的纪录：研究报告、研究评论、理论假设以及各种各样的学术对话。当你加入任何其他领域，你就加入了长长的科学对话之中。首先你得听别人说了些什么，只有这样，才能形成你自己的促进对话的观点。

学术是一种延伸的对话，这个比喻在各种层次上都是有效的——因为从本质上说，这一表述是准确的。确定个体对话者所发之言的过程就叫作检索（retrieval），就是搜索已有的文献，看看它们已经说了些什么（什么时候、由谁以及在什么样证据的基础上说的）。仔细倾听当前一个研究话题的对话交流，这一过程就叫作综述（review）。这是指研究先前检索的内容，直到理解了对话的历史和目前的状况为止。不要把这个比喻延伸得太远，否则你就会忘记撰写研究计划书就是要让你做好准备，以让你自己的声音被他人听到——去做研究并加入你已知的长长的对话中。

检索、综述、形成计划以及实施研究，甚至写研究报告，这些任务都有它们自己的一套必要的方法和技巧。每一项工作都不仅需要艺术和天分，而且需要智慧和积累的知识。本章要讨论的是，在题目和概念范围界定之后，应该把什么内容放进研究计划书中。首当其冲的就是你在对话中所听到的东西——文献综述。在你的评论中，你要在已有文献的基础上为提出你自己的贡献建立基础。但首先你得先检索文献，毕竟你不可能综述你没有看过的内容。这样我们就需要了解搜索文献的技巧和艺术。

　　我们不想用具体搜索过程的细节来增加你的负担。研究计划书的要求差异很大，每一个研究计划书作者的背景和技巧也差异很大。不同机构提供的检索条件会有很大差异，而且每个学科和研究方向对文献检索也往往都有自己的特定要求。我们这里所能做的，就是提出一些一般性原则，如果从一开始就遵循这些原则，你的检索工作就会更有效率。

　　很明显，检索策略的第一步就是要知道你需要知道什么。但关键是第二步，知道你真正需要知道多少——研究新手总是不能很好地理解这一点。和你的导师讨论，咨询那些写过研究计划书的学长，仔细阅读研究生院以前接受的研究计划书，以及初步阅读你在确定研究问题的过程中你所做的工作，这些都能够帮助你确定你要知道的东西——你由此而要寻找的文献。一般来说，与研究问题或假设有关的报告和综述都包括在内。这些文献为你提供了该领域有关研究方法的知识，也提供了有关理论及应用方面的内容，它们都和你的研究有关。

　　确定你需要知道多少文献是一个更加复杂的选择。部分原因是，除非你已经完成了文献检索和综述工作，否则你无法回答这样的问题。这要由你检索所服务的目的决定。一种检索的策略是对你研究领域中前人的研究获得一个宽广的总体视野。如果你的目的是要了解一小部分资深学者在最近两年内的研究，那么检索策略将有所不同。如果你的目的是做一项彻底的检索，你可以这样做，搜索中你要坚持不让任何一篇文献逃过你的法眼，直到找到为止。

　　我们的建议是，你要就"需要多少文献？"这样的疑问和你的导师交流，而且要在你的写作过程中就该话题和他或她保持联系。只要进行文献检索就要穷尽该类文献，这个想法一直是研究生中流传的一个具有很大破坏性的神话。如果你已经充分地认识到，你写研究计划书只是要用对话去说服对方——你的研究目标是合理的，你选择的研究方法是正确的，那么你对研究计划书目的的理解就足够了。

　　长期以来，你可能更多的是在进行广泛而深入的阅读，但却不是研究计划书需要你读的东西，这是两回事。（在学位论文准备过程中要阅读最近的、有说服力的文献，关于文献综述的这一观点讨论，请参阅布特和贝勒[Boote & Beile, 2005]的文章。）写研究计划书的明智之举是确定，你需要了解多少文献才能够达到相应文献综述的规模——知道检索什么、检索多少。除非你已经做了一些检索和综述，否则你或导师很可能都无法在一开始就为你准确地设定目标，不过做一些初步的思考对你是非常有益的。

查找文献的基本原则

检索原则1

不要一开始就去图书馆或数据库，也不要一上来就检索文献。先和你的导师（或所有的论文委员会成员）以及同伴谈一谈，他们对你研究计划书中的研究领域比较熟悉，可以列出他们认为你应该阅读的文献。查到这些文献，对它们进行浏览，并且记下所有合适的引用的内容。这些便构成了你文献检索的基础。当你再次使用图书馆的时候，浏览那些看起来与你的需要最直接相关的参考文献，优先阅读那些要应用的文献。

检索原则2

当你到图书馆去的时候，先不要直接查找文献。首先要确保自己了解检索系统的有关知识，这将最大可能地为你的研究提供线索。然后，我们希望你利用关于使用特定检索系统的研讨会和培训班，很多图书馆都提供这些服务。要想检索工作不那么辛苦，更重要的是知道去哪儿查找。

大学图书馆里，或者通过大学的计算机网络，或者在互联网上，都有巨大的计算机检索系统。你能够使用很多数据库和资料库，但要知道它们的重要性和检索方法是不一样的。参加一些介绍性的讲座以及请求专家的帮助将为你节约很多时间。计算机检索系统在迅速、准确、灵活性以及强大方面优势巨大。当本书第一版问世的时候，我们还无法想象这些功能。那时候的计算机检索系统还只有搜索功能，而且有很多局限和特殊问题。基于这些经历，我们建议你花一些时间学习如何使用这些检索系统。

检索原则3

从一开始，就要把你的检索分成几个阶段。你不可能（或不应该）一帆风顺；更多的时候，检索会在各个阶段来来回回，这会占用你很多的时间。

第一阶段：鉴别——发现并记下可能相关的引用材料。这里主要是记录索引、参考书目、文献列表，而且这通常是计算机可以做的工作。

第二阶段：确认——选定那些鉴别出来的能够拿来使用的材料。它们可以通过图书馆的馆藏（各种介质的馆藏都有如书籍一样的馆藏号）、复印、馆间互借、微缩胶片以及电话等服务来完成。

第三阶段：浏览和扫描——评估每一项材料，确认里面确实有你将要评论的内容（这一阶段你应该仔细地阅读和研究）。这项工作要求系统地掌握与你的问题有关的表述和概念，从而能够识别哪些材料有用，哪些可能没用。这些工作大部分要在电脑上花一些时间。这里最重要的检索技巧是：抵制诱惑，不要因为埋首于和文献的对话而停止了浏览和扫描的工作。

第四步：检索——获得文献。这可以通过查阅书籍、下载或者复印杂志文章、订购微缩胶卷和发出馆间互借请求等来实现。有人强烈建议，当你草拟文献综述的时候，不必立即把所有的文章都拿到手边，确保你对读过的文献做笔记，而不必把它们从数据库或从电脑的文件夹中取出来。

第五步：综述——阅读、研究、记录与你的题目有关的文献。本章后面部分将要讨论如何运用你已经知道的去撰写你的研究计划书。

检索原则4

研究一开始，就要给你所知道的东西命名，并记下这些词语。这些词将作为关键词来访问有关内容。建立了一系列关键词就像有了一套进入大楼的钥匙。如果没有它们，你可能徘徊数小时也无法进入你想要去的地方。现在很多数据库提供标题、作者、摘要和关键词等搜索选项但无论是现在还是将来，能帮到你的是知道什么短语可以搜出最多你想的内容。

检索原则5

最大化地利用其他人的研究。因此，在你的搜索计划中，你研究领域的综述应该总是居于最优先的地位，你检索的注解目录以及每篇文章和书籍后面的参考文献都应该如此。同样地，到图书馆的第一站应该是博硕士论文数据库（如 ProQuest Dissertations and Theses）。阅读那些做过类似研究的文献。还有什么比这更好的检索办法呢？学位论文是检索的重点。

检索原则6

为你找到的每一项内容记录下完整的引用。无论是用索引卡片，还是在计算机中按照字母顺序以及关键词整理，都要完整地记录你的发现过程——无论是否立即评论。没有什么比因为遗漏卷号或页码而必须回到图书馆核对更让人沮丧的了。我们强烈推荐你使用参考书目记录系统和检索软件（例如，EndNote，ProCite 或 Reference Manager，还有其他的）。这样的软件在寻找引用和形成你自己的资料库时会起到帮助作用，还能极大地减少后面用来列出研究计划书参考文献的时间。很多大学现在都允许免费下载这样的软件。

检索原则7

在浏览和扫描或者是回顾阶段，无论你记下什么，绝不要让写下的东西在以后产生一丝的混乱，无论是你自己的语言——还是其他作者的语言。如果你写下一句引用的语言，你就要逐字地写出来，并记下正确的页码。如果你写下的不是直接引用而是任何别的东西，绝对要确保是你用自己的语言来解释的。除了这两类笔记，没有其他的。

检索原则8

对于那些特别好用的计算机检索系统要警惕。例如，有些文献检索系统，你只要突出一个词语，电脑就会自动输出该词语，然后输入到你自己的档案中，在你的文本中添上引用的话，并在文后加上参考文献。使用这样系统的作者不必阅读全文，甚至必要的理解工作都不需要，不需要真正理解它在你想研究的领域的学术对话中的位置。但速度和效率也许削弱了对材料来源做出充分选择的能力，导致你最终无法写出优秀的研究计划书。

如果你遵循这八个步骤，真正理解了到底需要知道多少文献，而且坚持自己的理解，那么你现在就算是一名学者了。当你拿着一张参考文献清单时，你会认出所有的名字，而且他们对话的言论会充斥着你的耳朵。你就这样跟上了时代，也做好了参与对话的准备。在很多科学领域，有了这一步工作，后续工作将会步入正轨，你可以尽情享受它！这就是检索的甜蜜果实。

综述文献：选择合适的材料

众所周知，在学生的研究计划书中，文献综述一般是臃肿、浮夸的拼凑，它们纯粹按照预定的格式，像应付礼节性的任务。即使使用了一些文笔的技巧，细心地编排，但是读起来也是枯燥无味的，而如果写得不好，那对于多数读者而言简直就是极度痛苦的折磨。出现这样的情况是不应该的，之所以如此，主要是学生误解了文献综述的作用。

研究计划书中常见的名称"文献综述"，虽说不是完全错误的，但也算是一种误导。研究计划书并不是用来回顾有关问题领域的所有的文献的，也不是用来检查在研究计划书中提出来的所有的与具体问题有关的研究。确实存在很多"综述文献"的方法，例如最佳证据综合法（best evidence synthesis）、批判性综述（critical reviews），甚至元分析（meta-analysis），但是这些都不适合研究计划书。就其自身来说，这种分析方法本身就可以形成可发表的论文。确实，有些杂志，像《教育研究评论》(*Review of Educational Research*)就专门刊载这样的批判性学术回顾。然而,研究计划书中的对文献所做的综述,性质是不同的。

在撰写研究计划书的过程中,作者必须把研究问题或假设放在前人研究的背景中,来解释并论证自己的选择。这是唯一的要求。其他任何形式都不合适,也不应该做其他任何尝试。

虽然作者可能希望从多方面说服读者,包括从研究问题的意义到具体资料分析形式的合适性,但是好的研究计划书,大多数应该让文献综述来担纲说明:(a)研究问题或假设到底如何以及为什么以研究计划书中的形式提出来;(b)到底为什么选择这样的研究方法。要达到这些目的就要对具体决定一步一步地进行说明,并及时提供支持目前论点的参考文献。在研究计划书里,作者要利用前人的研究,要经常对前人的研究进行批判,有时候还要展示自己在该领域所拥有的广泛知识,从而吸引读者接受你研究的逻辑。

在文献综述中,无论什么论点都必须保持一致,不能一段接一段地援引"史密斯这样说……"然后"琼斯那样说……",这样会使新手的研究计划书成为催眠曲。文献综述需要回答读者最关心的问题:研究者想要知道什么? 为什么设计这样的研究计划去寻找答案? 在一个好的文献回顾中,文献的作用是通过论证、解释并阐明自己目前研究中蕴含的逻辑,从而消除读者的疑问。

然后,要告诉读者该问题领域中什么地方缺少相关的文献,或什么地方结论清楚而且没有大的争议,这里的回顾应该简短。有时候,检索的这些支持材料最好放到附录中,或安排到研究计划书的其他部分中。为了让研究计划书中有一个文献综述部分而撰写文献综述,这样不但让研究计划书显得生硬,而且也脱离了研究计划书的本意。

记住,作者的任务是巧妙地用前人的研究文献来支持并说明自己为什么要做该研究,而不是向读者灌输该问题领域的研究现状。文献综述的目的也不是展示作者已经花了大量的精力并全面掌握和理解了该领域的文献。如果作者能够让读者用最少的时间、花最少的精力,理解并认可研究问题、研究设计和操作步骤,那么读者对申请者的能力就会更加信任,并承认该申请者对研究的态度。

这样的要求并不意味着低估每一位研究者必须面对的文献综述任务,研究者还是要找到并完全吸收已经检索到的文献。要做好这一点,学生必须经历范格(Fanger, 1985)所描述的"沉浸到课题中",即对该领域中直接或间接与研究话题相关的研究,要"沉浸"其中广泛地阅读。一开始你可能会有挫折感并产生混乱,但坚持下去通常会让你走出迷茫,从而认识到可以由该题目的已知的领域看到未知领域。你的研究目标可以针对这样的背景而提出。

这个漫长而又艰难的过程最终提炼出的产品就得由研究计划书来展示。例如，一般来说，研究者最有力的支持源于对知识缺口的细致理解、前人提出问题中的不足、资料收集方法的欠缺，或对结果解释的不完善。因此，文献综述就成了一种用来说明如何以及为什么这一切可以做得更好的工具。但是，读者并不需要完全循着作者已经达到最高点的行程重走每一步，读者需要的是对每一个主要论点的简明总结，并把它们和更好的研究行动计划结合起来。

当你沉浸在阅读过程中时，虽然有时会陶醉，有时甚至振奋，但是在写作的最后阶段，大部分学生会痛苦地发现很多研究结果与自己所批判的并没有关系，因此对研究计划书也就没有什么帮助。看到被丢弃的研究、累积的笔记、流逝的时间、参考书目的增加，这些都意味着你投入了长时间的学习。知识是通过综合而获得的，对研究结果的评价为未来的知识奠定了基础。沉浸于文献的过程不仅为研究计划书的论证提供了知识，而且为未来的专家（有可能就是你呀）奠定了智力基础。在最后限期和超负荷阅读的压力下，你似乎是在沿着晦暗的小巷行走，然而不断地求索最终都会为新的思想和后面的研究计划书提供洞见。

撰写文献综述这部分通常并不复杂，就像最初介绍主要概念一样，概念介绍把你引向研究问题或假设，然后文献综述则介绍那些支持你的研究计划书的研究成果。这就像假设A比C更重要一样。你为什么假设A比C更重要？因为证据认为A比B重要，而B比C更重要，所以，A一定比C重要就是很合理的事情。

在回顾相关文献时，你应该用有组织的方式介绍那些概念关系，然后分别列出前面提到的文献。例如，第一部分可能介绍了那些最重要的研究，指出A比B更重要；第二部分应该呈现类似的证据，证明B比C更重要。这样文献部分就运用这些知识合理地得出结论：认为A比C更重要。另外，无论是贯穿在整个文献综述中还是作为独立部分，文献中的材料都是用来支持研究计划书中的设计和测量方法的。

看一看表4.1中的例子，它和图4.1中呈现的内容是一样的。这个表格呈现了一般的研究问题，后面是具体的假设，用来回答前面的研究问题。这些问题和假设只是为研究提供一个参考框架。在提出相关文献的例子中，必须有三个主要概念来证明该假设的合法性。在表4.1中，提出的研究问题是，认知功能和身体健康相关，其方式是随着大脑吸氧能力而发生变化，它们是训练的结果。如果这是一个合理的研究问题，你就应该让人们知道，前人已有一些研究，认为身体健康水平与认知功能具有某些关系（概念I）。其次，应该提供一些证据，证明大脑吸氧能力也许能够改变认知功能（概念Ⅱ）。最后，应该有一些证据证明，身体运动能够改变大脑血液循环，而血液循环又与吸氧能力有关（概念Ⅲ）。

表4.1　如何为研究大纲准备相关的文献

研究问题:老年人的身体健康和认知有关系吗？更具体地说,有氧练习课程能够增加老年人的反应速度吗？

研究假设:通过身体锻炼课程维持身体健康极大地降低(加快)老年人反应时。

第一阶段提纲:提出概念

为研究提供理论基础

I. 反应时与身体健康水平有关。

II. 认知功能的维持取决于大脑保持供氧的能力维持。

III. 脑组织供氧能力受到身体局部脑血管弹性变化的影响。

第二阶段提纲:为每一个重要概念提出几个下位问题

I. 反应时与身体健康水平有关。

A. 身体活跃对象和不活跃研究对象的反应时比较。

B. 训练对反应时的影响。

C. 身体状况差的人(心血管疾病、高血压)的反应时。

II. 认知功能的维持取决于大脑保持供氧的能力维持。

A. 老年人认知功能和大脑供氧能力的关系。

B. 老年人大脑功能的神经学测量、脑电图(EEG)、血液供应和大脑供氧之间的关系。

III. 脑组织供氧能力受到身体局部脑血管弹性变化的影响。

A. 促进特定部分的新陈代谢会影响这些部位的血液供应。

B. 大脑运动区域的血液供应与身体运动有关。

C. 锻炼会影响大脑的毛细血管变化。

第三阶段提纲:加上支持每个下位问题的最重要的参考文献

I. 反应时与身体健康水平有关。

A.身体活跃的老年人比久坐的老年人反应更快(Clark & Addison,2010;Cohen,1999,2000;Jones,1998,2005;Jones & Johnson,2001;Lloyd,2004)。

B.在锻炼身体之后,老年人的反应更快(Black,1999,1997;Dougherty,1989;Morgan & Ramirez,2009;Ramirez,2008;Richards,1999,2002;Richards & Cohen,1997;Roe & Williams,2004;Walters,1999)。

C.患有心血管疾病的老年人比正常情况下的人反应慢(Brown,2001;Brown,Mathews,& Smith,1998;Miller,2003,2005;Miller & Roe,2009;Smith,Brown,& Rodgers,2010;Smith & Rodgers,2009)。

II.认知功能的维持取决于大脑保持供氧的能力维持。

A. 认知功能和供氧能力都随着年龄的增加而降低(Gray,2004;Petty,2006)。

B. 脑电图(EEG)、大脑血液供应和大脑供氧能力有关系而且随着年龄的增加而降低(Doe & Smith,1999;Doe,Smith,& Snyder,2006;Goldberg,2010;Smith & Doe,1999;Waters,1999,2003;Waters & Crosby,2005)。

III.脑组织供氧能力受到身体局部脑血管弹性变化的影响。

A. 促进特定部分的新陈代谢会影响血液供应(Green & Neil,1986;Lewis,1999;Thomas,2001)。

B. 脑部运动区域的血液供应与控制身体运动有关系(Caplan,Myerson,& Morris,2001;Goldsmith,2003,2004;Johnson,Goldsmith,& Rodriguez,1999)。

C. 锻炼会影响大脑的毛细血管变化(Meyers & Templeton,2011;Patrick,1999;Patrick & Stone,2005;Robinson & Spencer,2007)。

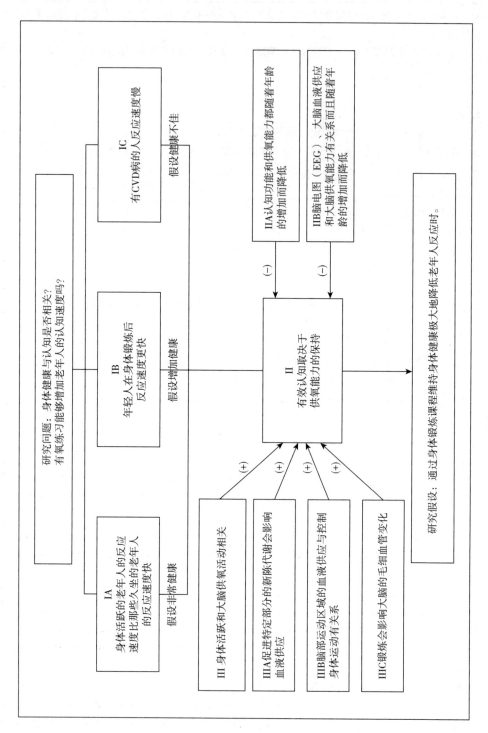

图4.1　相关文献图表总览示例

　　一般来说,重要概念要由两三个下位问题来支持,而这些都是为了提出最终的重要概念。例如,反应时和身体健康水平相联系的概念(I)可以通过三个不同的方式来证明:(a)身体健康的人比久坐的人反应快;(b)锻炼身体增强反应速度;(c)那些身体健康处于最末端的人,他们的反应是最慢的。每一个下位问题都由几个研究的发现来证明,就像表4.1第三阶段提纲所展示的。

　　在真正写作之前,如果各个阶段都有了详细的提纲,如表4.1所示,那么撰写相关文献部分就容易得多。当提纲形成之后,这部分就可以直接写,几乎不必返回查询。如果选择每一个参考文献都小心谨慎,那么在这个漫长的过程中将会节约大量的时间。

　　另一种方便组织相关文献的概念化方法就是把它绘制成图,如图4.1所示。在该图中,研究问题放在第一个方框里,然后把理论基础的各个主要组成部分根据相互之间的关系展示出来。I部分是文献中报告的行为观察部分。Ⅱ部分文献描述的是年龄增长对大脑供氧和认知功能的影响。因为这些关系是负向相关的,所以用负号来表示。Ⅲ部分指为身体活动和大脑供氧活动之间关系提供证明的文献。在这里,它们都是正相关关系,所以用正号表示。最后一个方框描述了所有这些关系是如何产生该研究的研究假设的。

　　在运用概念组织相关的文献的引用和评价时,提纲和图表都是非常有益的形式。整个过程在表4.2的第15步有一个小结。表4.3包括一些评价相关文献的指导原则。

表 4.2　撰写相关文献的具体步骤

　　1.确定和自己研究问题相关的主要概念(一般不超过两三个)。这就是说,那些对你的研究问题合适的或者让你的假设站得住脚的概念是什么?

　　2.按照重要性或逻辑顺序渐次列出这些概念。这就是说,只有理解了一个概念之后才可以介绍其他概念。

　　3.用这些概念作为主标题写一个提纲(例如表4.1中的概念I、Ⅱ、Ⅲ)。

　　4.在每一个主标题下面,列举出最直接相关的文章(只列出作者和日期)。

　　5.如果一个主标题下的文章聚合成群,能够形成一个次级标题(subheading),那么就把主标题下的这些聚合成群的文章按照逻辑顺序排列。例如,你也许注意到,与反应时和身体健康的关系这个概念有关的九个研究中,有五个是报告动物反应时的情况,而其他四个报告都是关于人自身的报告。当把它们放在不同的类型群体中时,对它们的解释可能就不同,而这些解释与你的研究结果可能有很大的关系。

　　6.用一个段落总结每一组研究的共同发现,不必涉及这些文章的细节。例如,在表4.1的概念I.A中,总结可以这样说,60岁以上身体活跃的人,无论男女,他们的反应速度都比同龄那些久坐的人快。概念I.B的总结可以这样,有氧训练可以提高反应时,但老年人的力量训练并不能提高反应时。有时候,你还要就那些论文中身体健康对反应时产生作用的不同结果所做出的解释进行讨论,因为这取决于把身体健康作为一个自变量进行测量的方法。

续表

> **7.** 写一段介绍的文字，说明两三个主要领域是什么，以及你将以什么样的顺序讨论它们。如果需要的话，要说明为什么选择这样的顺序。还要说明虽然有一些文献写进去对读者可能更有逻辑性，但你为什么省略它们。
>
> **8.** 在每一部分的末尾写一个陈述，对每一组研究的发现进行总结。说明对这些研究发现的总结与其他各组研究的发现之间有什么样的联系。
>
> **9.** 在每一个主要概念（表4.1中的Ⅰ、Ⅱ、Ⅲ）下面写一段话。如果可以的话，可以带上一个次级标题，用来归纳要点，并表明与次级标题的一致性，而且要把这些概念和自己的研究问题联系起来。
>
> **10.** 写一小段文字（用一个恰当的标题），总结所有的小结段落。
>
> **11.** 阅读各个段落，使它们符合表4.3"评估相关文献的指导原则"中的1—7步骤。
>
> **12.** 在详细介绍、说明和概括了所有这些概念和次级标题之后，要回到开始处并在每一个概念的恰当之处插入文献。即通过介绍内容高度关联或证实了这些关系存在的研究成果，来支持这些段落中的每个陈述。
>
> **13.** 每次插入一个文献时，要把完整的引文放到专门的文件夹中，以备最终编辑时使用。
>
> **14.** 一周之后，再读相关的文献，对照表4.3中提供的完整的"评估相关文献的指导原则"。尽可能地修改，然后等一周再修改。
>
> **15.** 阅读所有的相关文献，看概念之间是否一致、连贯，以及从一个概念到另外一个概念的过渡是否自然。仔细检查所有引文的准确性。

表4.3　评估相关文献的指导原则

> 如果你已经按照表4.2写完第一份相关文献综述的草稿（表4.2中的第1—11步），而且你也准备好了插入引用文献的最后使用稿（表4.2中的第14步），那么现在，你就可以就手稿回答下面的问题，并把每一个问题的答案标在手稿的相应位置上。
>
> **1.** 是否用一个段落概括组织了有关系的文献？
>
> **2.** 标题和次级标题的顺序代表了题目和次级题目的重要程度吗？标题是按照逻辑顺序排列的吗？
>
> **3.** 每两三个主要部分都有段落进行小结吗？结尾对这些小结进行总结了吗？
>
> **4.** 小结的段落是否清楚地说明了你的研究和前人及当下研究的关系？
>
> **5.** 你的研究将提供什么新的答案（增加知识）？
>
> **6.** 和前人的研究比较，你的研究有什么特色或差异？你把它陈述清楚了吗？你用了几个段落来分层面地叙述它们？
>
> **7.** 你自己预研究的结果是否已经适当地整合到相关的文献中？
>
> **8.** 哪些是和你的研究最相关的文章（不超过五个）？把这些文献圈出来。它们都列在第一级标题下面了吗？
>
> **9.** 这些文章是以它们的重要性确定出现的先后顺序吗？是否有些文章，由于援引太多次，它们因不断重复而使其应该起到的作用受到了影响？
>
> **10.** 对这些关键文章的评估是否和其他文章一样，简洁有序地以解释结果的方式呈现出来？

正确使用预研究

预研究(pilot study)是一种非常有用的方式,而学生起草研究计划书或学位论文开题报告时却常常忽视它。其实,当需要打消教授们(有时候是你自己的导师)的疑问时,你只要写上:"我试过,这就是研究的结果",没有什么证据比这更有效的了。

如果研究计划书不提到前期的基础研究,很难想象利用了该研究计划的研究会有什么提高。预研究能够起作用的方面包括,测量工具获取数据的信度证据、操作步骤的实用性、志愿者招募的可能性,以观察事件变异性为基础而进行的统计效力检验、被试的能力水平,以及研究者自身具备的研究技能。在研究设计过程中,适宜的预研究可能是你在研究工作中做出明智选择的基石。

例如,在实验研究中要确定揭示重大差异所必需的样本量[1],预研究就是一个很好的方法。样本量估计或统计效力分析最近成为量化研究的常识。其实它一直是一个好研究的重要组成部分,只不过由于指导用书和电脑程序的普及,现在人们才越来越多地使用。有一本介绍统计效力分析的书叫《需要多少被试》(*How Many Subjects?*)特别有用,书中配有大量的实例和图表(Kraemer & Thiemann, 1987)。另外,现在有很多计算机软件可以使用——有些只需要使用者在计算样本量之前回答一些问题就可以了。由于软件升级更新很快,我们建议你多向有经验的人士咨询,看看能够获得哪一种软件。而且你要搞清楚,你选择的软件确实能够完成你想要完成的任务,使用的计算方法适合你自己的研究。

预研究让研究者能够估计用来统计分析、发现意义所需要的样本量。有可能需要的样本量太大从而需要控制,这时就应该重新审视研究方法和测量工具。在理想的情况下,研究者需要的是符合检验效力分析所需的、误差在允许范围内的样本量和资料——不是随意地猜测。最好事先根据研究设计确定合适的样本量,而不是有了样本之后再去做分析。样本量太少导致研究结果不显著,和样本量太大超过研究真正需要的,两者都是浪费时间和精力。

---

[1]当然,统计意义(statistical significance)和知识发展过程中的科学意义(scientific significance)并不相同,和解决专业问题的实践意义(practical significance)也不相同。统计意义很大程度上取决于样本量和选择的 *alpha* 水平——用来拒绝零假设的置信水平(the level of confidence)。这几乎可以通过任何两个群体任选两个变量来说明,只要样本规模足够大而且检验的效力足够强,那么两个群体之间的差异可以有统计上的意义,但却没有科学上的意义和专业上的价值。预研究是一个非常有用的工具,通过预研究就有可能对统计 I 型错误进行估计,并选择恰当的样本规模。这样,具有统计意义的结果也会反映科学和实践意义上的差异。

　　一个预研究的实验，可能使用少量的被试就能够揭示致命的缺陷，避免数月的研究工作最后变成白费功夫。同样地，一个实验有时也可以为提高研究的精确性或改善笨拙的研究方法提供一个很好的机会。因此，在探究中，导师和学生都不应该死死握着刻板、正式的标准不放。预研究就是预研究，它的目标就是提供操作的实用性，而不是创造实验真理。

　　预研究的作用很多，例如：

　　1.确保测量方法在你自己的实验室中或者在你自己的研究现场里是可靠的。

　　2.确保你期望的差异存在，如果确实存在——也就是说，如果你在研究性别差异对动机的影响，那么你就要确定性别差异的存在。

　　3."保留"一个难得的样本，直到真正的研究开始实施——也就是说，在测试参与者之前要非常谨慎，在你测试世界级的运动员之前，你要设计好操作程序。

　　4.确定将要使用的最佳技巧，把它作为一个自变量。例如，研究不同的干预措施对提高第二语言学习者语音清晰度的影响，如对他们的家庭、其他人，以及使用的标准协议——然后再选择其中的一个。

　　5.确定在大量噪声和高度言语互动交流背景下收集参与者谈话录音的可行性。

　　呈现预研究结果有时确实会引起一些麻烦。预研究可能会让读者产生更大的期待，而不是看到它实际所要达成的意图。读者们对局部内容的关注也许会使作者在主要论点上打算做的改进工作被忽视。因此，最好的做法是，只有在展示预研究能最好地阐明研究计划书中所采用的做法时，才进行预研究。别让预研究超出它的真实价值——大多数预研究不过是在不完全受控条件下的有限经验的报告。

　　在计划书的文献综述之后，可以简单地提及预研究，以用于支持你所选择的主要研究策略。其实，有些预研究也可以被看作一种值得回顾的研究成果。然而，更常见的做法是，探索性的预研究的结果被用于支持计划书里研究方法那一部分提出的具体操作步骤。

　　当预研究做得非常正式且相对较为完整时，可以详细地援引该研究，包括真实的数据。如果初步的研究很不正式或有局限，那么就可以作为正文的一个脚注加以介绍。如果是后面这一种情况，也许最好是在附录部分对预研究工作提供更加详细的描述，这样若读者想知道详情，就可以选择进一步阅读。

防备意外：对可能出现的意外做准备

　　墨菲定律（Murphy's Law）指出，在实施研究过程中，如果有什么事情可能会出错,那么它就一定会出错。有经验的研究者和导师都接受这个原则,但新手却很少关注这个问题。

在合理的限度内,研究计划书就是提供一个让你体验墨菲定律无情作用的地方。我们无法阻止研究对象的退出,但我们却可以通过慎重的计划限制这件事的影响。我们可以审视在问卷调查研究中由于问卷无法回收所造成的潜在偏差影响,可以检验并在某种程度上通过研究计划书中的小心设计而降低这种偏差的影响。在撰写研究计划书的时候就要考虑,万一设备出问题,如何应对研究对象,这样就会更加从容,而不是在意外发生时束手无策。公共学校的实地研究会出现各种各样的意外情况,包括难以对付的教师、消防演习以及严酷的天气,当突然面对这些情况时,有准备比临时决定处理要容易得多。

设备出问题,可能会中断小心设计的资料收集顺序或访谈协议,临时电脑故障也许会耽搁资料处理和分析。好的情况下,这些事件仅仅改变研究计划而已。糟糕的时候,就需要用其他方法替代或是对研究程序进行重大修改。应该事先琢磨研究过程的每一个步骤,考虑可能出现的困难,而且应对出现意外情况的措施应该在研究计划书的适当位置表述出来。例如,如果被试特征存在群组间不平衡,则应在研究计划书分析部分说明采用的分析方法是不平衡样本分析。

你不可能预测到所有可能发生的事情,但是一个好的研究计划书应该对实施研究的过程中可能出现的主要问题提出处理预案。

及早分析:现在就开始

研究计划书就是要告诉人们如何进行真正的分析工作,以及万一出现问题时采取的处理方案。研究生也许在撰写研究计划书的同时,还在第一次正式选修分析资料和处理资料的课程,刚刚学到的统计分析知识还没有充分消化。而传统上,硕士研究生必然在12到16个月的时间完成研究工作和论文写作。因此,学生经常发现自己处于非常难堪的境地:在自己还不完全知道有什么样的工具时,却要清晰地写出自己研究工作的分析工具。这种情况挺不合理的,研究生的导师或朋友对此也会表示同情,但如果研究计划书中没有对分析工具做一个充分的说明,后果可能会很糟糕——无数不幸的人发现自己的文件中充满了无法分析的数据和资料,这一切都是因为分析工具本身没有预先得到处理。采用将要使用的分析工具做步骤清晰的预分析是对研究设计的双重检查。提醒一下,在第五章中建议的质性研究设计中,预分析能够发现资料收集中的问题,因此分析工具与后面结论的说服力之间有着直接的关系。

　　描述性研究、调查研究以及规范研究都需要对广泛的资料进行精简，以此产生有意义的数量描述以及有关现象的结论。确定样本特征的分析技术可能与根据预研究结果推测的不同，或者研究样本可能有偏差，因此需要讨论如何将数据规范化。

　　统计技术是建立在有关样本特征和该样本与其各自总体之间关系的假设基础上的。你应该把准备用来确定样本是否符合预期分析中所隐含的假设的方法阐述清楚。例如，只有满足了下面一个或更多的假设，才能使用统计方法：(a)样本是正态分布的，(b)随机和独立地选择被试，(c)变量之间存在线性关系，(d)组内方差具有同质性（在回归分析中，这叫作方差齐性），(e)样本的平均数和方差具有独立性，(f) 因变量是等距量度或等比量度的数据。

　　选择统计分析技术的过程会带来很多相应的问题。用什么方法来确定是否符合假设的条件？万一不能满足假定的条件，将如何分析？万一被试流失，导致不同情况下被试的数量不平衡，原先设计的分析依然合适吗？

　　应该对研究计划书的分析部分进行概括描述，使其符合研究目标，以便每一个分析都将产生与相应假设有关的证据。另外，要让读者能够判断收集到的所有资料是如何被分析的。为了达到这样的目的，一个有效的方法就是使用类似于表4.4的展示模式。

　　在最后的报告中，如果资料是以表格或绘图的形式呈现，那么展示一个这样的表格，包括预测的分析结果图形，对读者通常是非常有帮助的。在研究报告中，表格或图的作用是对材料进行小结并补充文本，从而使报告结论更清楚，更容易理解。在研究计划书中呈现图表也起着同样的作用。

　　能使结论更加清晰，所以计划书中的图表可以暴露分析或研究设计的错误。例如，有些委员会成员在阅读计划书时可能发现不了错误使用的术语，但对统计分析的结果表格，他们只要看一眼自由度就能指出错误。在变量比较分析中，有可能几个图表就会揭示出因变量。在撰写研究计划书阶段，为了激发委员会成员给你的反馈，加入这些图表还是很有价值的。

　　在写研究计划书时就对可能用到的分析进行仔细的说明，看起来似乎需要花费很多时间来准备，但也许能够避免后期很多令人头痛的问题。当这些分析结束之后，如果分析结果可以直接用到最终的论文里面，以后就不需要再花费时间了。这种情况下，研究者能够感到一定程度上已经完成了研究，好过将来对着一盘散沙的资料胡乱整理，而且搞不好到那时有些东西还可能丢失了。

表4.4　检验每一个假设的统计分析技术的展示

假设	变量	分析
一、7岁孩子的自我概念比5岁孩子的自我更高	自我概念分量表的分数和	采用多元方差分析(MANOVA),如果同伴在年龄因素上显著
二、9岁孩子的自我概念比7岁孩子的自我更高	自我概念分量表的分数和	采用多元方差分析,如果同伴在年龄因素上显著
三、农村或城郊5和7岁孩子之间的自我概念没有差异	自我概念分量表的分数和	采用多元方差分析,如果同伴在地区因素上显著
四、9岁城郊孩子比9岁农村孩子具有更高的自我概念	自我概念分量表的分数和	采用多元方差分析,如果同伴在地区因素上显著
五、7岁孩子的同伴交往能力比5岁孩子的同伴交往能力高	同伴交往能力指数	采用多元方差分析,如果同伴在年龄因素上显著
六、9岁孩子的同伴交往能力比7岁孩子的同伴交往能力高	同伴交往能力指数	采用多元方差分析,如果同伴在年龄因素上显著
七、城郊孩子比农村孩子具有更高的同伴交往能力	同伴交往能力指数	采用多元方差分析,如果同伴在地区因素上显著

注释:这里所呈现的内容只是为了演示,真正的研究可能还有其他的假设。

选择最适合的统计分析方法

关于统计分析的设计,学生一般可以从导师那里获得帮助。一位有经验的导师对哪种分析最适合学生的研究能够提供一些建议。很多学校还有这样的部门,那里的专家的主要职责就是为学生提供统计方面的咨询。还有些部门则与外面的统计专家和电脑专家密切合作,为学生提供咨询。这些咨询人员可能来自教育心理学、心理学、电脑科学或商业管理等院系。

不过,你不要误以为,当你收集到资料之后就可以把它们交给身边的统计专家,认为他们对电脑非常熟悉,他们会神奇般地把原始数据换成最终的研究发现和结论。正如你不能指望资料自己会分析自己一样,你也不要指望统计专家能够给你这样的结果。

统计专家或电脑专家也许可以提供非常有益的思想启示,但他们一般只能在技术设计和资料分析方面提供帮助,或帮助你在电脑上使用统计软件。研究所要求的概念以及收集资料的具体形式和资料性质都是研究者自己的责任——这些是需要向专家说明的事情,而不是相反。同样地,对结果进行解释是一种逻辑操作,而不是一个技术操作,因此,它是需要研究者做好准备才能够承担的责任。

寻找一台友好的电脑

在考虑研究的统计分析阶段时,必须处理各种相互关联的决定。首先,需要什么统计工具来正确地分析数据? 然后,在选择了统计工具之后,什么是最有效的分析方法呢?(请注意,颠倒这两个问题的顺序不是一个好主意。)以前,学生对分析方法几乎没有选择的余地。他们只能手工计算,或是利用大学的大型计算机完成分析工作。如今,有很多统计软件可供使用。这些软件功能非常强大,只要你有了一些基础之后,使用起来就非常简单。做研究设计时,你需要在越来越多诱人的软件中选择适合的分析工具。

选择资料分析软件的第一步是要看哪些软件可以获得。你的导师、其他研究生以及大学计算机中心也许能够帮助你。很多大学都有技术人员帮助学生和教师,而且还和软件公司签有协议,这大大降低了软件的价格。另外,如果你的电脑缺少一个必要的软件,院系有时虽然没有,但多数大学的计算机中心会有。这里需要注意的是,质性研究资料选择分析软件和为量化研究处理数据时选择软件是同样重要的。

选择的第一步就是要排除那些不能做你想要做的分析的软件,但前提是你要能够获得你想要的统计软件。

幸运的是,现在有了常见而且功能强大的统计软件 SAS(Statistical Analysis System)和 SPSS(Statistical Package for the Social Sciences)可供个人电脑使用。这些软件不仅可提供很大数据的分析和存储(当然,用这些软件分析大量数据,使用局限主要取决于个人电脑的配置),而且能够执行研究者需要的几乎任何统计检验。现在也有很多具有统计功能的电子表格软件,但这些软件只能执行单独分析任务。和它们比起来,虽然上述大型软件有些难以掌握,但只要学会了一种,就会有很多好处。例如:

1.你比较容易得到帮助,因为那些比较有名的大型统计软件往往有很多教师、研究生和专家都精通。

2.如果资料需要重新分析,这些软件很可能不需要花时间重新录入数据或重新排列就能够完成分析任务。另外,这些软件能够很容易地把数据转换成其他软件程序可以使用的格式。

3. 当学生开始学术生涯时,熟悉一种这样的常用软件非常有用——这些软件大多数学校都有,因此他们就不用再花费时间去学习新的资料分析软件。

无论你选择什么样的电脑或软件,一定要给你的文件做备份。你可以把文件保存到硬盘上,也可以存到移动存储设备上,或者通过电子邮件将文件发给自己。或者和我们一样使用云保存,这可以自动进行。随着越来越多的程序支持,云保存可以确保你在任何计算机上都能够打开当前版本的资料及以前版本的资料。所有关于保存资料的建议同样适用于写研究计划书时的 Word 文档。你可以用手动保存,也可以启动程序的自动保存功能保存。或者为了安全,二者都用。记住,资料就像鸡蛋——当存放在一个以上的篮子里时,它们更安全。

在研究过程中,选错了统计软件并没有什么大碍。只不过选择的软件如果不符合你的需求,也许就需要花额外的时间去输入数据,耽搁分析资料的时间。但如果在设计的时候多一份考虑,就可以避免时间的浪费,减少日后的麻烦。

获得专家的支持

在研究计划书中,为了获得导师或专家的技术帮助,你应该就研究的内容为他们提供一些基本的概念,包括对自己的研究的简单回顾、对资料呈现的形式的清晰描述,并初步估计其他方面工作的计划,也许这样的计划才符合你的研究要求。另外,无论是寻求有关设计、统计还是计算机软件方面的建议,无论是向你的导师、院系专家,还是向院系之外的专家寻求帮助,都存在一些基本原则,如果你想在宝贵的咨询时间内以最小的代价获得最多的信息,就必须要考虑这些原则。

原则1. 理解专家的知识参照框架

在需要进一步沟通的时候,为了避免严重的误解以及减少沟通过程,充分了解专家的语言、爱好以及知识基础都是非常有益的。专家都是专业人士,他们的主要兴趣是在研究设计、统计分析以及研究中的计算机运用。他们使用的是统计和数据处理所独有的系统语言,因此,他们喜欢那些对这些技术术语有基础了解的学生。相对地,你咨询的专家并不一定理解你在研究计划书中使用的学术概念,也不了解你的资料(数据)的特殊性。不能指望专家知道你的一些数据有重复。类似地,统计专家也不可能知道你的数据是正态分布的。

不能指望专家替你评估你的研究,帮助你在众多设计中进行选择,提出更加有效的连你自己都还没有思考的设计,并指明有效完成分析的方法。不过,如果你已经提出了初步的设计和统计分析的模型，他们通常就能起到很大的帮助作用。毕竟，你的初步工作为讨论提供了一个起点，也可以作为考虑数据特征的一种途径，从而提出更进一步的具体要求。专家可以提供适合你的研究特点的程序以及这些程序所需要的数据录入技术等方面的信息。而且，学生有些初步的准备能够让专家的指导任务更加简单，从而能够保证为处理原始数据选择一个最好的操作方法。这些准备工作包括和其他正在使用相同软件的学生讨论、浏览有关软件的材料，以及去计算机中心获得更新服务。

一般来说，大学里面的统计专家和计算机专家被这些疯狂的研究生和繁忙的教职人员搞得非常烦躁，不仅自己的学生，所有的人都要找他们帮忙。而且，他们可能还要在他们自己的行政单位或计算机中心承担一种或更多的职务。最后，作为上进的学者，他们自己还要做研究。对于寻求帮助的人来说，无论描述还是讲解都要清楚：统计学专家和计算机专家都是忙人。也只有当研究者确实期待着专家所能够提供的帮助，而且已经准备好在研究中承担起自己的责任时，专家才能够提供有效的帮助。

原则2.学习他们的语言

很多研究计划书在进行技术咨询的过程中，涉及测量、计算机、实验设计以及推理统计和描述统计等，都会不同程度地使用相关的学术语言。没有人会指望新手熟练地掌握了这些语言，或至少有经验的专家不会这样期望。不过，你对基本概念必须有所了解，这样才能够和专家沟通。正如一些介绍研究方法的书中所描述的，任何新手研究者都应该熟悉基本的研究设计。

在准备做任何涉及数据分析的研究之前，你最好学过一门以上的统计课程。有时候情况是这样的，学生在撰写研究计划书的同时也在学习基础统计学，他们就必须要集中精力去准备打算咨询专家的设计和分析方面的问题。如果很明显有些必需的工具和概念学生还没有掌握，即使学生说自己会努力学习，即使很多专家给予同情和谅解，这种情况也是很不合适去请教专家的。

在和专家进行讨论中，除了掌握基础知识外，还需要掌握其他一些细微的问题，例如理解研究所选择的具体分析方法和技巧。千万不要连自己还没有真正理解一门统计工具或测量方法时就使用它——即使它得到能力最强的导师认可并鼓励你使用。无论通过何种分析，最终你必须要完全理解所获得的结论。肤浅和错误的解释很快就会暴露出你对分析工具并不理解。当导师不在你的身边的时候，你也要能够回答有关研究发现的问题。想设计出一份说服力很强的研究计划书，专家的指导建议是一份非常有价值的财富，但在最后的分析中，这些建议无法替代研究者自身的能力。

原则3：理解你的研究

如果新手研究者不能充分理解自己的研究，不能找到并提出重要而清晰的问题，他就无法成功地进行咨询活动。咨询专家必须理解了你对研究问题的兴趣点所在，他们才有可能把这些问题转为统计分析的操作步骤并选择适合的计算机软件。即使你仅仅向专家咨询如何收集资料和分析资料，如果你不能准确地传达你的意图，那么你所获得的有关资料分析的结果可能与你的需要是无关的。而且，很多与研究性质有关的具体条件限制了专家向你提出的有关资料分析的建议。

在咨询专家之前，你应该准备好回答下面这些问题：

1.研究的自变量是什么？

2.研究的因变量是什么？

3.研究潜在的干扰变量是什么？

4.每个变量采用何种水平的测量量尺（称名量尺、顺序量尺、等距量尺还是等比量尺）？

5.如果有的话，哪些变量可以重复测量？

6.对于每一个变量，通过工具测量获得的数值的效度和信度如何？

7.每种变量的样本分布特征是什么？

8.因变量间存在多大差异才具有实践意义？

9.如果出现I型错误，会引起什么样的经济、安全、伦理或教育问题？

10.如果出现II型错误，会带来何种损失？

总之，在咨询技术专家之前，你必须能够准确地向他们表达出：你的研究设计是准备用来做什么的，为了完善这样的设计你需要什么样的帮助，而且要明确地向他们提供所需要的所有细节情况。

科学的思维：证据、真实和理性选择

科学探究与其说是一种精密的技术或严格的方法，不如说是一种特殊的思维方式。科学研究的过程最终取决于科学家看待世界和他们工作的方式。尽管科学思维的有些方面微妙且难以捉摸，但更多的部分则是清楚明白的。这些清楚明白的部分，是实施科学探究必需的基本态度，新手有没有掌握，就反映在与其他文献进行学术对话和撰写研究计划书的方式中。更直接地说，研究计划书反映了作者对待像证据、真实和公共理性选择这些问题的基本态度。

　　重要的并不是遵循某种特定的学术语言传统，而是学会基本的思维方式，它反映在词语的选择上。例如，学生写道，"本研究的目的是要证明（表明）……"，这样的表达总会存在危险，即他们的目的只是要证明他们选定的对象必须是真实的。

　　不能把这些措辞看作仅仅出于笨拙或天真而置之不理。能够写出这样句子而没有立刻意识到其危险的学生，他们的研究计划书就会存在根本上的缺陷。他们只有理解了科学研究中证据的性质和研究的目的之后，才能够继续往下走，而呈现出这些语句恰恰表明他们还没有清楚地理解这些。

　　证据，如果从其有用性来说，它是一种建基于不断的观察从而排除偶然性的判断。一般来说，只有大量仔细的重复观察才能有信心地使用"已经被证明"（proved）这个词。研究并不是试图要证明或表明，而是尝试提出一个慎重的问题，然后让事物的特性告诉我们答案。"试图证明"（attempting to prove）和"寻找证据"（seeking proof）之间的差异非常细微但却非常关键，而作为一名研究者绝对不能将二者混为一谈。

　　学者不会对证据抱有幻想，但这不代表他们不在乎从研究中获得什么样的结论。作为人，倘若他们发现经过一番艰辛思考却不幸没有得出什么有价值的结论，他们也会感到痛苦。而且，作为科学家，他们还认识到，在追求知识的过程中，经常会有不相关的（甚至危险的）个人利益侵入其中。归根到底，研究者在事实面前必须始终像个学生一样虚心学习。研究计划书的任务就是给这样的学习安排情境，从而让问题的答案清楚明白，但是学习的内容一定是在事实当中，依托资料来揭示。

　　学生拥有科学视角的第二个关键标志是研究计划书中呈现的看待真理的方式。当学生写道，"本研究的目的是揭示……的真正原因"，这里的危险是他们以为只要看一眼就能够洞悉真理的最终面孔，而他们只要这样做就行了。这些学生其实还没有理解科学研究，不要说实施研究了，他们需要的是对最基本观念的纠正指导。

　　有经验的研究者寻求并且尊敬真正的知识。他们更愿意把研究看作对真理的寻求，但他们也理解科学真理的模糊性、脆弱性和偶然性。人们把知识看作一种对世界的认识的暂时性规定，所以它们未来的内容总是处在变化中。

　　研究者的任务就是要设法去理解关于世界的知识。比较而言，越难获得的知识，其价值也就越高。而把握真理是一个逐渐的过程，因此有经验的研究者也只是逐步地说出和写出这些真理。不必在研究计划书中夹杂着像"似乎是"这样有保留的、带有限制性的和不敢承担责任的词语。我们有必要尊重事物的复杂性，也要认识到我们的局限。研究者对任何研究的最高期望就是能够基于证据做一个小小的但又是可以看到的推进。大多数科学研究并不是处理一大堆真理的材料——"确立真正的原因"，而是增加得之不易的较为确凿的可能性。

判断学生科学研究态度成熟的第三个标志是学生能够(和愿意)去检验证据的其他解释、可能相反的假设、推翻理论框架的事实,以及揭示方法论不足方面的问题。重要的是不仅要为读者展示其他可能性,而且还要说明在它们之间做出他自己选择的理由。那些既不承认其他可能性,也不能对自己的选择做出合理解释的学生,他们是不能很好地理解研究的,因此也写不好研究计划书。

成熟的研究者不会觉得非要提供完美的解释,或非要做出正确的无懈可击的选择。一个人只要能够在现存的知识限定内以及当下的情境中做出合理的选择就是最好的。但是研究计划书的作者必须要在严格界定的范围内,明确地做出理性的选择;这就是为什么科学共同体之外的读者觉得研究报告是非常乏味的,只关注细节和解释。使科学共同体的事业成为可能的是研究者的共同理性品质,而不是概念表面上的确定统一和完美。

学生实施的研究必须是理性化的选择,这些选择通常不是由现存的知识和逻辑指示所形成的,而是由时间、成本、已有的技巧以及能够利用的设备等平常的事实和常识逻辑所构成。研究计划书是介绍你的研究问题和理性化选择,必须从这里开始养成实事求是、公开说清楚事物的习惯。对研究困难的真诚说明和通常不够完美的选择恰恰能使你学会科学地思考,坚实地走向成功研究者的目标。

第五章　撰写质性研究计划书

本书第一版问世的时候（1976年），博士论文或资金申请书中选择质性研究作为研究方法的可能性还很小，只有社会学或人类学的学生才有可能知道还存在这样一种选择。那时候，除了历史或哲学研究之外，大多数研究生和年轻的学者都是以人们熟悉的自然科学量化模式来开启他们学术研究的学徒生涯。

这些研究所秉持的世界观和采用的研究过程，在当时的自然科学和社会科学（以及教育、护理和社会工作等应用专业领域）中都非常流行，所以直接被称作"科学的方法"。那是一个有序、易理解且天真的时代。那时只有一种做研究的好方法，你只要学习了它就可以做研究了。然而，科学并不是一套静止不变的处方，研究事业的自然演进在这块熟悉的领地中产生一些重大的变革。

发生变化的可能不是当时占主导的自然科学传统，目前很多科学研究依然选择实验和半实验设计（以及相应的对真理和实在的假设）。发生变化的是学术界开始理解到对量的测量、操作实验以及寻求客观真理并不是唯一做研究的方式——当然也不是唯一值得被称为学问的系统研究方法。

对实在的本质、知识的构成及人类的价值在研究过程中的作用等基本假设的重新思考，让学者们开始对研究中一些已经确立的标准是否合适提出了质疑。这些质疑反过来又形成了社会科学中新的研究方法策略。这些新的方法策略不但促进了研究训练课程的扩展需求，而且也为研究计划提供了新的选择。

本书这里提到的思考研究问题的其他方法（以及它所产生的新的研究形式）指的就是"质性研究"。作为另外一种研究范式，有些质性研究形式在特定社会科学领域有着很长的使用历史（例如，文化人类学），但只是到最近才在其他学科或应用专业领域中成为主流学术或研究训练的一个重要组成部分①。不过，在最近30年，几

---

①范式这个词，用在这里表示一种概念框架，在正式的研究情境中，它提供了一种特殊的思考意义的方式。因此，总的来说，被一个研究群体共同分享的信念、价值观、世界观、使命感以及相应的研究方法构成了一种科学范式。就像每一个人都有一种认知图式用于理解他/她在世界中的日常经验，持有一种范式假设的学者们共享一种特殊的理解他们科学世界的方法。例如，做实验研究的社会科学家们，他们在研究中所分享的共同的世界观明显区别于女性主义传统的研究者们所享有的。因此，可以说，实证研究（量化研究）和女性主义研究（质性研究）在各自的科学范式上有它们自己的根。当代任何关注质性研究方法论的教材都会在开头的地方对质性研究范式进行定义，但是几乎所有的定义都会把你带回到林肯和古巴（Lincoln & Guba, 1985），而后又带到范式这个概念的当代源头库恩（Kuhn, 1996）那里。

乎所有的社会科学领域都有质性研究文章出现。

质性研究出版物也是同样的情况。20世纪60年代末还只有少量不是非常明确使用质性研究的书籍和期刊文章,后来突然出现了堆积如山的出版物,内容涵盖理论探讨、研究设计以及争论方法的运用和质性研究标准。因此,质性研究也成了一个"前进中的研究"。到处都是热烈的学术争论和探索性的研究,促使其成为一门可以接受的科学。通过研究实践者的使用,质性研究逐渐成形。

本书的不断修改也反映了这种演进。对于到底什么内容构成一篇好的质性研究计划书,我们自己的看法也在变化之中。例如,读过本章早期版本的读者会发现,我们现在介绍并提醒读者注意的焦点小组访谈研究,在先前是被我们忽视的一种形式。而且,随着时间的推移,我们逐渐改变了一些观点,例如关于混合方法的运用(质性研究方法和量化研究方法,我们将在下一章中阐述)、研究计划书中必须有对文献的综述,以及正确阐述效度威胁的方式等。我们不会为这些(和其他)观点的变化以及重点的转移而感到抱歉。相反,我们相信,我们自己的学术经历及从我们的学生和同事那里继续学到的经验,让我们能够更好地理解在质性研究计划书的撰写过程中的具体问题和特殊要求。

质性研究的多样性

我们知道,有些人在阅读本章时对质性研究并不熟悉或并不清楚。为了让所有的读者都能够参考,我们先对质性研究范式做一个简短的介绍。但我们首先必须提出几点重要的忠告。

因为这种类型的研究在有些学术领域相对较新,而且由于质性研究在所有地方都发展迅猛而且形式多样,所以该领域绝不是整整齐齐的一块。因此,我们估计,有些学术同僚会对本章中使用的一些概念感到不很满意(虽然不是完全排斥)。但是,本书并不是为那些已经掌握了质性研究方法的研究者而写作的,毕竟他们已经能够在该领域进行细致的区分,而且他们已经知道如何撰写研究计划书了。

目前对质性研究还有没有一个广泛一致的标签。在社会科学和应用专业领域的文献中,人们使用各种各样的概念来表示这一广泛的研究取向的集合体,如解释性研究(interpretive)、自然主义研究(naturalistic)、建构主义研究(constructivist)、民族志研究(ethnographic)及田野研究(field work)等,我们把它们都称为质性研究。但这些概念在使用它们的有些研究者的思想中却有着很大的区别。我们为了方便,就任意地选择了这个比较普遍的标签"质性(qualitative)研究"。[①]这里的目的是让读者对撰写研究计划书有一个操作概念，所以并不赋予它任何特定的理论或意识形态内涵。

虽然单独用质性研究这一个概念具有简化的性质，但是你在一开始就要在众多可能的研究形式中做出选择。任何研究计划书都反映了作者在众多研究取向中的选择。例如，有一个研究问题，即使传统的量化研究似乎更适合它，但仍然需要选择最适合的那种设计。你准备用一个完全实验法(experiment)、准实验法(quasi-experiment)、描述性调查法(descriptive survey)、案例研究(case study)，还是混合研究设计法(mixed methodology)?

质性研究者必须要面对一个相似的问题，即使承认质性研究中的宽泛前提是正确的，即要把研究问题的要求和研究者的实践意向、能够获得的资源、已经接受的训练和个人主张较好地融合在一起，也仍然需要在各种质性研究传统中决定哪种方法最符合研究的需要。[②]你得确认，是使用民族志(ethnography)、扎根理论(grounded theory)、现象学(phenomenology)、批判理论(critical theory)的前提和方法还是混合方法合适，还是使用一个更一般的质性研究形式最符合你的要求。

虽然初学者可能比较容易在实践中做出选择(例如，导师通常会对学生真正可以选择的范围有所限制)，但是他们应该知道还有其他的方法。选择非常重要，各种研究传统都有自己的优势和限制，而你所做的选择会对你的研究具有深远的影响。

要了解"质性研究"这把大伞覆盖了哪些研究传统，我们建议查询下面这些资源。它们不仅让你在短时间里就能了解个大概(经常强调通过多种视角以及它们相应的策略进行比较)，而且会引导读者开始关注研究的过程，这也是学者们在新的研究领域所提出的要求。

在《研究设计与写作指导：定性、定量与混合研究的路径》(*Research Design: Qualitative, Quantitative, and Mixed Method Approaches, 3rd ed.*)第三版中，克雷斯威尔(Creswell, 2009)集中讨论了质性研究设计和量化研究设计各自的相对优势和要求。在他的另外一本书中(2013)，他介绍了选择一种具体的质性研究方法在概念和操作上所带来的后果。为了说明这一情况，他分别审查了传记法(Biography)、现象学方法、扎根理论、人类学方法和案例研究等研究取向。

---

①我们使用量化研究这个概念也是随意的。研究中简单地呈现了数字，本质上并不能把一种范式与另外一种范式区别开来。量化研究和质性研究都可以使用数量材料，是对这些数字的重要假设规定了它们之间的差异。
②在这里传统这个概念代表了一种约定，它们共同指向质性研究的各种特殊形式。它并没有承载一般的、共同使用某物的意义，这些事物向下传承，一代接一代，经历一个很长的时间。相反，它是在更为狭窄的意义上使用的，指的是一种连贯一致的先例，统辖某些行动——在这个意义上，指一种思维模式和一套相关的研究程序。因此，现象学研究就是质性研究范式内的一种传统，民族志、生活史、符号互动主义、扎根理论和案例研究都是这样的传统。

另外,SAGE出版公司出版的《质性研究手册》(第四版)(*The SAGE Hand Book of Qualitative Research*, 4th ed., Denzin & Lincoln, 2011)、《教育质性研究手册》(*The Hand Book of Qualitative Research in Education*, LeCompte, Millroy, & Preissle, 1992)中有些章节专门阐述各种质性研究取向之间的区别。还有一些作者,对主要的质性研究取向进行了有用的分类,阐明了它们的差异性和相似性。这些作者包括雅各布(Jacob, 1987, 1988, 1989)和桑顿(Thornton, 1987)。[1]

有些介绍质性研究的书籍也非常关注新手研究者,帮助他们在范式内对各种传统进行区分。我们的学生发现其中三本书特别有帮助。福瑞伯迪(Freebody, 2003)在其著作中用好几章对质性研究的主要"类别"进行整理,莫尔斯和理查兹(Morse & Richards, 2012)的《做质性研究,先读我》则用"选择一种方法"作为中心主题组织他们的文本,罗斯曼和拉里斯(Rossman & Rallis, 2012)把其他传统看作是"流派",并用图例说明研究生该如何从中进行选择。

我们自己写了一本书,用来帮助人们阅读和理解研究报告,在该书中,我们也提出了我们自己的一系列"类型"(Locke, Silverman, & Spirduso, 2010)。我们简单地介绍了五种各不相同的质性研究取向。书中分别使用已刊发的研究案例来说明每一种研究取向。

就像你可以看到的,质性研究并不是一种单一的、集成的做实证研究的方式。我们特别强调这一点,是因为在做质性研究的时候,对质性研究的多样性有一个整体看法对你将非常有益。

如果你已经读过一些质性研究报告,你肯定遇到过一些研究,你无法把它们放到任何特定的范式传统中。很多发表的报告,甚至可能是大多数,都使用一种一般的(generic)取向,它们很明显在其假设和方法上都属于质性研究,但是到底属于哪一种研究路径的成果却不是那么清楚。"一般的(generic)"质性研究取向这个概念是梅里亚姆(Merriam, 2001, 2002)最先提出来的。以前我们把它放在研究类型中,并在我们同事(Locke et al., 2010)的书中做了介绍,但这里我们将把它作为质性研究的一种"普通的"版本("plain vanilla"version)介绍。

鉴于质性研究有如此丰富的可能性,你很可能会问,为什么我们的介绍中要选择一个一般的模式。提出这样的问题是有道理的。除了不让那些刚开始学习做质性研究的读者害怕之外,我们还希望不要在这一章把情况介绍得很复杂。答案就在我们的目的中。

我们所遇到的任何形式的质性研究,都有一些共同的特征。例如,各种质性研

---

[1]对质性研究取向的分类可以延伸超出当前这一章所讨论的范围,它既包括研究的科学模式,也包括研究的艺术模式。想要进一步了解各话题,请参阅埃斯纳(Eisner, 1981)和桑顿(Thornton, 1987)的著作。

究取向普遍关心的几乎都是要保持研究的灵活性。我们还发现，确实所有的质性研究设计中一些共同的要求是不同于量化研究设计的。一个明显的例证就是，在有些量化研究中用来处理研究者偏见的相对直接的处方（例如，用来判断研究者效应的双盲实验和分析），在质性研究中却是不可能实施的。因此，无论什么样的质性研究，它们一定是不同于量化研究等其他研究形式的。

上面这些观察让我们可以得出这样的结论：为了帮助新手在研究计划书方面做好选择，相似性才是真正重要的，是相似性将有差别的取向联系到一个广泛的大家族中。我们以简单二分的方式区分出量化研究和质性研究，而且用粗浅的一般模式来说明后者，都是为了实用。虽然必然有些疏漏，但我们的教学策略是鼓励你首先关注最基本的要素。至于如何区分和论证两种范式之间的差别，以及如何区分在社会科学和行为科学研究中范式内的细微区别，我们把这个任务留给其他学者。

质性研究的基本介绍

什么是质性研究？如何做质性研究？乍听到这样的问题，答案似乎非常简单。质性研究是为了回答人们在特定社会情境中的问题的一种系统的、实证的方法。[①]就给定的任何个人、群体及互动地点，质性研究就是这样一种手段：描述并试图理解所观察到的人们所做的或者他们报告的有关自己的经验的规律。

例如，质性研究最常见的一个目的就是回答研究者提出的这样一个基本问题，"这里发生了什么？"为了回答这样的问题，研究可以选择一个社区、一家医院的行政人员、一个中途假释的蛇头、一个教室或一个因选择教材而区别的学区。另外，研究也可以关注一位参加社会工作第一年的工人、一个老人回到社区学院、一位小童子军教练或医院重症监护室护士的经历。在每一个例子中，是整体情境创造了研究想要呈现的、成为参与者、作为成员以及扮演一个角色的意义。在这样的质性研究中，研究者想要捕捉和理解的正是参与者在这样情境中的经验。

但是，通过我们在前面介绍的情况来定义质性研究是一件非常复杂的事情。质性研究范式确实是一个各种研究传统的集合，每一种传统都有其自身的优先考虑之处，政治倾向、偏好的收集资料和分析资料的方法，以及专门的术语——这让初学者很难受。"这里发生了什么？"只是众多可以提出的问题之一。而且，当研究者不知道

---

① 我们这里使用经验（empirical）这个概念有时候并不把它看作哲学概念，并不代表经验主义理论家族的一员。我们只是在大家共同使用的意义上使用它，指建立在经验资料基础上的研究，这样，研究者看到或者听到的事情都可以作为是对一个陈述（claim）的保证。在这个意义上，所有的质性研究都是经验的。

什么事情重要,以及不知从哪儿寻找、如何寻找的时候,如果他们以不同的假设开始自己的研究,他们可能就会以非常不同的方式回答这些问题。质性研究确实就是这样,在质性研究的名义之下,却可以用很不一样的方式做研究。

不好相处、脾气又古怪的学术同僚被集合在质性研究这把大伞之下,而把他们聚集在一起的(虽然有些松散)只是几个关键的假设,即他们对社会世界、社会实在的本质以及研究的因果性质看法相同。然而,对于新手研究者,并不总是那么容易就能够准确地辨别出那些共同的假设是什么。其中一部分问题是由于理论模式和真实生活之间的差别所引起的。

质性研究是因反对量化研究所认同的假设(由逻辑实证主义哲学作为根基所形成的研究形式)而被激发形成的一种研究范式,因此,学者在介绍质性研究时,就经常指出它和旧范式有什么不同。在区分质性研究和量化研究中,学者们使用了很多显示研究者信念系统的主张,来区分量化研究和质性研究理解世界的方式及做研究的方式。

然而,当我们把研究真正用到人身上时,我们就会对这种二分的描述方式的精确性表示严重的怀疑。当你和你的导师、批评者或合作研究者商谈你的研究计划书时,这些人都会把他们自己的假设带到你的研究计划书中,因此把前提假设交代清楚可能非常有用。坦白地说,当你发现我们的生活并不像科学研究所呈现的那样时,你不必惊讶。

我们的职业生活让我们有机会认识大量来自各种学科和应用领域的活跃的研究人员。我们可以很有信心地说,几乎没有哪一位研究者敢说自己要么坚持质性研究,要么坚持量化研究。换一种说法,当谈到世界观和个人哲学时,研究者和大多数人都是一样的。他们不但显示出广泛的个人差异,而且他们似乎也很满足于思想上的一些很明显的矛盾。

因此,我们的建议是把对世界的各种假设列出来,将其作为教学工具帮助你理解质性研究的范式,而不是作为画像来准确描述你真正在大街的另一边(或任何其他一边)遇到的每一个人的信念。除了这些告诫,我们还简单地为你介绍下面一些假设,它们属于质性研究范式使用者常用的(虽然不是完全共有的)假设。

质性研究者认为,实在的很多方面都无法被数量化。更具体地说,他们认为揭示和理解人们如何理解他们生活周围发生的事情不仅是可能的,而且是非常重要的。这包括向人们提出问题,询问他们赋予特定经验什么样的意义,以及揭示他们在特定情境中实现其意图的过程。他们还认为,所有人对他们参与其中的每一个事件的描述都是建构的。这些主观性的建构被认为是社会世界的实在。因此,所谓的实在总是多元而且永远是相对的,是针对个人和情境的。

鉴于这些假设，他们认为，在人们互动的自然情景中，通过与参与其中的人们直接接触——观察、交往及询问，去探究特定的社交过程或个体的观点，这不仅是合适的而且是有效的。在此过程中，研究者必须成为资料收集的主要工具，因此研究者就成了研究的一部分，而不是独立于研究。反过来，这也就使得研究者自己的视角和价值必然成为研究过程的组成部分，而且最终会影响研究发现和结论。

随着时间的推移，上面这些假设让质性研究者渐渐形成各种不同的研究设计、资料收集和分析的方法，以及每一种研究传统中的话语习惯。虽然这样的结果有时候类似于学术的巴别塔（Tower of Babel），但是这些设计、方法及传统确实反映了（明显程度各不相同）同一范式所持的哲学视角。

为了向质性研究领域的新手阐明他们面临的概念困难，我们可以指出那些不正确但很常见的假设，比如认为有"质性研究方法"这样的实体。我们之所以说"不正确的"，是因为，如果缺乏这些重要的假设，也就没有质性研究者通常使用的一系列研究程序，而这些却不能用到量化研究中。不过，一般用在质性研究中的资料收集方法并不会使得量化研究在科学性上缺少量化特征——除非使用的方法（以及随后对收集资料的解释）仅仅只和质性研究范式的假设保持一致。当然，反过来也是正确的。进一步的可能就是在同一个研究中真正混合两种研究范式（paradigms），这是我们在下一章要阐述的话题。

虽然我们认为没有哪一种研究方法在本质上是绝对（exclusively）"质性的"，但我们必须承认有些研究工具与传统和质性研究非常一致。因此，可以公正地说，有些研究的方法策略，即使不全部是，也更多地拥有质性研究的特征。下面列举这些特征（不过任何单个研究中的特征并不一定代表所有的研究）。

1. 质性研究者通常做归纳性的工作，试图提出帮助理解资料的理论。这和量化研究中的实证传统形成了对比，后者一般预先提出一个假设，然后用演绎的方式通过收集的资料进行检验。

2. 在大多数质性研究中，核心的问题就是看看人们是怎样和他们的世界互动的（他们做了什么），然后再确定他们是如何体验和理解这个世界的：他们如何感受这个世界，他们相信什么，以及他们如何解释他们生活中的结构和关系。

3. 最常用的资料收集方法是访谈和各种形式的观察，但有时候需要文献作为补充。

4. 一般都采用文字资料（田野笔记、访谈记录、日记等），不过数量、频次以及图表也都可以用。

5. 质性研究报告常常要详细地介绍参与者的情况，也要介绍研究实施情境中的自然的和社会的结构。

6.在很多形式的质性研究中(当然不是所有的),研究者都是在田野中(相关行为自然发生的地方)收集资料。

7.为了获得交叉验证(cross-checking)信息,在同一环境中,质性研究设计通常需要从各种不同的来源(有时候通过各种不同的方法)收集资料,这个过程叫作三角检验(triangulation)。对这些资料以及对随后出现差异的地方进行审查是确立资料来源真实性的主要手段。

8.质性研究者很少对田野研究进行有意识的干预(intervention)。大多数情况下,研究者都尽可能使自己成为一名非侵入者,从而把参与者引起的互动影响降低到最小。除非研究需要共同活动,研究者在其中担任着一种积极的(但是也有限制)的角色。

9.质性研究者的首要兴趣往往是发现并理解产生特定结果的社会过程,而不是仅仅描述结果本身。

10.在质性研究中,虽然研究者可能会使用访谈指导、系统地记录观察资料的形式,甚至调查问卷中的材料,但是在最后的分析中,研究者依然是研究的主要工具。几乎毫无例外,研究者必须直接与研究的参与者进行交流,不时地做出各种决定,确定如何行动、注意什么、记录什么,以及一些具体的研究步骤为什么能够或者不能回答手头上的研究问题。

11.质性研究者应该尽可能地觉察自己带到研究中的视角。因此,他们通常会说明自己的背景和对研究问题的独特兴趣,作为研究报告的一部分。不过,在撰写具体的研究发现时,个人的既有兴趣是一回事,研究者偏见则是另外一回事。如果想要研究的结果更加真实,就必须要控制研究者偏见。因此,在质性研究设计中,关键的问题是要形成一些策略,抵制只看和只听自己想要的东西的倾向。

12.无论哪种研究范式,参与者对研究者或研究状况的感应(reactivity)都会威胁到研究的完整性。但是由于很多原因,在质性研究中,这是一个特别敏感的问题。因此,很多研究都有一些策略来防止对资料来源的歪曲。

13.只有很少的参与者样本是随机抽取的,更多的参与者是有目的地选取的,其目的是希望能够最大化地利用资料为研究服务。

14.一般认为质性研究设计是在计划和撰写阶段慎重地思考出来的。有时候,研究者可能会在研究计划书中用很大篇幅详细地说明自己的计划。然而,在具体实施过程中,绝对忠实于设计并不能产生像量化研究中一样的效益。相反,在质性研究中,人们常常把计划看作是通过资料收集和分析,对真实的尝试性和暂时性的回答。至少,在有经验的研究者那里,进程中的调整被看作做研究的一部分,而不是对研究计划书等"协议"的重大破坏。

15.质性研究报告通常以第一人称撰写，而且使用富有表现力的语言，其目的是使研究发现不但易于理解而且具有很强的说服力。

这15个特征都是那些质性研究大伞下的各种研究传统所特有的。尽管个别学者会增加或删减一个或几个特征，或者对我们的说明做出一些修改，但我们相信，当把这15个特征放在一起的时候，它们共同构成了一个让大多数人一致同意的模式，这就是质性研究。

但是，正如这些主张让人感到鼓舞一样，你应该意识到，对于该范式的确切边界也有不同的意见。例如，有一种研究传统叫作批判理论研究，有些学者认为它在基本假设方面与其他研究传统有很大的差异，足以构成一个独立而有区别的范式。换句话说，批判取向的研究是位于质性研究的边界之内还是之外，这取决于谁去观察。

在社会科学和有些应用型专业（特别是护理、社会工作和教育）的研究领域，人们能够接受批判研究。虽然人们有时候对它的位置有很多迷惑，但它有一个核心特征，即给社会和研究一个批判的视角。因为你必然会遇到批判研究的报告，所以我们将稍微多花一点时间，为你提供一些资料，让你能更加容易理解你所阅读的报告。

对于大多数读者，托马斯（Thomas，1992）能够为你介绍这一复杂、有时候又富有争议的研究取向。要想阅读更多的细节，可以阅读麦迪逊（Madison，2011）的有关批判民族志的论著或一些基本用在教育领域中的批判理论（Carr & Kemmis，1986；Carspecken，1996；Gitlin，1994）。这些著作都不需要太多的社会科学和哲学领域的背景。还有一些更加深入论述批判理论的读物，比如邓金和林肯（Denzin & Lincoln，2011）的《质性研究手册》，不过我们的学生在读完其中的一些章节之后，大多数都感到介绍得不够充分。

要真正学习更多关于什么是批判取向的研究，仅仅阅读是不够的。我们认为，应该找一位真正做过批判研究的导师，让他/她为你提供帮助，导师的作用绝不是书本可以完全代替的。与这种观点相一致，我们这里将不再说明批判理论对研究计划书的撰写具有的那些数不尽的启示，我们只在后面做一些简单的评论。

说到批判理论范式的邻近者，批判理论包括很多只是松散地（而且并不总是和谐地）相联系的研究传统。其中有参与的、赋权的、行动的、唯物主义者的以及女性主义的研究视角。然而，从根本上来说，这些研究传统的共同特征都是对社会情境中权力分配和维持方式的兴趣和关注，以及如何对这些秩序提出挑战。

表面上，这种研究取向好像不需要新的研究假设。然而，由于批判理论开始改变研究者和被研究者的关系，它们就开始对研究方法和研究目的产生重要的影响。例如，在有些批判理论中，研究成了促使或帮助重新分配权力和改善参与者生活环境的一种手段。在这一点上，学术和政治之间设定的界限开始模糊，你可以确定的是,我们已经进入了一个新的而且有争议的领域。我们自己写的帮助读者阅读和理解研究报告的指导手册(Locke et al.,2010)介绍了几个这样的研究,主要是用来说明批判取向给研究造成的一些矛盾。

然而,正是这些矛盾和争议的性质吸引了一些研究者。个人价值观以及对正义和公平深深的责任感可能是他们把批判作为一种研究模式的颇具说服力的理由。然而,无论你的动机是什么,你都要记住,一个好的批判研究必须要从一个好的批判研究的研究计划书开始。有了这一要求,在简单介绍批判理论结束之际,我们将介绍该主题的最后一个变化形式。

有些研究者做所谓的女性主义研究,他们也声称他们的视角具有独特的范式——一种他们认为既不同于批判理论又不同于更大的质性研究集合体的研究传统。无论这是否是一种有用的视角,我们都建议,如果你对把性别带入研究感兴趣,你就应该经常浏览有关该话题的文献。你可以先阅读雷泽(Lather,991)的著作,或者埃斯纳和派司金的(Eisner & Peshkin,1990)著作,或吉特林(Gitlin,1994)主编的论文集。瑞本斯和爱德华兹(Ribbens & Edwards,1998)主编的书更具有警示作用,他们强调在质性研究中追求一致的女性主义观点具有相当大的困难。

质性研究计划书的特点

有关质性研究计划书的建议,我们希望从一开始就要澄清一点:我们前面说的几乎所有的有关研究计划书的作用、撰写、写作风格、组织结构及格式等在这里都适用。质性研究计划书本质上并不是另外一种文档。不过,我们的经验让我们相信,质性研究计划书确实提出了一些特殊的问题,需要你注意。这些问题共同构成了评委困惑的原因,还有,在研究计划书中遇到这些问题比在后面撰写研究报告时遇到要好得多。

在总结出下面12个要点的过程中,我们对你的境况做了三点假设。首先,我们假定接收你的研究计划书的人承认质性研究是真正的学术研究。否则,研究计划书必须要为这种范式的合法性进行辩护——我们认为这种任务最好留给经验丰富的学者。其他情况下,如果评委只是不熟悉质性研究,耐心的说明以及为他们选择一些简短的介绍性读物就可以解决。

其次,我们假定,至少有一个评委(对研究生来说,最常见的就是委员会主席)熟悉你提出的设计和方法,以及明白你选择的文献。如果没有这样的专家支持,解释、证明和劝说的负担可能会比陈述研究计划书还要沉重。

第三，也是最后，我们预想评委们会期待能从你的研究计划书中获得一系列常见问题的答案。例如，你对研究涉及的概念和方法体系的了解程度如何？研究计划是否经过了审慎的思考？研究计划书各组成部分的结构是否协调？是否有证据能表明你完全了解研究中需要克服的阻碍？研究的性质和范围是否与你的能力和资源相匹配？如果满足了上面提到的假定，就可以用下面的要求来审核你的设计。结合本书其他章节提供的有关研究计划书的一般建议，以下的要点应该能够帮你成功地解决质性研究计划书中的具体问题。

根据我们的经验，以下这些问题都是评委们最关注的。

1. 为什么选择质性研究？绝对要澄清质性研究不但适合该研究的一般目的（你为什么做该项研究），而且适合更具体的研究目标（例如你正式提出的研究问题）。你的训练和个人价值观都与此密切相关。不过，最终范式和问题之间的结合必须能够担负起研究任务。

2. 计划要有弹性。计划要把你从研究开始到研究结束准备一一做什么介绍给大家。如果你是一位新手，谨慎的办法就是严格遵守计划的一般说明。然而，质性研究经常会遇到一些发生变化的情境，需要你有所准备，因此保持一些弹性也是明智的。必须要有一些操作步骤应对资料收集过程中所发生的事情以及逐渐积累的材料。如果你提出的计划中有这样的设计，说明你已经预料到如果出现意外则可以选择（或设计）其他的行动方法，这往往会让评委们感到欣慰。

在这方面，质性研究计划书需要维持一个细微的平衡。要呈现一个详细的计划，而且要严格执行，除非有充分的理由不这样做。不过，你要明确指出，你对其他可能性都已经慎重考虑过——如果需要的话。

3. 建立一个框架。呈现一个能够说明并澄清你研究设计的概念框架。定义主要的概念并展示它们之间的关系，以及它们和研究问题、研究方法、相关文献的关系。虽然没有反面的规定，但概念框架不应该是文献综述的延伸。前人的研究最好只起到一些帮助作用，帮助界定研究的概念领域。文献能够提供概念定义、理论框架、用在类似环境中的成功研究策略的例子，以及展示你的研究将在哪些地方参与到当前对这个主题的学术交流当中。但是，主要应该强调的是和你自己的研究相似的概念及关系。这里，图表一般非常有用（请见马克斯韦尔[Maxwell, 2013]，里面有非常好的建议和事例）。

4. 澄清各个部分之间的关系。要特别注意，每一个步骤都要写一个简洁明晰的说明，解释各个部分是如何结合在一起的——研究目的和研究问题之间、研究问题和研究框架之间、研究框架和方法之间，以及资料收集和分析方法之间。由于没有标准化的设计结构，质性研究计划书的作者很容易忽视几个部分之间的整体一致性。

5. 对效度进行说明。开门见山地讨论效度问题。① 如果你完成了你的研究，所有读你的报告的人都有权问你"我为什么要相信你？"如果你希望提供非常有说服力的答案，你就要在研究计划书中找出你的设计所固有的效度威胁。莫尔斯和理查兹（Morse & Richards，2012）的书中有一章是关于如何说服读者相信你的研究的严格性和可信任性，写得非常好。马克斯威尔（Maxwell，2013）的书中甚至更进一步提出，质性研究计划书应该有一个专门的部分来回答"我会犯什么样的错误？"这样的问题。这是一个难题，但却是一个非常有益的问题。

在质性研究中，你至少要处理三种在质性研究计划书中最常引起人注意的效度威胁问题：(a)你如何保证对参与者和情境的描述是准确而完整的？(b)你的个人偏见是一个威胁吗？如果不是，为什么不是，或者如果是，你打算如何处理这个问题？(c)参与者对你的反应（以及对研究过程的反应）在哪些方面以及在什么程度上妨碍到你资料的获得，你如何处理这样的问题？再次强调，从预研究中援引经验（和资料）是非常具有说服力的方式，它们体现出你实际地处理了效度威胁的问题。

6. 说明你如何记录。要确切地说明你将如何保持一份书面记录。例如，如果你准备用某种形式的分类系统对录音进行分析，那么你将如何以及何时确切地对每种类别进行录音？当需要修改的时候，你准备在哪儿修改？同样地，当你对资料、参与者、研究，或者你自己有些想法，而这些思想却不能放到田野笔记或访谈记录中时，你将如何处理这些思想？我们相信，这样的记录在写报告时非常重要——数周或数月之后。大多数质性研究的内容丰富且结构复杂，如果没有很好的设计，不能迅速而且详细地记录下来，你肯定会丢失很多重要的信息。我们还要提醒一句，所有的记录都要留一份复印件——放在不同的地方。

7. 说明操作过程。不要犯唯名论的错误。因为质性研究传统非常善于给事物命名，所以它很容易就滑入使用复杂名称的操作习惯中，这些名称看起来就像魔术咒语一般。告诉读者，你将提出"扎根理论"，或者使用"恒常比较分析""资料来源的三角验证"或"同伴检验"，除了知道了如何拼写之外，这些词语几乎没有告诉他们任何东西。解释你为什么使用这样的操作、具体地展示你准备如何在你设计的情境中

---

① 读者应该意识到，效度这个词在质性研究中并不是一个经常使用的术语。实际上，这个概念很不准确，人们甚至反对这个概念。然而，我们决定在整个章节中都使用这个概念是基于两个简单的事实。首先，大多数读者都熟悉它的一般意义，表示资料准确地代表了它所指涉的现象（它是真实的），或者代表一个研究发现的具有说服力的证据（它是确定的）。第二，由质性研究者发明的代替效度概念的正规语言太泛、太复杂，而且远不能普遍地构成一种可靠的系统语言。如果你打算撰写一份质性研究研究计划书，有必要吸收这些新语言[我们建议先你首先阅读克雷斯威尔（Creswell，2013）的第十章；古巴和林肯（Guba & Lincoln，1989）；林肯和古巴（Lincoln & Guba，1985）；柯维尔（Kvale，1995），以及莫尔斯等（Morse et al.，2001）]。不过，就我们当前的目的来说，效度这一个概念就足够了。

使用该操作过程，以及给出你援引的参考文献的出处，这在论证过程中将更具说服力。

8.不要预测发现。使用语言要小心，不要显得好像把你个人期望的研究发现带到操作程序中。例如，像"实习生如何处理和导师之间的敌对感情？"这样的研究问题就假设了参与者会经历这种情感状态。无论假设正确与否，这样的研究问题很容易变成访谈问题，这样就会提示参与者"应该"怎样感觉。

当然，你在某些方面需要对参与者将会做什么做出预测。大部分研究中，概念框架本身直接或间接地反映了研究者猜测将会发生什么——或至少他/她相信什么值得注意。但是，当研究者觉察不到这些预期并对它们进行监督和检测时，这些预测就变成了偏见（效度威胁）。撰写研究计划书应该对这些危险保持敏感。

9.阐明关系。你的研究计划书应该表明，你已经充分考虑了和参与者之间关系的性质，而且在整个研究过程中都将谨慎地进行监控。跟你在一起的人对你说什么以及他们对你的信任在很大程度上都取决于你们关系的性质。因此，你和参与者之间所发生的事情将会反映你的表现和后面交流对双方角色的相互期待。

你应该为了特定的目的，有意识地做出一些选择，让自己看起来（而且行动起来）是一个饶有兴趣而且尊重他人的访问者、一个专业上的同事、一个真正的朋友和伙伴、一个需要帮助的求助者（博士生中很常见）、一个潜在的政治同盟、一个全能的学者（还有一些专业特长）、一个完全客观冷静的观察者或者是一个热情而富有同情心的听众。不要犯错误。你怎样和参与者建立关系将会影响你所收集的资料。那些阅读你研究计划书的人必然会问你，这些社会交往行为是否会有助于顺利完成你的研究。

10.安排好进入和退出。研究计划书中应该考虑如何进入现场以及如何从现场抽身出来（既包括现场又包括人际关系），并明确写出具体过程。协商进入和离开的条件可能是一件非常微妙的事情，其中既有伦理问题又有实际的后果。这一方面所包括的问题在一般量化研究中很可能不会遇到——至少不会和某些或所有的参与者有密切的个人关系。

11.慎重对待推广。对你的结论的推广的可能性（应用到你的研究之外的群体）要持谨慎态度，不要认为对于你选择的参与者，只要符合操作程序就可以推广。没有随机抽样，就声称获得了对其他群体（无论是在研究背景当中还是研究背景之外）的有效知识几乎总是不合适的。对研究背景和参与者详细而完整的描述有可能会激发读者在阅读报告时提出下面的问题，"这些结论为什么不能用在其他情境中"。但是，这与试图把你的研究发现推广到其他情境并不一样。

12.澄清你的视角。要么在文章的主体中，要么在研究计划书的附录中，你要有一个简短的个人自传,突出你的工作经历、教育经历、导师、重要事件这些方面,它们形成了你的研究视角——研究的问题、参与者、方法和一般目的。这个阶段,委员们以及那些后来准备阅读你报告的读者有充分的理由知道,你的有关信念、价值、关注、责任和意向等给研究带来了什么样的东西。你将成为主要的研究工具,因此,公开地提出你和研究的关系是质性研究计划书中一个重要的组成部分。

焦点小组研究的计划书

在这里特别针对在质性研究中或混合方法研究中使用焦点小组访谈收集资料进行说明,我们有三个理由。首先,这是一种近年来使用越来越频繁的应用到社会研究和行为研究领域的方法。你可以把焦点小组看作是其他资料收集方法的一种辅助手段,也可以看作是研究的主要手段。

其次,该方法是一种特别有诱惑力的收集资料形式,它让你能够洞察到参与者对讨论话题的情感、态度和认知。不像个人访谈,焦点小组提供了一个更加自然的环境,因为参与者似乎很容易影响他人又受他人影响——就像在生活中一样。因此,这种真实感能够增加资料的权威性。

再次,对于新手研究者,如果你能够熟练地使用焦点小组方法,它将会成为一种非常有利的工具。但如果你不熟练,它也能够成为一个陷阱,让那些粗心、不熟练的人浪费时间,或更糟糕的是,他们在得出错误的结论时还以为获得了深刻的洞见。

对此,我们的建议可能有些说教,但却是直率的:

1.首先阅读一些参考资料,不要只是在一些规范性研究文本中找一些简要介绍。我们认为,克鲁格和凯西(Krueger & Casey,2009)、摩根(Morgan,1997)、普茨塔和波特(Puchta & Potter,2004)的著作比较理想。另外,为了让自己对焦点小组方法有适度的敏感,你最好看一看格林鲍姆(Greenbaum,1998,2000)的两本书,看看他的销售研究的世界。你还应该查阅一些对焦点小组方法的批评和警告,例如基德和巴歇尔(Kidd & Parshall,2000)、威伯和柯文(Webb & Kevern,2001)的著作。最后,一定要读几份你自己研究领域的研究报告,它们要在各种不同的研究设计中都使用了焦点小组方法。

2.找一个指导老师,无论是同事还是学术导师,只要他/她曾经在自己的研究中使用过焦点小组方法。和他/她交谈,探讨这种方法的优势和不足。特别注意对于团体领导的技术要求,以及分析群体互动录音文本的复杂性。

3.如果继续选择使用焦点小组方法,在研究的一开始就要尝试如何引导群体会议以及如何分析转录的资料。有些预研究会很快揭示出,做好准备和练习会让你很容易就能够发现焦点小组互动中难以区分的差别。同样地，当面对人们真正在谈话中所说的一大堆杂乱无章的信息时，你要知道无论你是否有耐心，你都要严格遵守一种分析方法，敏锐地发现错综复杂的文本中所包含的规律，研究要求你从焦点小组记录中获得有用的信息。

4.如果你已经采取了前面三个步骤，那么写出一个有说服力的研究计划书就不会有问题了。除了每一个完整研究计划的要求之外，想让你的研究计划书有说服力的关键是：（a）准确地说明为什么焦点小组方法适合你的目的；（b）证明你确实"去过那儿而且做过焦点小组访谈"，要有可靠的记录证明你熟悉研究的技巧而且会使用设备。

质性研究的资源

这里我们推荐一些资源，希望对你撰写质性研究计划书起到帮助作用。我们将这些资源分成了12个主题。需要提醒的是，不要以为这些已经穷尽了所有相关的质性研究资源。我们选择资源的目的更具体，都是直接关注新手研究者（主要是我们的学生）特别关心的两个话题的，即关于提出研究设计和撰写研究计划书这两个步骤。话题的顺序以新手在研究的早期阶段的需要来安排，然后循序渐进地增加一些阅读材料，帮助他们撰写质性研究计划书。

主题1　方便使用者的入门书

在考虑使用质性研究取向时，首先是要认识到，质性研究取向作为一种研究策略，它能够实现以及不能实现什么，它设计研究、收集资料和分析资料以及撰写报告都需要什么样的技巧。我们个人最喜欢的是伯格丹和毕克兰（Bogdan & Biklen, 2006），格兰斯尼（Glesne, 2010），洛夫兰德、斯诺、安德森和洛夫兰德（Lofland, Snow, Anderson, & Lofland, 2005），以及梅里亚姆（Merriam, 2009）的书，这四本书的优点是都经过长时间的广泛使用，然后都仔细修订过。不过，作为入门读物，德拉芒特（Delamont, 2001）与罗斯曼和拉里斯（Rossman & Rallis, 2012）的书都比较好，而且由于他们的特殊风格，它们也许更适合作为教材。最后，作为刚入门的教材，克雷斯威尔（Creswell, 2009）的书在课程教学中的使用非常广泛，因为它结合了质性研究、量化研究和混合模式的研究，能够帮助学生理解研究有哪些形式可以选择。

对于小型质性研究计划书,德恩斯考比(Denscombe,2010)的《小型研究计划的好指导》(*The Good Research Guide for Small Scale Research Projects*)是一本名副其实的好书,而且非常实用。对于案例研究,斯泰科(Stake,1995)提供了很多案例组合,是一本非常好懂的概论。托马斯(Thomas [2011])为新手研究者提供了一本综合入门书。学生们在考虑使用案例方法时,使用比较广泛的还有殷(Yin,2009,2012)的几本教材。

最后,即使在入门水平上,你也会遇到很多陌生的词汇,很多词汇在标准的词典里也无法找到。幸运的是,现在有了一本词典(Schwandt,2007),专门解释质性研究中的语言习惯(一种针对行话的友好标签)。该书有很多推荐读物并在大多数的词条中给出了其他参考读物,从头读到尾就像阅读词典一样,也许是一种非常实用的办法。

主题2　质性研究范例

社会科学或应用专业领域几乎任何现代研究杂志都刊有质性研究。聪明的做法是,找到一些刊载你自己感兴趣领域的研究报告的期刊。我们希望你早在选择做质性研究的过程中就要这么做。只有具体的例子才能够让理论探讨变得鲜活。如果你需要一个方便的起点,《质性社会学》(*Qualitative Sociology*)和《质性健康研究》(*Qualitative Health Research*)中都有很多研究报告,这些报告相对较短,大多数读者都会感兴趣,而且不要求有什么专业背景。

很多研究领域都有质性研究报告论文集,以书的形式出版。优秀的论文集有梅里亚姆(Merriam,2002)的《实践中的质性研究》(*Qualitative Research in Practice*)、米林凯(Milinki,1999)的《质性研究中的案例》(*Cases in Qualitative Research*)、殷(Yin,2004)的《案例研究选集》(*Case Study Anthology*),以及瑞斯曼(Riessman,1994)的《社会工作中的质性研究》(*Qualitative Studies in Social Work Research*)。如果你希望进一步延伸阅读论述质性研究方法论的报告,你可以阅读邓金和林肯(Denzin & Lincoln,2002)主编的论文集。

主题3　质性研究方法论

讨论质性研究理论基础的书都出了名的难——无法读下去,冗长乏味。不过,或迟或早,你必须要看。很多初学者觉得,暂时最好不要阅读那些讨论范式的认识论根源的著作,开始时最好是阅读那些讨论如何做研究的读物,但这些读物要有可靠的哲学基础。这个领域符合这样标准的有林肯和古巴(Lincoln & Guba,1985),这本书几乎被所有活跃在质性研究中的人所参考、援引、引用,而且大多数情况下,几乎人手一册。帕顿(Patton,2001)有一本讨论基础理论的著作，该书更容易让多数读者理解。这是一本关于研究和评价的理论和方法的教材，可以说它因为作者轻松的语调而出名。还有一本让你轻松进入理论基础讨论的文献是克雷斯威尔（Creswell，2013）的书，作者在书中分别介绍了五种不同的质性研究传统，说明了每一种传统如何形成研究设计的本质。如果你对做质性研究要求非常严格，还有很多更具挑战性的理论山峰型著作可以攀登。不过，目前这些就足够了。

主题4　质性研究计划书

如果你走到这一步，你可能要写一份质性研究计划书了。目前，有两本书充分地讨论了这个话题，这里我们建议你把两本都买过来，两本都要读。马歇尔和罗斯曼（Marshall & Rossman，2010）、马克斯威尔（Maxwell，2013），两者都是新手在质性研究中的理想读物。两本书从风格和重点来看，形成了完美互补的一对。

如果你在撰写学位论文，下一步就要阅读皮安塔尼达与伽曼（Piantanida & Garman，2009），他们的书中有四章专门讨论研究计划书的撰写。书中用现实生活的例子，生动地展示了研究生在面对这样的任务时是如何挣扎的，这是一个旅程，学生经过各种艰难场面，最后获准做质性研究。布隆伯格和沃尔普（Bloomberg & Volpe，2012）对质性研究学位论文很多方面都提出了建议，他们书中列出的清单对我们的学生非常有用。最后，在美国社会科学研究委员会（the Social Science Research Council）的网站上，可以发现《撰写研究计划书的艺术》（*The Art of Writing Proposals*，Przeworski & Salomon，1995）一书导读的电子文本，委员会为读者提供了该书的指南。这些都是一些资深评论员所提供的，他们的建议非常实用，既可以用于质性研究，又可以用于量化研究。

主题5　质性研究中的伦理

我们之所以把伦理放在这里，在方法论的前面讨论，是因为我们认为它的位置应该在这里。整个研究设计过程都应该纳入对伦理后果的思考，每一个决定都要考虑伦理后果。要做到这一步，早在写研究计划书的过程中你就要熟悉这些问题。正如我们在第二章中指出的，这个问题在各种研究训练中都不被重视，说起来悲哀，质性研究中依然如此。除了偶尔会遭遇人类被试的评价协议，大多数初学者很少考虑如何对待他们的研究参与者的问题——除非他们一下子就陷入一个无法摆脱的困境，而这在质性研究中到处都是。

很明显，必须要考虑参与者匿名和保密的问题。但有多少新手会考虑需要处理参与者匿名不可能的问题？类似问题，在访谈的时候，形成专注和倾情倾听的技巧是一回事，然而,当参与者在访谈中透露敏感的信息以及潜在的危险信息时,预见到需要讨论该情境又是另外一回事。即使看起来很简单的决定,如参与者什么时候自由撤出研究,都可能比表面上看起来要复杂得多。在研究计划书撰写这样相对平静的情况下做出决定几乎总是比在田野里做的决定更好,在田野里的时候,事情的正确与错误很容易被惊慌所遮蔽。

你当然可以通过阅读我们对这个话题的介绍,开始着手设计一个在伦理上负责任的研究。不过,在此之后,你需要扩大阅读,尤其是那些讨论在应用社会研究过程中遇到的范围更加广泛的伦理困境的文献(Kimmel,1988),以及你们研究机构在对你的研究计划书进行评估时所执行的伦理标准(Sieber & Tolich,2013)。

当然,最终你必须要参考那些更直接讨论质性研究的著作。阅读这些著作的一种方式是,只大概浏览所有在质性研究实施中可能会引起的伦理问题。就此目的,最近一本由茅斯纳、波茨、杰绍普和米勒(Mauthner,Birch,Jessop & Miller,2002)写的书以及哈默斯利和特莱安诺(Hammersley & Traianou,2012)的著作比较适合。不过,作为另一种更传统的选择,你可以阅读那些基础文献中专门论述伦理问题的章节,例如埃斯纳和派司金(Eisner and Peshkin,1990)、邓金和林肯(Denzin & Lincoln,2011)或者勒考皮特等人的论著(LeCompte et al.,1992)。

如果他们的著作更符合你的兴趣,那么你就可以去阅读教育田野研究中的质性研究的伦理问题(Simons & Usher,2000),以及放在批判民族志这个大的题目下研究设计中的伦理问题(Madison,2011)。最后,在一本明确为研究生和初学者写作的小书中,卡罗尔·贝利(Carol Bailey,2007)认为当研究者侵入他人生活的时候,普遍都会涉及伦理问题。在她的《田野研究指导》(Guide to Qualitative Field Research)一书中,每一章节后面都有一个连续的部分,专门讨论难以处理的、粗心的人可能都会陷入困境的伦理问题。如果该书在研究中确实支持你的背景,这表明它对新手研究者还是合适的,值得一读。

主题6　工具方法

从一般意义上理解,方法是做研究的工具。它们包括研究者用来收集资料的操作程序和工具,以及用来分析资料的技术。虽然我们一般把访谈(倾听和交谈)、观察(注意人们)以及文献分析(阅读)都看作是质性研究中主要的资料收集手段,但是迅速浏览一下期刊上的研究报告,我们就会知道还有很多其他的方法。问卷(questionnaires)、调查(surveys)、系统观察工具(systematic observation instruments)、隐蔽测量(unobtrusive measures)、录像(videotapes)和照片(Photographs)都可以作为资料来源。同样地,在安排分析资料的时候有数十种方法可以使用。没有哪一本著作可以覆盖所有的方法,因此必须要缩小检索范围,在更加专业化的著作中看看能够发现什么。下面在访谈、田野笔记、计算机资料管理和分析等四个方面的广泛话题领域，我们为读者提供了一些资源方面的建议。

在检索资料中，第一步就是用质性研究术语的词典或词条去查找你想要知道的同义词、定义以及标准的参考文献，这一步非常有用，是用来解释具体的研究方法的。这方面我们再一次推荐施沃恩兹（Schwandt，2007），他对你会很有帮助。第二步就是查阅上面推荐的导论性的教材中的一些索引，从而追溯与想用的方法有关的文章和书籍。

如果你觉得浏览那些讨论质性研究方法论各个方面的文章对你有帮助，那么迈克尔·休伯曼（Michael Huberman）和已故的马修·米尔斯（Matthew Miles）主编的论文集（2002）是一本很好的著作，且比较适合初学者。最后，我们建议，你要花几分钟浏览一下出版商最近提供的各种社会科学学科和应用领域中有关社会研究的书目（例如，Corwin Press，Falmer Press，Jossey-Bass，Longman，Pine Forge Press，Routledge，Sage Publications，以及 Teachers College Press）。质性研究方法论是出版界一个特别活跃的领域，而且每年都有很多新的著作问世。

主题7　访谈

因为访谈是一种特别常见的资料收集形式，所以几乎每一本质性研究教材都给它安排一个章节。就这方面来说，我们认为从帕顿（Patton，2001）和梅里亚姆（Merriam，2009）这里开始阅读比较合适。赛德曼（Seidman，2006）及鲁宾与鲁宾（Rubin & Rubin，2012）的著作则更加专业，但也很容易理解。最后，柯维尔（Kvale，1994）列出了使用访谈资料中最常见的一些不足，以及一些适当的解决方法。

主题8　田野笔记

几乎每一本基础教材，只要讨论质性研究，都会有一章关于在田野中记录观察的技术——无所不在的"田野笔记"（field notes）。洛夫兰德等（Lofland et al.，2005）为我们提供了深刻的讨论，已经在社会科学研究中指导了好几代学生。想要在撰写民族志田野笔记技巧方面获得更多的指导，还可以阅读爱默生、弗瑞茨和肖的著作（Emerson，Fretz，& Shaw，2012）。

主题9　计算机管理资料

计算机使得资料管理、编码、检索等复杂任务的执行成为可能,而且能够快速、经济和准确地处理资料,对于质性研究者,这在以前是不可能的。但是计算机也可能会浪费时间和资源,造成显著的错误,创造根本不存在的巨大幻象——而且比以前更加迅速。在决定计算机是否可以(或如何)服务于你的研究之前,你要读书、咨询、反思,而且要进行设计安排。

很多老的教科书会一般性地介绍计算机软件在处理质性研究资料中潜在的优势和弊端,但是频频出现的新软件使得这些书中对特定系统的大部分说明都需要更新。在撰写本书的时候,莫尔斯与理查兹(Morse & Richards ,2012)以及贝兹雷(Bazeley,2007)就为质性研究资料分析软件的使用出版了指导手册。NVivo 和 ATLAS.ti 这两个使用最广泛的质性研究资料分析软件包,都有免费的说明书下载,你可以从这些说明开始你的资料分析,而且在整个资料分析过程中都能够使用。不过,到本书在你的手上时,肯定又有了其他类似的资源,而且很有可能,又出现新的软件了。

主题10　质性资料分析

无论你是使用一个复杂的计算机程序,还是使用会计分类账本一样的简单工具,分析都要求有一个计划,而且研究计划书中要有一个大概描述你的方法论要素最初形成的部分。最初,你用来解释资料的方法要由你的研究所采用的特定的质性研究传统来决定。有些传统缺乏灵活性,而有些传统则没有介绍用来分析资料的具体形式。你的研究目的、资料的性质,甚至你有多少时间可用,都会影响你的选择,因此也会影响到相关的文献资料。

到目前为止,最全面的分析方法著作可能是迈尔斯与休伯曼(Miles & Huberman,1994)合著的《质性研究资料分析》(*Qualitative Data Analysis*)第二版。不过,就规模来说,该书更接近标准的教科书,还有几本其他优秀的概述性著作可以参考。克雷斯威尔(Creswell,2013)对五种质性研究传统中的分析技巧和资料呈现进行了比较,科菲与阿特金森(Coffey & Atkinson,1996)则使用单独一种资料展示了如何以补充的方式使用不同的资料分析技巧。

你会发现,一种划分最细致、解释最充分的资料分析形式是用在社会科学传统中的"扎根理论"。虽然这个概念有时候以非专业的方式用来指任何从资料开始形成理论思想的方法,但是当它用来代表一种特殊的质性研究传统时,它的意义就很不一样了。扎根理论是为产生社会现象的重大理论而使用的一套高度发展的、严格的、具有很高智力要求的特殊分析技巧。

在各种操作步骤和技巧中，扎根理论的分析模式使用的操作方法叫作"持续比较"（constant comparison）。非常不幸的是，这个概念已经大大地被研究生误用了，他们不重视研究计划书对资料分析科学性的尊重，毫无系统地乱堆资料。如果你希望避免这种业余使用者的污名，我们建议你阅读斯特劳斯和科宾（Strauss & Corbin, 2008）的《质性研究的基础》（*Basics of Qualitative Research*）。虽然有些难度，但是花一些时间，这是一本可以理解的读物，最好是结合《实践中的扎根理论》（*Grounded Theory in Practice*, Strauss & Corbin, 1997）中延伸的研究报告和阅读材料一起阅读。如果你想更加深入地了解，布莱恩特和卡麦兹（Bryant & Charmaz, 2010）书中的各个章节讲述得更加详细。

主题11　撰写和出版论文

现在有很多告诉你如何撰写研究报告的书籍。撰写研究报告可能超过了研究计划书的范围，但两者的联系还是很紧密的。虽然报告的有些方面在撰写研究计划书的任务中没有，但是要打造一个简明、清晰的研究文本，无论是提出计划还是完成报告，工作性质都是一样的。只要花上几个小时阅读优秀的研究报告有哪些要求，你就会得到大量启迪，无论是对你的写作还是研究中打算要做的工作。

我们建议你首先阅读贝克尔的《社会科学家的写作》（*Writing for Social Scientists*, 2007），这本书是一流的、高度个性化的大师级的艺术展示，然后可以阅读戈尔登-比德尔和洛柯的（Golden-Biddle & Locke, 2007）书，他们生动地把质性研究报告作为一种"讲故事"的形式介绍给读者。在比较传统的教材中，霍利迪（Holliday, 2007）叙述了当作者想要把来自真实生活的丰富资料转变成正式的文档时所面对的一些实际问题。该书有大量的图表，风格明晰，适合任何学科或应用领域的学生。

阅读这些书之后，你就可以开始阅读那些被普遍使用的著作了。虽然只论述了一种研究方法传统，范梅南（Van Maanen, 2011）的书一直是撰写民族志报告的标准参考。在民族志方面更普遍的读物是沃尔科特（Wolcott, 2009）的《质性研究写起来》（*Writing Up Qualitative Research*），该书被普遍认为是经典，而且其本身也是优秀写作的典范。

最后，如果你梦想着自己可以超越写作的痛苦，当然还有更多富有吸引力的做法，可以提交论文、设计展示会议、寻找一条合适的发表途径等。也许，看到第一封回绝信会有点儿沮丧，不过，最终，你可能会激动地发现，你的努力已经影响了其他人的思考或实践。

举一些有趣的例子，我们推荐莫尔斯（Morse, 1997）主编的一本与众不同的文集《完成一项质性研究》（*Completing a Qualitative Project*），该书收集了健康护理领域中24位活跃的研究者的作品。该书论述的焦点是,你的资料分析结束后,还需要做什么。因为你的研究计划书只是构成了第一步,当你经历了一个很长的历程,你就要转向最后阶段了。

主题12　质性研究的标准

从研究途径来说,如果有任何清楚、明确而且相当严格的关于研究质量的标准(评价整个质性研究合适性的标准),那么就可以用这些标准来评判和强化研究计划书中的设计。但这是不可能的,至少它不会以简单和直接的方式存在,我们相信你不会因此而感到奇怪。一个很明显的问题就在于质性研究传统的多样性,很多质性研究仍然在发展中,而且由于它们都注入了各自的使命和意图,必然形成各种研究评价标准。因此对已经进入该研究传统的学术共同体的成员来说,他们显然并不愿意讨论质性研究的标准问题,然而初学者们事实上对此却并不清楚。

对于这种讨厌的事情,人们一般都把它解释为,不要在一种范式内给研究强加严格的标准,这样才能赋予研究以创造性和个性。无论这种解释是否完全属实,最近对质性研究报告的评价中,已经有了一些尝试阐明标准的动向。

如果你希望利用这些关于标准的文献作为你准备撰写研究计划书的一部分,我们建议你首先检索阅读那些在质性研究中形成证据的文献(Morse,Swanson,& Kugel,2001),然后用罗斯曼和拉里斯(Rossman & Rallis,2003)提供的简单而又富有启发意义的介绍开始有关标准的话题。如果它对你有些帮助,那么更进一步讨论质性研究的科学和艺术的标准则可以在林肯(Lincoln,1995)的书中找到,或者在莫尔斯(Morse,1997)主编的论文集的三个章节中发现,它们的作者分别是萨利·肖恩(Sally Thorne)、菲利斯·斯特恩(Phyllis Stern)、朱迪思·胡赛(Judith Hupcey)。

在讨论质性研究效度的性质的文章中,可以发现什么是对质性研究质量的最适宜的期待。读者可以在柯维尔(Kvale,1995)或约翰逊(Johnson,1997)的著作中发现有关该话题的介绍。如果这样的简单概述对你的思考研究卓有成效,你可能会希望更全面地阅读有关的讨论,例如艾森哈特与豪(Eisenhart & Howe,1992),梅斯与蒲柏(Mays & Pope,2000),或者马克斯威尔(Maxwell,1992)提供的讨论。

在结束质性研究资源这部分时,我们希望你再注意几个问题。虽然上面12个话题有很多重叠,但是它们自身构成了质性研究一个很重要的知识库。你可能找不全我们推荐的这些资源,但你肯定能够找到下面这些。

1986年,SAGE出版公司开始出版"质性研究方法"丛书。这套丛书目前已经达到48卷,该系列丛书为质性研究提供了最全面的支持。这一系列专著包装简朴,一般都在50~100页,它为初学者和有经验的研究者提供了经济且有针对性的资源,解决了他们质性研究设计和实施过程中的大多数问题。SAGE出版公司出版的著作并不限于质性研究,他们出版的另外一个系列《应用社会研究方法》(*Applied Social Research Method*)有许多专题讨论,在撰写研究计划时同样有用。那些讨论案例研究的(Yin,2009,2012)、民族志研究的(Fetterman,2010)、参与观察的(Jorgensen,1989)以及质性研究设计的(Maxwell,2013),都是非常优秀的(而且便宜的)入门资源。

手册已经成为各种学科定期收集和评论研究的一种标准途径,它还讨论技术问题以及研究事业本身的问题。SAGE出版公司的《质性研究手册》(*The Hand Book of Qualitative Research*,Denzin & Lincoln,2011)提供了对质性研究范式的一般概述,包括该范式的很多构成传统、研究策略、收集资料和分析资料的方法、实际应用,以及未来发展等。《教育质性研究手册》(*The Hand Book of Qualitative Research in Education*,LeCompte et al.,1992)覆盖很多话题,涉及许多应用专业服务领域的质性研究。

社会科学和应用领域的许多期刊都刊载质性研究报告,但是还有五个专门刊载质性研究的期刊。《教育国际质性研究杂志》(*International Journal of Qualitative Studies in Education*)发刊于1988年,现在,它在查找原始报告、研究评论、理论和方法文章以及书评等方面具有无法估量的价值。如今已经发行30年的《质性社会学》(*Qualitative Sociology*)中的文章是以对社会生活的质性解释为主。该杂志既刊载研究报告又刊载理论和方法的文章,它的价值尤其体现于常见的主题文章和深度扩展的评论-论文形式的书评。在健康护理领域,《健康质性研究》(*Qualitative Health Research*)为那些用质性方法做研究的人提供了一个交叉学科的论坛。在应用医学领域中,该杂志是鼓励其他探究方法的特别有效的文献资源。最后,作为质性研究期刊群体中相对的新来者,《质性探究》(*Qualitative Inquiry*)和《质性研究》(*Qualitative Research*)主要集中于有关交叉学科和跨范式研究相关的理论议题。因此,它们刊载的文章都是那些代表了特殊方法论或理论兴趣的研究报告。

做质性研究的注意事项

选择做质性研究会带来两类问题:一类是那些外部的、研究计划书之前的问题,一类是那些内部的、与设计一个合适的研究计划有关的问题(两类问题解决之后才到研究计划书文本的撰写)。就此来说,本章一直关注的是后者——研究设计及其书面呈现。不过,这里我们打算先简单地谈谈会对这个过程产生影响的先决条件和周围环境。

　　撰写质性研究计划书之前，首先要认识到的问题是，作者是一个人。任何人，只要想做质性研究设计，都应该要面对并诚实地回答这样一个问题："我为什么要做质性研究？"有些新手研究者可能在小学四年级就被分数搞得神经衰弱，他们把质性研究看作是一种逃避数字特别是统计的方法。不过，只要问题和范式确实匹配，由于这个原因而选择质性研究，就选择本身来说，没有什么不合适，也不会必然出现障碍。

　　但是，确实也有这样的情况，你发现了某些吸引人的问题，却和实施质性研究要求具有的个人能力和知识兴趣并不一样。如果说逃避统计并不是一个选择做质性研究的好理由，还不如说这也是一个不相关的理由，因此，和质性研究世界观相一致的个人价值观也是一个不相关的理论基础，因为这些价值观是不够充分的。选择一种既符合你的研究目标又符合你的能力的研究模式需要慎重地推敲。

　　这里我们并不是说，做质性研究必须要有不凡的能力或者超常的智力。相反，我们的经验是，大部分经过恰当训练的个人都完全能够胜任质性研究——只要他们有足够强烈的动机。不过，这些要求是非常现实的，而且你要真诚地思考你的能力是否符合这些要求。无论如何，像交往互动技巧（人的技巧）、细致区分语言的敏感听觉，以及分析的能力（模式认知）等才是与成功更相关的因素，而不是社交的兴趣或糟糕的数学能力。

　　同样的道理，有的研究生如果认为质性研究就时间任务来说显得相对较"快"，或就知识要求来说显得比较"容易"，所以选择质性研究。在第一种情况下，他们可能从来没有和做过质性研究的人讨论过；在第二种情况下，他们可能没有仔细阅读过出版的田野研究报告。质性研究从来都不会快，也很少会在计划的时间内完成。质性资料分析要求一种持续创造性的思想；而在量化研究中，当资料收集上来后，很少有这样的要求。质性研究不仅让研究者感到很满意，而且在很多方面都有巨大的价值，但是却不会很快，也不会很容易。

　　面对选择研究范式的个人因素，需要叮嘱的是，无论个人能力或兴趣是什么，都必须要让研究程序和研究目的相一致。换句话说，一方面，你的能力和爱好之间要紧密协调一致；另一方面，真正像它们可能的样子那样令人向往，质性研究的性质也不可能让圆的方法适合方的问题。如果你开始去做质性研究，那么你就得把自己定位在最适合这一范式的问题上。研究方法的选择先于问题的提出总是会带来这样的局限。

　　撰写质性研究计划书之前第二个涉及研究者能力的核心问题是，要能够走出量化研究的思维模式。对于很多研究生来说，采用与质性研究观点相一致的假设，意味着要打破一直以来的思维习惯。对于我们大多数人来说，经过多年的学校教育和大学教育，量化研究的假设一直表现为"科学"，也被我们当作"科学"来学习。这种观点在物理学和自然科学中未言明的前提是，如果某物确实存在，那么它一定是以某种数量的形式存在，而且是以某种形式存在于"那儿"。虽然这确实代表了最极端的实证主义思维形式，但就作用来说，在我们日常生活的大多数情况下，它标志着什么是"真实的"以及什么"不是真实的"二者之间的区分。而做研究时要想采取一种不同的而且不熟悉的视角，其困难有时候会超乎想象。

用人们建构真实的假设相一致的方式来思考和写作，允许真理就像在"那儿"一样居于我们的头脑中，这需要智性习惯的巨大改变。这不能完全实现，对大多数人来说，都很困难，而且，正如经验提醒我们的，这对于有些人是不可能的。非常重要的是，最好在研究训练的学徒阶段就要面对这样的问题，那时导师的耐心和同情能够帮助你实现这样的转变，从熟悉的认知和概念方式过渡到另外一种有利的视角——质性研究的世界观。

在最后决定做质性研究之前，还有一些准备工作需要考虑。只有采取学徒的方式，拥有紧张的田野经历以及跟着导师切身体验真实的资料分析，这样学习质性研究才是最有效的。如果没有这些机会，那么有些困难一定要搞清楚：通过其他途径获得训练和经验会花费很大的代价吗？有充足的时间投入到合理的准备和一定程度的学习中去吗？最好的解决方法就是转到另外一个院系部门吗？这些都是困难，越早提出来越好。

我们已经履行了我们的职责，提出了一些合理的警告，不过，我们最后还是希望留给读者这样的印象，即做质性研究绝不是一个令人激动、让人着迷、充分实现自我的选择。质性研究只是一种研究形式，它想知道生活中的人是如何思考、如何感受的。质性研究是一种呈现研究发现的方法，它们完全是在材料的基础上寻找真实——被经验的世界。最后，做质性研究是和其他学者一起参与一种事业的机会，它的特点是保持新鲜的思想、扩充个人精力以及探索未知的可能性。如果这一切能够吸引你，那么，你应该考虑做质性研究。

第六章　混合方法研究计划书

如果说现在质性研究有新的发展领域,那就是大家都一窝蜂地关注混合方法的研究设计。虽然量化研究一直利用访谈这样的策略来获得洞见,从而补充对主要数据的分析,而且好几代质性研究者一直注意把各种对象和事件的频次计算作为他们"深描"的一部分,但是这样零星的和多数机会主义混杂的方法原则已经发生了变化。

其实,主要的变化是现在真的有了这样的原则。各种会议、工作坊、大学课程、专题讨论、教材和期刊专题等,都从理论和实践方面关注混合方法设计的使用,这促使研究者在选择混合方法的时候必须要有意识、谨慎、深思熟虑。我们的研究生对研究时尚的风向变化非常敏感,他们可能会想做一个混合方法研究的学位论文,因此他们越来越希望得到建议。毫无疑问,你至少要在研究计划书中考虑这样的可能性。

为混合方法的新地位追溯某种根源并不困难。但随着质性研究兴趣的增长,溯源的需求引起了混合方法合法性的激烈争论,并最终导致对质性研究范式和量化研究范式在研究中兼容性的争论。不可避免的是,这又引起了那些运用一切方法收集资料的研究者的不安,这些资料收集方法一般都和其他范式的操作有关。学者们由这个问题开始争论到另外一个问题:在研究的性质上,一位研究者是否能够同时拥有冲突的世界观。这样,整个话题似乎陷入了混沌。

然而,在事件的自然发展中,研究共同体中的一些智者和勤劳的人们决定界定概念,分析其成为有序类别的可能性,确定哪些争论可以中止,并总体上为研究者继续做研究搭建一个舞台。他们的努力很有成效,不只是减少了争论。一旦混合方法的可能性经过更加仔细的审视,学者们很快就清楚了,偶尔使用已经不能让他们揭示有意义的东西,只能通过精心地选择特殊形式的混合方法才能够实现。

至今,我们发现了至少27个与众不同的混合设计。但是,这些设计没有一个由特定的混合方法所界定。相反,这些设计是由方法的混合体所界定,它们都分布、安排、实施和运用在后面的资料分析中。因此,虽然27个设计中的某些只是一群相关方法的近亲,但是你可以确定的是,在撰写研究计划书的过程中,你选择的混合方法有了明确的界线,而且做出正确的选择能够对研究起到积极的作用。

学者们一般都认为，所有的方法既有自己的优势，又有自己的局限。因此，混合方法的思想就是把它们混合起来，让其优势互补。这样的混合能够集中证据，从而增加研究发现，能够消除你的结论的模糊性或至少增加你的结论的确定性，或者能够通过揭示其他方面丰富你的结论，而如果没有这些方法，这些方面你可能就看不到。

混合研究方法的资源

我们不会对混合方法设计的可能性进行综述。我们能够提供的是，找出一些我们认为是最好的资源（最容易理解和最节约时间的），从中选取一些好的介绍。我们抛开期刊文章，只列出书籍和专题讨论，这些都是能够获得，而且一般都是比较可靠的资源。

• 克雷斯威尔和普莱诺–查克（Creswell.J.W & Plano-Clark，V.L，2011）合著的《混合方法研究：设计和实施》（*Designing and conducting mixed methods research*，Thousand Oaks，CA: Sage.）。

• 克雷斯威尔在为研究设计必须要做出选择而进行一步步指导的方面享有名副其实的声誉。本书是为了满足研究生的需要，主要指导他们如何撰写研究计划书，为初学者提供一种易于把握的混合方法。如果你对混合方法这个概念一点儿也不了解，该书有两章以及很多附录会对你很有帮助：第一章，"混合方法研究的性质"；第四章，"混合方法研究设计样例"；以及提供混合方法设计样例的六个附录。

• 塔萨科里和泰德列（Tashakkori，A & Teddlie，C.Eds.，2010）编辑的《社会和行为研究中的混合方法手册》（第二版）（*Handbook of mixed methods in social and behavioral research*，Thousand Oaks，CA: Sage.）。

• 书中有31章，层次分明，非常实用。我们建议首先阅读塔萨科里（Tashakkori）和泰德列（Teddlie）（第一章），贝斯塔（Biesta）（第四章），以及普莱诺–查克（Plano Clark）和拜迪（Badiee）（第十二章）。根据你的兴趣和需要，还有很多专门的章节讨论了范围广泛的话题，从混合方法研究的计算机分析，到混合方法研究报告的撰写，书中是通过方法来教混合方法的。

• 泰德列和塔萨科里（Teddlie，C.，& Tashakkori，A.，2009）合著的《混合方法研究的基础：在社会科学和行为科学中综合使用量化与质性研究方法》（*Foundations of mixed methods research: Integrating quantitative and qualitative approaches in the social and behavioral sciences*，Thousand Oaks，CA: Sage.）。

与前面的手册比较起来,本书的应用性更强,它为读者构思和设计混合方法的研究提供了出色的建议。第一部分的五章为读者介绍了混合方法的历史和背景。第二部分的七章主要是介绍如何做混合方法的研究,并阐述了从提出问题到分析资料以及撰写报告的所有方面。

• 托马斯(Thomas, R.M., 2003)著的《在论文和学位论文中混合质性研究与量化研究方法》(*Blending qualitative and quantitative research methods in theses and dissertations*, Thousand Oaks, CA: Corwin Press.)。

• 本书以清晰的散文形式撰写,没有任何学究的味道,它就像标题所提示的那样直接进入主题。书中展示了大量使用混合方法的真实研究计划书样例,而且提出了一个具有五种研究目的的简单模式,因此本书能够带着你开始你的研究。如果没有其他的要求,在第一章的13页叙述中就会深深地将你带入到该主题,不像其他书籍可能需要至少100页的阐述。

• 莫斯和尼赫斯(Morse, J.M., & Niehaus, L.)(2009)合著的《混合方法设计:原理与程序》(*Mixed methods design: Principles and procedures*, Walnut Creek, CA: Left Coast Press.)。

• 这是另外一个实践指导,目的是帮助学生和研究者设计混合方法的研究。第二章关于"混合方法设计的基本要素"为读者提供了完成混合方法研究的精彩概述。第七章,"设计混合方法项目"对任何打算要实施混合方法研究的人都非常有帮助。我们特别喜欢他们关于使用流程图帮助设计的建议——就像我们的建议一样。

• 瑞查兹和拉里斯(Reichardt, C.S.& Rallis, S.F.E, 1994)合著的《质性研究与量化研究之争》(*The qualitative-quantitative debate*, San Francisco: Jossey-Bass.)。

• 为了弄清楚混合方法运动从哪儿开始,你至少需要一点儿历史知识。这里,在来自出版商的系列图书《课程评价的新方向》的一本小册子中,作者把握了争论的本质。记住,忽视历史的人必然会重蹈覆辙!

• 格林和克拉舍利(Green, J.C.&Caracelli, V.J, 1997)合著的《混合方法评价中的进展:整合多种范式的优势与挑战》(*Advances in mixed-method evaluation: The challenges and benefits of integrating diverse paradigms*, San Francisco: Jossey-Bass.)。

• 和上面属于同一个系列,这本论文集首先慎重地提出混合方法设计的益处,进行了清楚的说明。作者的兴趣主要是把研究看作一种评价的工具,但这并不会影响该书的使用价值。

撰写混合方法研究计划书的一些考量

如果你打算实施一项混合方法的研究，那么在你开始研究之前，你应该考虑很多因素。除了我在前面章节中提供的建议，混合方法研究的复杂性还给设计和实施增加了其他的要求。下面这些问题应该是混合方法研究设计的组成部分。

1.要完成该研究，在方法上我有足够的背景知识吗？

我们之所以将这作为首要的问题，是因为如果你准备撰写学位论文的时候打算做一个混合方法的研究，却在这个时候才来学习不同方法的范式背景，掌握做该研究必要的研究能力，可能已经太晚了。如果一套方法需要课程学习和学徒训练，那么混合方法中的每种方法都需要这样的学习和训练。对于我们自己的学生，我们很早就讨论这些方面，这样他们可以将课程学习和研究经历纳入到计划中——这样当学生打算设计并实施一项混合研究的时候，他们就不需要为研究技巧而抓狂。

2.有指导老师吗？

有一个对你研究中将要使用的研究方法非常熟悉的指导老师，而且在你设计和实施研究的时候指导老师能够为你提供集中的帮助，这胜过一切。如果你的指导老师对你要使用的质性研究方法和量化研究方法既没有相关的知识背景又没有相关的研究经历，那么我们建议你寻找其他能够指导你的导师或者委员会成员。研究一开始就要和你的指导老师讨论——这样做研究的时间就最早。

3.你的研究问题适合用混合方法研究吗？

我们强调在设计混合方法研究中研究问题的作用，这你不应该感到惊讶。对于设计完好的研究，混合方法研究的研究问题对其他任何方面都起到指导作用。在混合方法研究中，问题应该彼此相关，应该从不同的视角审视一个领域。例如，一项有关工作满意度的研究，其最初的研究问题可能会有通过量化工具收集到的有关工作场所满意度水平的问题。其他问题可能集中于那些高满意度和低满意度的人以及他们对工作场所认知的问题。理解工作场所内部特定群体的认知的问题，就需要访谈或焦点小组、观察以及质性研究的其他技巧。

4.做混合方法研究可行吗？

所有的研究都需要计划,从而确保研究能够实施。如我们在其他章节中所讨论的,预研究和研究环境中的经历能够辅助说服委员会,你的研究都能够完成。混合方法研究还有其他要考虑的事情。

a.该研究能够在一个合理的时间内完成吗？

与单独质性研究或量化研究相比,混合方法的研究通常要求更多的时间。资料收集之外的其他需要考虑的时间,包括研究设计、资料分析以及写作,每一个方面都需要早早考虑。

b.参与者能够坚持到多个研究阶段吗？

这虽然不是混合方法研究独有的问题,但是要回到研究现场而且还要花费大量的时间,这使得协调研究更加困难。我们发现,在资料分析初期,当与研究现场或参与者有过中断时,这种情况确实会出现。如果研究现场的某一部分对参与者有限定的要求,另外的场合要求更多,要确保参与者理解他们的角色以及该角色对他们会产生什么样的影响。

c.当需要帮助的时候周围的同事愿意提供帮助吗？

如果你打算请其他人员检验信度或同行来帮助检查质性资料收集获得的结论,那就需要有相应的设计。因为很多混合方法研究的顺序是在完成一个方面之后才开始做下一项工作的,你的同事需要提前知道设计,这样他们才能够帮助你。

5.我该如何修改我的混合方法研究计划书？

你的研究的特定要求决定如何修改。正如我们更早些时候讨论的,以及我们在第三部分研究计划书样例中的评论所建议的,要完成我们在第一章中所介绍的那些任务有很多种方法。不过,我们这里提出的两个建议,可能会让你的工作更容易。首先,用第四章的格式设计你的文献综述部分。你的文献综述不需要介绍混合方法及其历史情况(不过当你要面见导师及委员会成员的时候,准备好回答这样的问题是明智的),但一定要在文献中让读者明白为什么使用混合研究方法回答你提出的问题是合适的。在展示方法对研究领域能提供新的洞察方面,小结是一个很好的陈述地方,而不是汇报任何方法本身。如果你最初绘制了事件的流程,它将会为这部分的轮廓提供框架。

在结束本章的时候,我们想澄清的是,混合研究方法不是单纯指把方法结合起来去开展研究。例如,在质性研究中,为了强调某些结论而采用了频次统计。千万不要认为研究者可以轻易地在属于实证主义和自然主义科学的特征的世界观之间左右摇摆，这是很难达到的要求。正如达特（Datta，1994）一针见血地指出，不要把"混起来"（mixed-up）的方法和模式（就是那些没有正确地、一致地使用多种方法，或者没有涉及任何一种统一的哲学取向的研究）与混合方法论（mixed methodology）混淆了！虽然范式模式的混合（这不同于方法的混合）明显是可行的，但是我们仍然认为普通的研究生要慎重选择。在考虑资料的时候，你的思想必须足够灵活，要在两者的优势之间不断地来回移动。如果对自己的研究技巧还没有充分的把握，那就不要去碰这个极大的挑战。

第七章　研究计划书的写作风格与注意事项

　　研究计划书是在向导师或资助机构陈述研究构想,写作风格是很重要的决定性因素。即便是经验丰富的研究者也应戒骄戒躁,保持谨慎,挑剔审慎地看待自己的成果,以确保计划书在呈现时既要重点突出又能够思路清晰。下面,我们就分几个部分依次介绍计划书起草时研究者应该关注的文风问题。

尽可能避免浮夸、劝服和争辩

　　很多学生可能是为了课题申请能获得资助或出于其他动机,喜欢在研究计划书中称赞本学科和专业领域的重要性;有些学生则小题大做,主观臆断某种观点在专业研究设计时非常重要,并极力劝服进行相应的实证研究;还有一些学生则把研究当成用来支持某种社会观点或宣传某种政治立场的工具。

　　在计划书中这样表述其实并不合适,科研申请需要避免此类主观偏见。或者说,研究计划书的目的是向读者阐明研究对象的固有属性和研究采用的具体方法,其他任何内容都会造成读者分心,阻碍清晰地沟通。

　　研究计划书通常要求内容紧扣论题,而且要尽量客观,不要把研究计划说得“天花乱坠”。除非是研究必需,否则不要试图去操控读者对某些领域的看法。为了避免犯上述错误,简单的做法就是进行自我反省——“在评审研究思路正确与否时,读者是否真的需要知道这些内容”。如果回答是“不需要”,那么很明显,就该删除这些内容,尽管“忍痛割爱”对很多作者来说很困难。

引用:如何从知识树上采撷果实

　　研究新手常常喜欢在计划书中引用大量的论文文献,并将其等同于论证。这样的情况在起草研究计划书时屡见不鲜,却非正确之道。学术引用通常有特定的目的，服务于具体的研究任务。在文中适量地引用文献，能够满足特定的研究任务就已足够。如果一篇文章引用过多，不仅内容显得冗余而且说明作者在引用方面存在问题。评审专家会认为，在研究中不能有效甄别无关材料和核心材料，也不能对细枝末节和重要信息进行有效区别，只会不加选择地引用材料，只能说明研究者的科研训练不足，能力欠缺。

正确地使用直接引用比一般地转引材料，要求要严格得多。在计划书中大量地引用文献——特别是大篇幅的引用——只能说研究者论点不明确，在自欺欺人。事实上，一是没人会去读这些内容；二是呈现不必要的文献会令评委恼火，而且还会让他们分心，不能集中于计划书中的科研设想。即使引用的文献契合主题，但其中有些文献是不必要的，那么很明显，计划书作者有轻视读者之嫌。

直接引用其他学者的文字有两种合理的动机：(1)权威学者的判断更具分量，因为"谁说过"非常重要；(2)文献的内容更切主题，因为先前研究者"是怎么表述的"也非常重要。在第一种情况下，当你提出的论点并不常见、让人意想不到，又的确非常重要时，那么就有理由告诉读者，其他优秀的同行特别是科研大牛也恰好想得到该论点，或者正好也观察到该情境；在第二种情况下，如果其他学者已经简明扼要地表述了某个不好表达的观点，那么借用他人的智慧站在"巨人的肩膀上"辅证你的观点就比较合适。需遵循的原则其实很简单，如果引用他人的内容可被个人适宜的转述来表达，且与原文一样清晰，同样具有说服效果，那么就不要直接引用。当然，即使间接表述也同样需要清晰地注明出处。只有在很少的情况下，才能在计划书中插入他人的语言。例如，对方的论点清晰明确，并且真的能够辅助你个人的论证。除此以外，计划书的作者最好直接向读者表述，直接表述的效果就如同战争中的重炮，威力巨大且可直达目标。

对于那些明确知道自己喜欢过多引用的学生来说，有效的克服方法是在起草计划书笔记的阶段就进行批判性阅读的小结。先慎重地记下一段完整的原文后，每一篇文章都经过了批判性的审查，然后都用自己的话转述到资料卡上。在记笔记时，需要选择是采用措辞优美的复述，还是采用直接引用(direct quotation)以作者的权威来凸显其话语的重要性。除了极个别情况，引用的文献不能变成笔记。因为，在随后的写作中，当学生需依靠自己的笔记时，直接引用对他们的吸引力就会大大减弱。此外，该方法也可以防止非故意性剽窃(unintentional plagiarism)。

在电脑中存储和检索笔记，也应注意避免出现非故意性剽窃。在电脑中进行信息检索，首先应确定可以清楚地甄别每一条引用，知道哪些引用属于转述(paraphrase)，哪些属于直接引用(direct quotation)。写作过程中在资料卡、电脑以及计划书文本之间来回转换时，就有可能忘记这些信息。无论是使用电脑还是手写资料卡,有一种方法可以确保对引用的内容进行有效的甄别,那就是用引号将所有直接引用标注出来,并在引号之后标注出原始文献的文章名和页码。而在写作过程中,当你在资料卡、电脑以及计划书文本之间转换时,也应相应地将上述内容全部转录到计划书文稿中。

清晰准确地使用专业术语

在日常交往中,我们使用的语言属于普通语言(common language)。普通语言的词汇和语法习得是一个非系统性的、日积月累的过程,且大部分内容是在无意识状态下习得的。日常生活中,普通语言可以较好地达到交流的目的,尽管不同的个体在给词汇赋予语义时,不可避免地存在着差异,但这并不会严重阻碍正常的交流。

科学语言,特别是专业术语与普通语言存在着显著的差异。进行科学会谈,需要以专业术语(system language)为载体,而研究计划书如同进入科学会谈的入门计划,每一个词语对作者和读者来说,词义必须具有唯一性。指代对象上差之毫厘,含义就会谬之千里。在研究中也同样如此,词语指代的对象、用来指代对象物的词语以及词语在读者或听众心中所唤起的意象之间的变差必须最小。

词汇使用的恒定性原则使专业术语具有更高的精确性,可以进行细小或细微的区分。介绍研究实验不要使用评价性语言,评价性语言(evaluative language)和实征描述语言(empirical descriptive language)之间有着明确的区别。更重要的是,只有这样才能在沟通中保持研究术语的一致性。这就为科学家间搭建了有效的互为依存的研究平台,而不是仅凭个人有限的力量闭门造车。当一名化学家使用化学专业术语与另外一位化学家交流时,“元素”这个词有一个且也仅有这一个解释,并在所有情境下该词汇都具有相同的内涵,不会再有其他含义。掌握了这些专业术语,无论身在何地,语言在头脑中激活的意象都是一致的。

不同的知识领域和研究实体,语言发展的水平各不相同,并成为相互间的显著特征。某些专业,如解剖学或昆虫学都拥有高度发展的、非常规范的语言体系。与其他学科相比,特别是行为科学的专业术语仍处于发展阶段。若不考虑研究领域,任何计划书使用的语言在其所在领域都必须是系统化的,且在计划书中使用的术语应给读者以清晰的诠释,每一术语都必须赋予唯一内涵,这是最低要求。因此,研究者在某一领域从事研究时,使用现存的语言体系理应遵循相应的语言规范。

很明显,研究者应该熟练掌握本研究领域内常用的专业术语。对任何研究来说,以专业术语和普通语言为媒介进行阅读和书写,同样也有着明确的要求。描述专业问题要使用术语，而在研究计划中拟采用的研究方法则应使用普通语言（统计学、实验设计、心理测量学以及质性研究等）。然而在起草计划书时，实证研究出于探索的本质也需要拓展现存语言的语义内涵。如果现存的语言体系中对实验操作、观察、定义的指代内涵没有界定时，研究者应该对这类词汇进行界定。重要的是，研究者在词汇界定时须考虑周全，使读者理解的内容与词汇指代的内涵保持一致。

在评审研究计划书时，导师和评审专家通常是未能读懂学生提交的计划书而并非不同意计划书的研究内容。从之前常见的申请失败案例中可以看出，大多数沟通障碍是由于计划书中使用的语言，特别是在创新术语时不够谨慎，超越了现存专业术语的范畴，而并非作者未能掌握专业技术和知识。当你试着将未发表的个人文章转化为规范严格的出版物格式文章时，或许下面的规则对你会有所帮助。

1.在现存专业术语中，如果术语够用就不要再创造新词。如果现存词汇指代对象中已排除了你不想包含的内涵，且包含了所有你希望的词义，那么就不需要使用新命名的词汇。

2.如果对计划书中的术语是属于专业术语体系还是普通语言体系存有争议，就应该在计划书的开篇阶段进行界定，且通篇均采用同一词义。除非你想令读者费解，否则读者可能花费不必要的时间和精力去理解作者词义的内涵。

3.在赋予词汇系统内涵时，不要采用普通语言格式。例如计划书中使用统计分析的词汇"显著性"（significant）就不再是表达普通语言里该词的内涵"重要性"（important）。推论统计的专业术语通常赋予词汇"显著性"以统一的内涵，任何其他的内涵指代都会引起词义混淆。

4.如果专业术语中某个词汇包括狭义内涵也包括广义内涵，就应在词汇使用之初就对其进行明确界定。如果符合当地计划书的格式规范，也可相应地在文本中适当地使用脚注。

5.作者从普通语言体系中选取词语用于专业术语体系时，应该特别小心。如果该词语在专业术语里很少用于表达某内涵，这时就有必要对该词语进行一致性解释。如果某些词语暗含较强的评价色彩，经历太久的历史而导致其内涵模糊或在普通语言系统中具有广泛接受的通用意义，那么这样的词语不适合再用于专业术语体系。无论作者如何细心地对该词语进行重新定义，读者也很难对业已熟悉的内涵产生新的认知。

6.特别定义是赋予某一词语恒定词义的最佳方法。如果仅一两个词语需要进行操作化定义时，可以在正文中进行定义。如果需要对较多的词语进行操作化定义，也可以在计划书中单列出一部分统一进行操作定义。最佳的操作定义是对已产生的、可观察的事件或结果及其相关操作进行描述定义。例如,如何根据计划书的目的采用相应词语赋予其特定意义。

a.普通语言词在使用时被赋予固定的内涵:

下列两种情况可视为开除(Exclusion):依据学区的政策规定,取消学生参与课余活动的权利;从有权参与课外活动的名单中删除该学生的名字。

b.对专业术语词进行限定,不再是通常的内涵:

课程特指当前学区手册中所列的可供在校中学生选择的课外活动。

c.专业术语词通过标准描述实现定义的操作化:

增长性动机(Increased Motivation)是指在处理条件后,参与任何课外活动的时间较先前每周的时间增长超过了10%。

d.普通语言词通过标准描述实现定义的操作化:

退出者(Dropouts)是指连续三次未参加会议活动的参会者。

e.专业术语词通过描述程序实现定义的操作化:

再强化(Reinforcement)是指在校报上公布俱乐部成员名单、在娱乐中心为俱乐部的成员专门设置入口、在学校成绩单上注明俱乐部成员身份的过程。

f.普通语言的词汇通过描述程序实现定义的操作化:

指导(Instruction)包括俱乐部发起人运用多种教学方法,在5个10分钟的训练课程中,每次课程不少于5次练习,教会学生完成一项任务(或活动)。

仔细编辑和修改文本

计划书作为工作文本是作者与导师或资助机构进行交流的主要载体,是作者对研究活动的规划以及与资助机构签订的合同,其功能在签订之际立即生效并付诸实践。因此,采用的书面语言不能过于抽象和艺术化。正是由于这些重要的功能,计划书基本上与其他出版物一样,拥有统一的外观和格式规范,不能出现令人不解的版式错误以及粗制模仿格式,引起审阅者的困惑和厌烦。

在计划书提交之前,你完全可以打乱文章,添加新的内容,重新编辑文中图片的顺序,一系列原始草稿是完成计划书终稿的组成部分之一。但是,一旦计划书提交给导师、基金资助机构,或提交给研讨会,场合就变得公开,这就要求计划书是已经通过审校、符合规范的文稿。文稿应易于阅读,因此首先应准备高质量的打印机或进行高精度的复印。

必须逐句检查、复查句子的表述是否清晰、语法是否正确以及上下文语句的关系是否符合逻辑。无经验的作者常见的问题之一是句子一旦完成就不愿意再进行修改。某段句子或许语法正确，但将它放在一定的语境下，就会显得不够严谨，文不对题。这时体验式核查是最好的检验方法。在读每一段句子时，如果你的同事、评审专家存在犹豫、迟疑或者不得不重读才能理解句子的内容，则该句子有必要进行相应的修改，无论该句子从作者的角度来说文辞如何优美、内容如何易于理解和精确。

除了自己认真地写作和修改，在编辑文本时最有益的办法是寻求同事的支持以协助检查计划书里的无意识错误以及逻辑不够清晰、内容表述不充分的地方。通常对作者来说，即使一遍遍地阅读，也很难意识到计划书中同样的错误，且随着检查次数的增加，发现错误的可能性也随之降低。而同样的错误，即使是粗心的读者在首次阅读时也能较易发现。而提高作者发现无意识错误的技巧是反向阅读这些句子，这样就可以避免由于正常的思维顺序而形成的较强的知觉定势。

尽管文本格式体现了个人的品味或某部门或机构的规范，但在计划书文稿版面设计时仍有许多通用的规则应该注意遵循：

1. 使用双倍行距，页边空白稍宽裕，主要的段落间空白要有明显的区分。拥挤的文档会造成读者阅读困难而引起不快。添加页码让读者可以快速查阅到特定的内容。

2. 多采用图示说明。采用表或简单的图示可以有效提高文章表述的清晰性，减少后期批评和修改的任务。

3. 通盘考虑并系统使用标题。在《美国心理学会写作规范手册》(*Publication Manual of the American Psychological Association*, 2001)中对标题使用有明确建议，在计划书设计酝酿阶段会非常有用。

4. 将计划书里不重要的内容放在附录部分，让读者自行决定是否阅读补充材料，这也是尊重读者的好方式。

标题：建立良好的第一印象和清晰的检索途径

在阅读研究计划时，读者首先读到的是计划书的大标题。第一印象会对个体的后续行为产生较强的预期性影响，在人们接触音乐、食物以及潜在的研究问题时都同样存在。计划书标题蕴含的内容与随后正文中的主题不一致，会令审阅者感到意外，进而会引起强烈的负面反应。因此，标题在读者头脑中唤起的映像与随后计划书中开篇内容进行合理的匹配是拟定标题时要遵循的首要原则。

对研究生来说,计划书的标题可能成为未来硕士论文或博士论文的题目,因此,要综合考虑标题服务的内容,掌握判断标题好坏的标准。标题的首要功能是在浏览时可以甄别文章的内容,使硕士论文或博士论文比案例更便于检索。事实上,这些论文是公共学术领域的重要组成部分。随着互联网的兴起,未正式出版的文献在传播速度上变得越来越快,传播区域也变得越来越广。标题也因此成为共享研究领域的重要内容。

由于缺乏经验,有的研究者随意拟定标题。其结果导致即使是聪明的读者也往往花费较长的时间才能找到你的论文,读后却发现其实文章内容与自己研究的关注点相去甚远。目前,数量可观且日益增多的学科文献资料大大加重了研究者的负担,研究者没有太多时间和精力去甄别哪些文献该去检索,哪些文献可以进一步研究。因此,研究者只需简单一扫,标题与研究内容至少应有中等程度的相关,否则不会将其纳入综述的阅读目录。简而言之,标题的简练、详尽且内容主题表达的清晰程度,成为决定一篇报告能否进入学术舞台进行交流的首要因素。

字词选择不能以个人的审美判断以及地方语言的独特性作为标准,而应该遵循字词用法的通用性准则。许多网络搜索引擎主要依据有限的关键词对题目进行分类。正如我们在第四章中讨论过的,研究者起草研究计划时应该知道所有的研究都是依据已知的关键词和研究关注的兴趣点之间的关联程度来进行分类的。因此,研究者和研究报告起草者都必须采用相似的通用术语简要介绍自己的研究,但在许多研究中,很多研究者都未能做到。

研究标题应该与研究的内容尽可能地一致,尽量确切反映研究的主要内涵。如果要求更为精确,则必须使用特定的语言体系。但是,题目也不能使用晦涩的技术术语和行话,因为这些语言仅为一小部分研究群体所掌握,因此只适合在小范围的知识领域中探讨相似的问题。

文题对应:标题要涵盖相应的内容

一个好的题目应该包括哪些内容? 这是所有研究开始阶段首先涉及的问题。例如一项实验研究的标题首先要考虑的核心部分就是自变量和因变量,效标任务及其他任务所代表的绩效成分,实验干预方法或在实验操作中的相关处理、研究涉及的理论模型以及研究的目的(预测、关系建立、差异缩小或者描述一个背景),处理研究中的特定情景(如健康援助机构)和任何能对研究产生影响的特殊因素。相反,在质性研究领域,人们更愿意使用那些描述参与者、自然和社会背景,以及特定研究传统的语言作为标题，是它们构成了资料分析的基础。

聪明的研究者通常反复斟酌选定的标题词语，选择那些与理论联系紧密且能准确反映理论的词语。如"偶发事件管理与再强化在二年级特殊教育班级中的普遍化"这个题目就显示出研究者正在验证行为理论运用到一个特定群体的可行性，而通过在题目中使用一个简单的词汇"泛化或概化"（generalizability）就可以包含很多内容。

如果研究最终的目的在于预测、建立关系、决定差异或者描述背景，那么也可以不必采用直接演示。例如，采用一系列术语来表达研究变量的内在关系，如"人体测量学、游泳速度和肩—腰部力量的关系"。如果在同一个研究中使用另外一个标题"快速和慢速游泳选手的人体测量学、肩—腰部力量"，读者就会想到这是一项差异比较性的研究。

如果在研究中多处用到了特殊的研究方法或在前人研究的基础上做出独特贡献的内容，也可以在标题中呈现。如实验处理持续时间较长或涉及面较广（如"20~80岁群体短时记忆的纵向追踪研究"）、观察方法具有创新性或比较少见（如"从电话使用的手的偏好来预测肢体支配性和偏侧化"）、样本取样技术比较独特（如"在父母使用手机群体中的儿童智商"），以及研究施测的地点较为特殊（如"失重情境下的知觉判断：来自空间站的报告"）等内容都可以在标题中采用。

标题中不适合出现的内容

如研究样本、研究设计以及实验设备等内容都不适宜在标题中出现，除非这些词汇代表的内容可以将研究与同类研究相区别。如研究的样本就不适合在标题中提及，除非该样本在以前的研究中没有抽取过，或者从某种意义来说，该样本具有特殊性。如标题"国际象棋世界冠军对嵌套图形的敏感性"，该研究参与者样本就对研究的目的具有重要意义。而"奔跑速度、大腿长度和高中男生的跳远成绩"在标题中出现就显得并不合适。

综上所述，标题中除非采用特殊方法进行测量或分析，否则标题中也不适合包含研究的设计和实验的设备，如"竞赛前压力的生理学分析"标题所表达的研究方法是在研究中处理压力的常见方式，要确保标题的内容可以为论文提供更多的信息做出贡献。相比来说，"竞争前压力的现象学分析"因采用的研究方法比较独特，会加深读者对研究报告包含特殊信息的印象。

拟定标题的技巧

从技术上说,标题应该简明扼要、适于阅读,避免过于详细或者结构出现不和谐。由于题目过长会削弱题目中关键内容的效果,因此应尽量避免。一般来说,标题内容两行字已经完全够用。很多检索系统对标题都有字数限制,因此标题就更需简短。诸如,"……的方面""关于……""……的研究""调查""探讨""分析"等冗余的内容都毫无必要。显然应对问题"仔细研究",并且应该从问题的"几个方面"进行探讨,而且研究报告的目的就是表述研究的"观点",在标题中表述这些内容明显是在画蛇添足。

添加副标题(subtopic)有时会使题目显得臃肿。副标题的取舍,不仅应依据文章的内容,如完整地涵盖文章的内容,而且还应该考虑增加副标题是否真的能有助于其他研究者进行检索。确定标题时,一种有效的方法是把文章中所有表示核心内容的词语列出来,进行各种组合,直到标题既满足技术标准,又符合审美准则为止。

第八章　口头汇报

或许计划书的评审过程不需要进行口头汇报，书面文件是唯一用来解释（和推销）研究的机会。但对多数大学生来说，正式地陈述研究问题或论文的想法（尤其是在研究的开始阶段）是很常见的，毕业生答辩时也常常需要作口头陈述。申请资助的计划书很少需要进行口头陈述，不过有时你也接受来访者的临时现场访问，甚至可能在评审小组前进行"现场陈述"。

我们的建议是，如果有机会在听众面前谈论计划研究的内容，那么一定要好好珍惜，即便是在课题组同事面前进行口头陈述，也应该利用这个机会。与观众进行交流和反馈对形成计划书终稿具有重大意义，且这种练习也为以后的论文答辩做了极好的准备。要知道，很多学院论文答辩是毕业前的最后一道关卡。

如果将来你有机会向大家演示研究成果，那么有针对性地接受一些指导，了解在演示过程中需用到的技巧也很重要。不管你面对的是自己学校的老师、附近大学的学生或教师、州级会议的专家，还是参加国际研讨会（当然，这种概率很小），讨论研究和成果都是研究过程的一个重要延伸。学会用清晰、简洁、自信的方式进行演示，不仅能使你表现出色，还能感染听众；同时，计划书的演示过程本身也是一项很好的锻炼，提供了完善技巧的机会。

很多指导毕业生如何拟定论题或撰写论文的自我辅导手册中，都会涉及如何撰写计划书的相关内容，或多或少提些建议，告诉读者如何在研究的最后阶段，成功地应对苛刻的"答辩"。但是，只有最新出版的书籍才会预留篇幅，用专门的章节告诉学生如何准备"答辩"。下列参考书中也有部分内容或章节，可以指导你有效地完成演示：《论文指导手册》（*The Portable Dissertation Advisor*，Bryant，2004）、《论文成功写作指南》（*Writing the Winning Thesis or Dissertation*，Glatthorn & Joyner，2013）和《论文成功之路》（*The Dissertation Journey*，Roberts，2010）。

与那些介绍具体操作步骤的写作指导手册不同，我们更关注的是"授之以渔"，即如何解决演示计划书时遇到的问题，这具有更大的普适性。由于现场向听众演示研究项目，需要研究者根据演说情境的不同特点，针对性地思考并进行相应的准备。因此，我们不提供面对公众如何进行演示的细节性指导，而是将相关要点列出来。

很多时候,有的听众已经阅读过计划书,而有的却是第一次接触,这往往使演示过程变得更为复杂。所以,演示计划书中的研究项目与汇报研究结果都需要精心进行准备。

尽管流畅的表达弥补不了研究构思上的缺陷,但如果能将研究设计时遇到的两难困境和艰难的抉择给予清晰、合理的解释,也会有助于提高你获得研究资助的概率。况且重点突出、言简意赅的演示,本身也能吸引较多的支持,这表明你的确完全理解了评审专家沉默所隐含的内容。为此,最后在介绍研究结论时,可适时进行些讨论,会有助于听众理解得更清晰。也有助于听众真正分享你的研究成果,甚至还有可能获得邀请,到更令人兴奋的、外地的会议地点向其他同领域的研究者,再次演示你的研究成果。

在具体探讨口头汇报之前,简要回顾一下如何将讨论研究与研究写作进行有效区别,对我们未来的工作会有所帮助,每项差异都对如何设计演示并付诸实践具有重要意义。

1.时间。现场向听众演示研究与采用书面计划书阐述研究,前者在时间上更具有约束性。也就是说同样是20分钟,听众获得的信息远远少于读者。很难解释清楚为什么会这样,而且有些因素也并不明显,但可以确定的是,这就更要求我们对演示的内容进行筛选,同时还得注意在演示时简明扼要。最后还要记住的一点是听众无法将演示再听一遍,而读者却可以重读文本,所以演示者必须首先确保自己的表述要保持高度的清晰。

2.交流。所有的口头汇报都会涉及与听众进行交流。事实上,在评审会或研讨会上演示计划书,可能有部分或者全部听众已经阅读了会议简介或全都阅读了计划书,而这种场合的主要目的是交流观点。在演示后或在演示过程中时常会被打断,也时常会面临各种问题、评论、建议,或者与评审专家进行讨论。这就要求研究者不仅要学会沟通技巧(至少要懂得如何站着思考问题),而且也应该具备计划能力和有效的表达方式。

3.调整。演示者应该有效监控现场听众的反应,并根据听众非语言性的信息来调整自己说话的节奏和内容。而在你写作时,厌烦、疑惑、分心或者毫无兴趣并不会显现在读者脸上。但在演示时,演示者却时刻能观察到这些有用的反馈信息。合适的反馈不仅可以有效增进听众与演示者之间的交流,还可以在互动中密切演示者与听众的关系,而这是无法通过文本实现的。

4.焦虑。演示过程中需要的技巧即使并不比写作多,但两者之间同样存在很大区别。大多数学生正式进行口头汇报的机会并不多,所以相应的技巧没有得到良好的训练。因此,当需要在公共场合展示这些并不精湛的技巧,而且汇报关系到是否能获得批准或资助时,他们常常会感到焦虑。正因如此,现场演示存在很多不确定性因素,使申请过程变得更为有趣,同时也带来了很多可能性。此外,面对现场听众会让汇报者感到不自在,而这种感觉在写作过程中是不会出现的。对这些人来说,最需要做的是在撰写过程中,学着将焦虑(或者说恐惧)维持在一定范围内,让它成为促进成功的催化剂,而不是削弱实力的绊脚石。

写作和口头汇报之间显著的差别说明,撰写和进行口头汇报,实际上是以全新的方式来表达熟悉内容的过程。为此,我们为本书读者提供了一些有用的建议,指导他们如何进行准备。根据演示顺序,我们主要在以下七个方面提供建议:(1)做好整体安排;(2)准备好陈述内容;(3)练习并调整;(4)熟悉环境;(5)口头陈述;(6)进行交流;(7)评审结果通知及后续工作。由于种种原因,各部分的内容,或许在某些方面与你在其他书里看到的或在公共演讲课程中听到的有些出入,但掌握这些内容或许能帮助你更好地领会如何准备演示。

首先,我们的建议适用于向其他的研究者或至少有过类似学术研究经历的人介绍自己的研究任务。这就允许(或者说要求)我们采用不同于其他听众的语言习惯、形式以及行为表现。虽然各种类型的公开演讲有许多相似之处,但我们并不打算在此泛泛而谈公共演讲。其次,这些内容来源于我们的切身经验,因为很多时候我们都在为研究项目作口头汇报。虽然这种背景有益于我们归类整理那些区别有效和无效公共演讲的内容,但这并不代表我们就是口头汇报方面的专家。因此,在本章中我们主要是告诉读者现场向为数不多的听众介绍自己的研究有哪些要求,并进一步探讨如何因地制宜制定适应的策略以完成这种内容虽小却至关重要的任务。

准备汇报的内容

在确定汇报的内容范围时,也应考虑汇报环境的相关细节。如支配的时间有多长? 哪些人将会出席? 他们对你有哪些期望? 听众已经知道哪些内容? 他们该从你那学到什么? 从演示的目的来说,哪些至关重要必须解释? 哪些不重要? 哪些需要重点强调? 哪些可以一带而过? 怎样才能满足听众因背景知识水平不一而产生的差异性需求? 演示是对已分发资料(引发讨论的概括资料)的重复? 还是唯一让听众了解你研究项目的途径? 如果能将这些问题的答案具体化,那么你已经初步了解了演示中应该注意的环节。凭借这些要点,以下的指导将帮助你完成随后的工作。

1.不要以为你知道的内容听众也一定知道

如果听众没有从你处获得所需的内容,那么你的汇报是否还有必要? 首先应关注的问题不是"我想要讲些什么?""我在计划书里讲了什么?"或是"我研究的结论是什么?"而应该关注"什么是听众希望了解却还不知道的?""我应该按照怎样的逻辑顺序演示以便让听众更好地理解和吸收所讲的内容?"然后按照逻辑顺序或研究进程,一步一步引导听众理解整个研究计划。从这个角度来说,汇报更像是一种传授,而不是某种类型的演示。从开头到结束,应一直关注你希望听众学到什么,这就需要对自己的知识进行仔细的甄选。

2.在有限的时间里涉及的内容越少越好

因为阐述的东西越少,听众理解的和记住的内容也越多,并且能在随后的讨论中更好地利用这些信息。把要点标记下来,围绕要点逐步展开整个演示。从听众的角度,将略掉(或者只是简单提一下)的部分,尽可能连同略去的原因标示出来。或者告诉对方,如果对这些资料感兴趣,可以事后提供这些资料,这种策略可以有效地防止读者分心去思考那些与当前演示无关紧要的内容。同时,精练的阐述也能使你变得更为从容,可以重点突出、例证充分、评述得当地完成演示,让整个过程显得轻松自然。

即使确实无法在规定时间内把最重要的内容演示完,也不要抱怨。争取延长时间,适当调整演示需达到的目标,实在不行就将那些不得不略掉的内容稍作提示。企图囊括所有内容是百害而无一利的,这样会惹恼听众,还会让你觉得不自在,因此很难取得成功。

3.试着设想听众的需求和反应

上面我们已经提到应注意省略的部分,演示的过程中应考虑到很多听众潜在的关注点和需求。如果某一点你自己也不能确定,可以坦诚地告知听众,或邀请听众在随后的讨论中发表评论或提出建议。如果你发现听众中有人对你的某些观点持有异议,可以有礼貌地给予说明或随后礼貌地邀请他们参与讨论。如果有些内容听众早已知晓,但其他听众却需要讲解,发现这种情形后,可礼貌地请那些不需要指导的听众稍稍忍耐一下。若之前已经对某个观点进行了论述,或在演示中有所改动或增补,即使并不打算对此再做论述,也应略作提示。

所有这些都会使听众感到你是在设身处地为他们着想,并能理解他们和演示内容之间有着特殊的联系。另外,这样做还有利于吸引听众的注意,让随后的每一次讨论演示者均始终把握主动,始终维持 (或至少影响)听众的关注于陈述的内容。

准备汇报的材料

除非你幸运地拥有非凡的记忆力，那么现在首要的任务是准备相关资料，帮助你完成演示。很明显，材料的作用是确保你按照合理的顺序，围绕正确的话题演示必要的内容。但有些人并不明白，为什么要这么努力让这一切按部就班地进行。要知道，机会只有一次，清晰而透彻地演示更易于听众的理解，这也是获得听众合作（并且友好）的最佳途径。

只要辅助材料能确保你有效地传达信息，并使演示过程顺利进行，对呈现形式并无特别要求，但演示时要始终牢记两条黄金定律：一是不要照着材料读；二是如果你实在记不住，必须照着读，至少也得表现出事实并非如此。因为照读材料会将讲演者和听众无形地隔离，无法达成口头汇报的预期目标，而且听众也会有一种被侮辱的感觉。引导材料的作用是让你有充分的时间与听众进行交流和反馈，瞄一眼即可回忆起接下来要说的内容。

有很多种方法可以达到上述目的，你可以将原文中每页的关键词用黑体字以传统大纲的形式列在小卡片上，或者将原稿中的关键词和短语用荧光笔逐一标记出来。但在设计这些材料时，应该知道这些材料不仅仅是记忆的辅助工具，而且材料的使用应当方便而显眼，即使迅速扫一眼你也能找到自己当时讲到的位置并能立刻理出头绪，回忆出随后的顺序。如果你希望在讲演时可以自由走动，那么材料还得方便携带。每页纸都应用黑体字标上序号，这样就不会发生诸如忽略笔记或忙中出错找不着要点的糗事；同时，提示物也应该准确地放在将被介绍到的材料附近。

本书的一位作者在每次演示前会准备简单的手稿。这份手稿是按两倍行距打印的，其中有完整的句子，也有用来提示的短语，但它们都独自位于一行（事实上，这是根据句子的顺序依次列出来的清单）。每页纸只有在上三分之一的部分是写满字的，下三分之二都是预留的空白。然后打印稿的字体设置成黑色粗体并放大10%（在电脑上上述所有内容可以通过放大字体，并将内容设置到页面顶部实现）。最后，将每句的关键词和短语用荧光笔标记出来。

汇报时，他会将这份手稿竖立放在讲台上，内容刚好处在他看向听众的同一视线水平，这样在环视听众时，他就可以顺势瞟到内容，而不需低下头来阅读，以致妨碍与听众的眼神交流。在使用时，页面要轻轻地翻动，不要让听众注意到提示材料，这会分散他们的注意力。这样做就会使听众觉得你在脱稿，全神贯注地向他们讲述。

有时听众所看到或听到的并非事实,可能只是上述特制引导材料制造出的假象,因为它本身就是为了弥补记忆的缺陷和匮乏的眼神交流。作为演讲者,应该根据自己独特的优势和劣势来设计引导材料,表现得更加逼真。这样做并不是为了沽名钓誉,帮你提高名不副实的演讲名声,而是为了方便听众更好地理解演示内容。

另一种方法是,将关键词或短语在台前的屏幕上展示出来,让听众可以即时看到。有效达成这个目的的方法有很多。传统方法是使用放映机投影一系列的简易幻灯片,而现代科技允许我们在笔记本电脑上利用PowerPoint幻灯片来演示,电脑可以放在演讲台的后面,不至于显得太突兀。

通过这种方式可以有效地达到与听众共同分享演示笔记的目的。因为它不但可以作为维持听众注意力的中介物,而且还能让你不受演讲台狭小空间的限制。另外一个合理的解释是,让听众看到关键词语能让他们更好地注意,并在随后的环节中回忆起演示中的要点部分。

这样做也存在两个不利影响。一是容易引起厌烦情绪;二是可能会造成重大失误。屏幕上的文字容易将讲演者的目光聚焦在屏幕而不是听众,即屏幕上的图像成了注意的焦点而不是口头汇报的辅助工具。演示者和听众之间的这种情感联系一旦断裂,就会造成交流双方角色的混乱,导致情绪不稳定、低效的后果;第二个问题是由于电子设备可能随时出现故障,从而让你突然失去导向。因此,为PowerPoint幻灯片或者是其他需放映出来的内容准备一份打印稿,或许能避免电子设备瘫痪所带来的灾难性后果,当然,要想万无一失,你最好先用打印稿反复练习几次。

除了演示的引导工具,你还得准备一些保证演示顺利进行的辅助资料。这样做的原因很多,其中之一就是在一大群听众里,总会存在那么一两个特殊人物(只有)在看到具体的实例时才能理解透彻。所讲内容或其中的关系越复杂,纯粹的口头阐述给他们带来的不利影响也就越大。借助图片、模型、表格、数字、曲线图、大纲、样本数据、图表以及样例等的帮助,可以使演示内容变得更为形象具体。

使用图片帮助还有许多重要原因,其中之一就是交流的经济原则。尽管不是所有图片都能发挥"一图顶千字"的作用,但有些图形,如图表或者关键词纲要,的确可以帮助听众跟随演示的思路,理解文中那些令人费解的关系。流程图就是一个很好的例子,它可以帮助听众研究采用的方法步骤。最后,在录音片段或访谈的手稿摘要中,运用插图还可以引起关注并增加影响力。

在决定是否使用辅助手段时,首先要考虑:这些辅助手段真的能帮助听众(至少是其中的一部分)理解所讲内容吗? 如果不能确定使用辅助手段可以使听众更好或更快地领悟讲述内容,就不要使用。使用辅助手段需耗费宝贵的时间,而且它还要求听众的注意力在不同的目标间进行转换，而该过程可能导致有些听众无法适应。因此，在辅助设备和口头汇报交替使用前，应该仔细衡量——必须确保使用辅助设备，听众的收获要大于付出。

在进行口头汇报时，应该准备些简单的辅助阅读资料。多数听众会很高兴获得演示大纲的打印稿，可在稿中依次列出要讨论（或做）的内容。对听众来说，知道接下来的内容（并且在每部分结束时能大概描述这部分的内容）会让他们觉得较为便利，这也是设身处地为听众考虑的重要标志。

可以有效利用具有视觉效果的辅助物，如PowerPoint、幻灯片、新闻图表，以及黑板上的图示。不仅要将它们呈现出来，还要解释其重要性，并为听众预留小段时间来消化，提出问题，然后才能撤走辅助物，进入演示中的下一个环节。使用视觉辅助设备意味着你会不断地受到监督，也可能会由于一些不熟练的行为导致听众注意力分散（例如当放映机仍在运转，但里面却没有幻灯片的时候）。

关于视觉辅助设备的使用，有项规则必须牢记——必须确保每个人都能看见要用到的辅助资料。所用的插图（illustration）基本要求是：大号字体，高倍放大率，对比度清晰，内容简明扼要。同时，也要根据论文上下文的要求选择适宜的辅助物。如果在演讲场地的某个位置，或者某些人看不到，那么就不能应用。多数情况下，由于这些条件的限制，黑板、放映机都被排除在标准之外，除非是进行小组演示。只要我们稍加留心，就能发现现代技术为制作和展示图表材料提供了广阔的空间，我们不仅有可移动的黑板、高架放映机，甚至卡盘只有35mm厚的放映机，还有电脑驱动的视频放映机（能让电脑中的影像直接投射在屏幕上），连接到网络的投影，以及综合利用多种视频音频手段的多媒体展示。

学生在准备口头陈述时，喜欢用电脑软件制作图表和幻灯片。有些软件能将幻灯片的字体缩小打印出来提供给听众。每张幻灯片之间的空行为使用者做笔记以及记录相关的问题提供了空间。对于所有这些不可思议的技术，我想说"如果拥有它，那就好好利用吧！"不仅要从已经领会并能熟练而巧妙使用图表技术的学生（和教授）的指导中获益，更要将这些简单的规则应用到实践中去。

1. 不论商家在促销广告中如何口若悬河，可以确定的是熟练地使用软件所需要的时间和技巧要远多于你所想象的。在需要之前，学会一种制作图表的新方法——反复练习直到基本掌握。

2. 记住，即使配备了世界上最好的设备和软件，只要制作过程中有任何一个步骤是需要依靠他人才能完成（如胶片冲洗，幻灯片复制，磁带剪辑，浏览和转移音频文件），就应该给予参与其中的每个人足够的时间，包括你自己，因为很少有人能在最后的紧要关头按照你的要求完成。

3.如果在准备过程中用到了电脑,那么一定要提早,经常,并多次保存文件。

4.有些习以为常的适用于老式设备的规则对于今天的高科技展示来说,仍然有用。例如,为了避免展示给听众的内容全部堆积在一起,要适当使用"留白","留白"的优点在于能将你希望别人看见的东西无形地框架出来并加强了效果。这对于现代的LCD放映机和过去玻璃质的幻灯盘以及电影胶片同样适用。

5.如果你希望别人能认真倾听你的讲演,那么在幻灯片或磁带内容过渡阶段不要做任何使人分散注意力的行为。即使是背景颜色或取景的变动都会误导听众的注意力。

6.在成为熟练的专家之前,应重视制作软件中附带的配色方案的有关建议。有些你自己认为很酷的色彩设计一旦投影到大屏幕上,或许是一堆糟糕的色彩混合物。更糟的是,有些色彩如果被投射在某些表面上时,颜色会变得暗淡甚至消失。如果你不为自己预留充足的时间来预先检查并且克服这些不足,那么很遗憾,你就只能让听众去想象(而不是看到)一条连接a、b两点的直线了。

7.如果你以访问者身份到陌生的地方使用这些技术,特别是使用电脑放映时,发生灾难性失误的概率几乎增加了一倍。网络连接、端口的规格、投影仪的解析度类型,以及其他一些关于兼容性的问题都必须提前解决,而这通常需要通过电话经过长时间的沟通协调才能完成。有鉴于此,我们的建议是采用传统的方法或者至少带上备份材料。晚上安心进入梦乡之前,进行彩排并准备好备份文件,确保万无一失。

8.要确定会使用演示所需的所有设备,包括知道如何解决可能出现的故障。花点时间学习和练习一下,那么流畅而出色的演示就是你的回报。在演示过程中,再去花时间解决失误或思考接下来如何做,不仅会分散听众的注意力,还会使自己陷入混乱,导致其他的失误。尽管对所有的演示来说,电子设备可以提升演示的质量,但也要牢记墨菲法则——如果有可能出错,就一定会发生。

在大型演讲中通常会适当地使用一系列的辅助图表,但除此之外,一般的原则是,用最少的资料达到最好的效果。即使是高质量的图表,仍可能由于过度使用而影响要传达的中心思想,甚至干扰演讲者与听众之间的交流。根据演示目的选择并应用可以预先传达演讲者意图的辅助物,不要让其成为分散注意听众的干扰物。总之,设计精妙的辅助物应在你讲到那些显而易见的事实时,立刻向在场的每一个人传达出它的主要信息。也就是说,你的图解说明应该让听众觉得这是演示部分的自然衔接而不是一个打断演示的插曲。

使用PPT的注意事项

不论在何种场所或出于何种目的，使用PPT演示研究项目俨然成为时尚。多数毕业生都能独立完成研究计划书PPT的制作。

如何使用PPT已成为有效进行演示的重要环节，有关的建议互联网上随处可见。唯一的问题是怎样选择最符合你需要的资源。在很多书籍、杂志文章以及研究报告中都有相关建议，旨在告诉读者如何根据特定的演示目的甄别网络资源。我们并不打算就此类建议再锦上添花。我们关注的主要是毕业生在研究计划书中普遍存在的问题，对于毕业生来说，在"公众"（没有包括朋友、家人、同事，也不是一些随意集合在一起的听众）面前解说研究项目，可能都是第一次经历。评委会的成员和导师们常常关注的是研究计划的内容而不是起补助作用的演示形式。然而，一些无关的因素会使演示的难度增大，有时甚至会导致失败。

听众一般不会太多，通常是4到12人。但他们对计划书内容的熟悉程度却大相径庭，有些人对此了解得详细透彻，有些几近一无所知。演示的空间通常比较小或中等大小，前面常有一个屏幕，距离它20英尺不到的地方摆放着放映机。座位、桌面摆设以及讲台都能进行调整。除此之外，个人所在位置的某些细节也非常重要。在如下情境中我们可以发现某些细节问题降低了PowerPoint的有效利用程度，我们首先用图表列出了演示的结构，之后是如何在正式场合进行演示，最后是我们拟定的通用规则。

布局合理

- 一张幻灯片概括一个要点，其他的次要内容必须与此相关。
- 口头汇报中没有提及的内容不要放在幻灯片上。
- 使用圆点和短语来代替完整的句子。
- 内容简洁，不堆积原文，原则上每行最多6个单词，每张幻灯片有6行。
- 使用不同字形的字母，全部大写会妨碍听众的阅读。
- 即使在非正式的场合，字体最小也不能少于18号，正常情况下应为28—30（或更大）号。
- 谨慎使用递进和转折语，尽量将重点聚焦于主要内容。
- 绝不要出现拼写错误，特别是英文的大小写以及复数形式。

正确使用

- 讲话时,面向听众,注意保持眼神交流。

- 不要将屏幕当成讲演对象。

- 不要将屏幕上的内容直接读出来。

- 在每张幻灯片出现之前或显示出来的时候给予相应的介绍,不要等到幻灯片显现后才根据它的内容决定接下来你将要表达的内容。

- 讨论过程中,尽量涉及幻灯片中的每一个要点。

- 站在屏幕旁而不是站在放映机旁,如果你无法进行远程控制,就请其他人帮助你放映。

- 如果你使用教鞭(其实演示上很少会用到),那就应该练习怎样使用教鞭从一边转换到另一边,跟随内容所在位置,以及怎样牢牢抓住它。

- 一般情况下,观众在8秒钟内能默读完30~40个单词。如果你想恰如其分地介绍完幻灯片,并在讨论中心思想时能涉及每个次要观点,那么每张幻灯片的演示时间就不能超过一分钟。对于那些包含的内容不多,或只有一个简单图表的幻灯片,较少的时间就已经绰绰有余了。

- 话题转化时,幻灯片的展示也要进行相应的变换。如果需要,也可以用空白的幻灯片来填补话题过渡时的间隔。

一般原则

- 幻灯片不能为了用而用。如果一些图表、照片或各种剪辑不能加深观众对演示的理解,那么尽量不要使用。

- 不要对铃声或嘘声过于紧张。成败主要取决于演示内容的质量、内容与主题的相关性和整体性。如果观众觉得枯燥或走神,说明演示的内容上存在问题,而并非内容的辅助修饰不当。

- 幻灯片的使用并不是强制性的。视觉辅助物的确可以帮助演示有效地进行,PowerPoint 也是一个灵活有用的好帮手。然而,事实上,至今我们所见过的让人印象最为深刻的演示,具有的仅仅是简洁明晰的阐述,正确选用非语言的辅助物(手势,面部表情,声调和音量,语速的变化),以及保持对听众的持续关注。

针对汇报做练习

对任何研究及结果进行阐述都是一项艰巨的任务。从某种程度来说，如果能真正做到关注观众并与他们进行交流，你也可以自然而出色地完成任务。如果演示质量关系到理想目标的达成程度，那么更应好好练习直至完全熟练。这样做也体现了对学术领域中技能知识的重要形式的一种尊重，而正是这种技术能让你顺利完成任务，即使只是向为数不多的评审委员阐述你的研究计划。

练习的方法主要有三种：默读（silent reading）、独自陈述（solitary speaking），以及在现场观众前试讲。默读能进一步熟悉材料，将之慢慢融入记忆，从而脱离文本的束缚。但是，默读并不能估算出实际演示时所需要的时间（默读时的语速常常比大声朗读时要快），以及观众对讲述内容的感受。

相对而言，独自陈述不仅能较好地估算时间，还能让你听到自己演讲时的声音和顺序。你会发现书面表达中某些句子的结构和节奏并不适用于演讲，这样你就可以适当做出调整，避免发生类似于大声朗读的虚假做作的效果。常见调整是简化内容（常常是一些令人心痛的删减），停顿更长时间，以及话题转换时使用更多的过渡词。

特别是在你同时使用图表材料时，使用镜子、演讲台和录音机能够显著提高独自陈述的效果。练习不仅能帮你调整语调，增强表述信心，还可使你在任务操作上变得更为自如，如整理资料卡。而后者更为重要，这样就可使自己从镜子中，以现场观众的角度观察自我表现。

最后，在现场观众面前练习试讲，可以将实践知识进一步内化，真正形成能力，在日常社会交往中轻松随意地讨论严肃话题。我们说的"进一步"是因为正式的演示往往会受一些特定的习惯规定限制，而日常的谈话却不受这些束缚。在演讲者可以表述多长时间、谁来控制话题以及谁可以自由中止话题等的规定上，正式演示都有着不同的规定。因此，两者间的指导（和影响）不仅仅在种类，而且在知觉目标的程度上均存在差异。虽然两者之间存在上述（以及其他尚未提到的）区别，但对观众来说，"聊天式"的语气语调往往比"讲解式"更能吸引他们的注意，也使观众感到更舒适。要达到这种效果，现场练习必不可少。

朋友、亲属、同学（同事）、教授都可以作为模拟现场观众的人选，但有一点需要注意：人选必须真正热心帮助你进行准备。当然，任何一位出席者，只要具有足够的背景知识并能就演示的内容有针对性地提出建议以提高试讲的水平，所提的问题和观点能让你对有缺陷的讲解进行修改，至少能让你预测观众的反应并判断这些问题的出现是因为计划书中的研究存在的不足,还是因为解释得不充分。之后,可以练习使用辅助资料,真正促进而不是影响演示的完成,这样你就会知道演示所有内容实际所需要的时间比最初设想的时间到底长多少。

虽然并非听众中每一个人都能在研究细节方面给予你帮助,但他们却可以对你的表述做出反馈。一旦他们理解对练习提出批评(除了一些刻意的扰乱以外)是有益的而非破坏性的,每个人都会注意并指出演示者不恰当的地方,如不断地使用"听明白了?",或者演示者自己也未意识到的过多出现"嗯……啊……"。对于初次进行演示的新手来说,一些常见的手势或身体姿势很容易干扰观众的注意,例如擦鼻子、用紧张得发白的手指牢牢抓住讲台、直愣愣地盯着观众的头顶上方、不断地左右晃动、只看着左侧的观众、摆弄教鞭等,所有这些,你的好友都可以帮你指出。

如果从现场演示和反馈情况来看,需要修改的内容较多,那么修改后,最好再试讲几次。在研究计划正式演示之前,有效进行练习应该遵循以下顺序:自我演讲,然后试讲三次;其中,观众包括:两三个好友,你的导师,最后是一组有研究能力的个体。如果有可能,或你的同学(同事)愿意,尽量让他们充当你的听众。虽然理论上过度练习,结果可能适得其反,但这并不是问题的关键所在。总之,和其他工作一样,认真练习直到熟练掌握,之后再正式演示。

提前熟悉汇报场所的环境

对于如何把握所处的实际环境,原则很简单:"了解并掌控环境!"也就是说应该观察四周,然后(尽可能地)根据你的需要来调整安排。一些特殊人物的位置以及大体的座位安排方式(是围绕一个圆桌还是在房间里任意安置座位)是需要首先考虑的。其他的重要信息还包括:有无讲桌,电灯开关的位置,有没有用于隔离外部噪声的门,电源插座的位置(如果不确定,带上一根延长电线)。

如果需要使用安装在墙上的放映屏幕,那么检查时务必把它放下来。忽略这个细节的新手在介绍第一张幻灯片时,常常发现屏幕上出现的供大家思考的是一些潦草的猥亵语句。在一些更大的场所,音响系统、投影仪架和讲台上的照明灯很难做到一应俱全。

如果你需要一个或几个助手协助你进行演示或操作设备,那么请他们和你一起来熟悉设备的使用。你还得考虑他们的位置,怎样才能更好地看到你,以及他们对环境的熟悉程度。

如果你打算派发资料,最好提前打包整理好放在适宜的位置,在观众进入会场时派发。这样可以避免分发资料所引起的混乱，同时也可营造出一种有条不紊的氛围。如果你准备了演示程序纲要，那么预先将纲要放好，并在上面标记出参会者姓名，让你的导师或者特邀嘉宾可以优先就座于有利位置。最好的办法是将重要的听众安排在演示过程中能方便与你交流的最佳座位。

为减少突发事件的可能性，做的准备越多营造的氛围就会越舒适，相应听众也会越认真地倾听你的演示。花点儿时间仔细检查你工作的环境，即使你无法从适合自身的角度较多地调整环境，那么至少也可以确保不出现意外情况。

陈述过程的要点

大多数的演讲新手通常并不了解（或是觉得很难记住）以下两个事实。一是事实上几乎所有人在公众面前演示都会紧张。这很正常，一旦你学会如何将这种紧张转化为有利因素，也有益于健康。此外一点是，在所有可想象的演示环境中，几乎在场的每个听众其实内心里都希望你有上佳的表现。甚至有人为了做出全面公正的评价而忽略你出现的每一小的失误。有多少次你作为观众希望看到的是演讲者的糟糕表现？我想答案很明确，或许能为你下次的努力提供些许安慰。

在计划书评审或论文答辩时，成功完成演示不仅具有挑战性，有时也颇具风险，而这也无形中为整个演示过程增加了很多压力。正因为如此，我们无法确切地告诉你："不必担心。"任何人处于那种境况中都会有所顾虑，这很正常。但我们想指出的是，如果你已经做了充分的准备，那么失败的可能性会变得微乎其微。对演示的内容做出权威的评价并不在我们的掌控之中，而从你开始演示的那一刻起，你自己同样也无法掌控。你唯一能做的就是集中精神，清楚流畅地表述，其他的只能任其自然。

深吸一口气，用亲切的语句或手势向观众（不论多少）打招呼，然后以一种缓慢、平缓的速度开始演示。在开场白中，尽量将讲话的声音语调稍作调整，像平常谈话一样。许多演示者反映他们似乎总能重复地听到自己的声音。事实上，如果他们能让人听起来轻松而自信，那么他们就真正开始进入角色了。同样，如果你的声音、姿势以及动作显示出一种不寻常的紧张状态，观众就会感受到并会做出相应的反应，让你有所意识。所以，开始时首先要放松，呼吸，注视观众，然后开始演示。

在此，我们不提倡"强颜欢笑"。这是因为僵硬、虚假、咧嘴露齿的笑容，产生的后果极为糟糕。不要在意自己的面部表情，认真观察观众的反应。如果能做到这一点，那么笑容会很自然地出现。

特别是在开始阶段,当需要表述重要观点时,务必稍作停顿。然后就用我们日常聊天的方式进行表述:点头以强调某个观点,扬眉以询问观众是否理解。用简单的手势表示停顿,或者在鼓励观众思考刚讲过内容的重要性时,演示稍作停顿。

接下来在演示中你需要考虑如何在演示过程中使用刺激因素。变换演示的方式是维持观众注意力的主要方式,并且随着演示时间的延长,这种需求越明显。在演示过程中,你可以变换讲话位置,简要介绍一张展示的图片,或者稍微改变语调和表述的语速。任何细小的变动都可以打破千篇一律的演示引起索然无味。

如果可能的话,让人将演示的过程录音。一般来说,这不会是你最后一次演示。因此,即使我们无法做得完美如期望,但至少可以在下一次中表现得更出色。当然,应该使用录音时间较长的磁带或数码录音笔,这样就不需要在中途分心将磁带换面。力图做到在听完你自己的演讲后能有所提高,除此之外,为确保万无一失,你可以让几个朋友来观察并记录下无法通过磁带体现出来的问题。譬如一些非言语信息,这也是影响交流的一个重要因素。了解肢体语言传达的内容,以及有用的或无益的信息,也是学习有效进行演示的部分内容。

在演示结尾,有三种方式较为可行:第一,回顾那些你希望观众牢记的要点。第二,通过提醒观众接下来的步骤,实现自然过渡。或者稍作休息,预留小段时间进行提问和讨论,或交由会议主持人组织,或中止会议。第三,在最后部分,向观众表示感谢。当你努力采用复杂的专业方法演示研究项目时,耐心和宽容的观众也能从中获益颇丰。要知道或许下次讲台后的就是你了。

如何与听众互动

不论是你自己单独主持整个会议,还是有人帮你主持提问和讨论阶段,事先做点准备会让事情进展得更顺利。如果可以对演示后的讨论进行录音,那么尽量准备充分些。一些有价值的评论或建议在与听众激烈讨论时印象很深刻,但事后往往会抛之脑后,难以回忆。很少有人能做到一边讲话,一边记录笔记。

如果听众中既有权威评审专家(如审核你的计划书),还有一些访问者或你的支持者,那么在开始阶段,最好首先由你或者在场的评委会主席先确定现场规则。让其中每位参与者都有机会发表评论或提出问题固然很好,但更应将这种机会优先给予那些有此要求的人。如果由你控制讨论进程,应该确保与周围的听众广泛地进行交流。一些人可能并不擅长轮流发言,而另一些人则需要在他人的鼓励下才敢于发表意见。

在应答阶段，首要的准则是直接回答。应答之前一定要弄清楚问题是什么。复述或者重新解释复杂、隐晦的问题有两个目的，一是可以验证是否存在误解，二是让提出问题者知道你完全理解了他／她所想要了解的内容。当然，重复每一个提问会显得单调冗长，也应该避免。

如果你确实不知道答案，或者对有些问题并不理解，直接告诉听众，但也要告诉听众随后在时间充足时会仔细思考答案。如果你知道一些有用的信息，但又无法断定它是否正是答案所在，那么你可以提出将问题稍加改动以进一步进行讨论。如果问题已经很清楚，但你认为其并不适合这种场合，可礼貌提出来并表示乐意会后再做讨论。

对有些问题，虽然在正常意识状态下你并不认同。但如果情况所迫，那么也可以试着接受其他的或相反的观点。如果这样还不足以解决问题，那么也可以要求将问题暂时搁置，直到有足够的时间再做进一步的讨论。通常在这个时候，就会有人出来调解并将话题引导向其他的方向。如果援手未如期而至，那么你就只能坚持立场，或者询问观众中其他人的观点。

最后，要注意时间限制。严格意义上，任何一场演示都应按时结束，如果需要延时讨论，事先申明随后的讨论有时限，双方同意，然后达成共识。

汇报完之后的工作

汇报完成后接下来的几天，要重点收集整理所有对演示的反馈。可以听录音音频，重温朋友对此记录的笔记，并且恳求他人对演示的内容和表达方式给予评价。有些人能很好地完成这项工作，而有些人却更愿意诚恳地提出批评意见。在一些观点上也会出现矛盾，有些人提出的建议可能很有用，但也有可能无任何意义。这时你并不需要改变自己来迎合这些观点，而应该博采各家之长。如果很多人都提及某方面的缺陷，就需要重新计划安排或加强练习，这样才能有所提高。

最后，鼓励大家指出你演示中他们喜欢或觉得有用的部分。这并不是让你陶醉在赞美的喜悦中，得意忘形，而是为了让你意识到怎样做才会更有成效。只有明白这些内容，你才能精益求精。

第二部分
申请科研经费

第九章主要介绍如何寻找科研经费并与资助者周旋磋商。第十章就如何撰写课题经费申请书(grant proposal)(证明你和你的研究项目有资格获得经费资助)详细进行了阐述。

通过浏览每章节的标题，第二部分的内容结构就一目了然。如果你已经接受了研究任务，准备寻求科研经费(research funds)，那么请依次认真地阅读第九章、第十章的内容。如果你是一名新手，对学生科研项目资助等内容一无所知(甚至从未想过)，那么第九章的内容能帮你开启知识的大门。如果你现在只想浏览一下，大概了解文中的内容，那么最好直接阅读第九章中几处关于学生科研资助项目的部分，然后着手撰写你的计划书，而不是习惯性地从第一章开始阅读。

不论你是一名毕业生还是为获得终身教职或提升而撰写论文的年轻教师，都应该思考如何获得资助。即使你对有关的经费问题并不了解，也可以理解，毕竟大学期间的教育及相关教材都不会在这方面提供较多的建议。因此，第二部分我们准备在此重点着墨，论述如何将寻求资助列为教育和生涯发展的一个重要环节。

让我们从一个基本命题开始论述，即资助会使研究变得更出色，会让研究者变得更快乐。首先是技术操作层面的因素，经费可以用来支付各种费用，如选择更大的研究样本或聘请更多的参与者，从而使研究更接近理想状态；使用一致性更高、更精密的仪器设备；或到外地出差接受特别的技能培训；材料物品的消耗预算；为搜集丰富的数据，田野调查需要的时间；以及几个学期的离职行为，如暂停教学或辅导。其次，考虑到社会性和非物质性因素，寻求科研经费也是大有裨益的。你并不需要自己独自承担所有费用，这样你就可成功毕业，开始新的生活或者获得终身教职，开辟自己的学术领域。

如果你认为第二部分提供的内容还不能满足需要，也可以查阅每章节中的推荐资源(参考书目的全部信息附在后面的参考文献清单里)。最后，作为参考，一些重要信息资源都摘录在附录里。

第九章　如何获得科研经费

任何一项研究都能用一个具体的价格标示出来，尽管它的价值只能大概估测而无法直接显示出来。如一位研究者在进行一项人类学实证研究时所花时间的价值，也可以是直接明了的，但只有通过一些复杂的账目索引才能计算出来，例如进行生物医学实验时投入的必需设备和人员。同样，在回答"费用谁来支付？"的问题时，常会出现两种状况：要么简单明了，直截了当；要么含糊不清，复杂麻烦。

有时为完成博士毕业论文，研究者可能会自掏腰包支付研究费用。有时院校会划拨部分科研经费供年轻的教员进行研究。而院校中的大型研究项目，常常以签订研究合同的方式由政府提供科研经费。很明显，不同的项目需要的经费是不同的，少则几百，多则数百万美元。因此，不同项目涉及的经费预算在数额上有较大差异，但至少有一项事实，那就是进行任何一项研究存在经费的底线，一定会有所支出。

本章主要讨论的是计划书必备的价格标示以及怎样通过检索获得资助，以支付未来研究项目所需的费用。但在进入话题前，我们需要重点强调几点内容。第一，获得资助经费时，能力可能对顺利完成研究起着关键性的作用。有时它甚至决定一个人能否成功地开创自己的研究领域。但是，经费本身不能产生出色的研究，只有优秀的研究者才能做得这一点。经费所能起的作用仅仅是为研究者提供机会，以实现其研究构思并获得有意义的研究结果。

第二，不要低估经费的巨大影响，因为经费常常会限制研究计划，使研究计划不能从不同的层面和不同的角度深入展开。在准备第一个研究计划书时，你常会有资源充足或者经费资助唾手可得的观念开始着手实施。事实上，几乎所有最后接受的研究计划都是理想设计与实际可承受水平研究设计折中妥协的结果。

但随着妥协在数量和范围上的增加，研究的潜在价值也不可避免地降低了。如果我们确信权力过于集中会对政治制度产生威胁，也应该理解经费不充分的确会使研究半途而废。不论是花费和规模都不算大的个人博士论文，还是涵盖了一系列复杂而昂贵的调查研究的大型项目，道理都是一样的。成熟完善的研究即使在经费较为紧张的情况下（在学术界，这是常有的事），或许能顺利进行，但这种紧张也得有个限度,至少不应影响到研究的结果。

要想设计出精确缜密的研究并将其付诸实践,经费发挥着极为重要的作用。如果忽视了这一点,那么以后你可能会为寻找科研经费而大伤脑筋。招募理想的研究参与者,购买数据处理软件、设备,雇用以及培训助手完成研究的信度验证,聘用人员完成一些需要特殊技能的工作,支付实地考察超时工作的相关费用,到异地交流,接受特殊技能的培训以及临时性和经常性的预算支出等等,所有这些也仅仅是必须支付的经费预算,都需要获得他人的资助。

学会如何去寻找科研经费也是研究的重要组成部分。因此,有必要仔细地阅读下面的内容,了解如何获取经费。从实际出发,事先认真地考虑,实施你的研究计划到底需要多少经费,随后开始寻找答案"谁能为我买单?"

首先,我们就读者如何寻找对你的研究感兴趣的潜在资助源,如何与可能遇到的各种各样的、不同类别的组织进行有效沟通等提些建议。随后在本章的中心部分会介绍在提交计划书后,评审专家怎样评审此类的资助申请,如何做出最后决策,选择谁进行资助。

此外,我们还会就资助申请成功后如何处理相关的后续工作,以及在资助申请遭到拒绝后,如何从失败中汲取经验,修改完善提出一些建议。在本章的结尾,我们将讨论学生作为研究者可能会面临的特殊问题:为什么他们也应该寻求资助? 有哪些专为学生提供的资助? 以及在课题经费申请书的准备过程中,怎样做才能为以后的毕业研究项目做出贡献。

我们在前文已经提到研究者获取充足的科研经费与确保研究结果质量之间的关系,在这里我们也需要提及另外一个虽然与研究无关,但也是经费带来的益处。从个人角度来说,你能够理解,研究者是有血有肉的人,需要为前途而拼搏,也需要爱护和支持自己的家人和朋友,也常常扮演着很多与工作相关的角色,也需要为个人的生计奔波。

但不可否认,事实上有许多研究者不计辛劳,甘愿承担超出个人经济(和社会)的代价来完成学术任务。钻研求索确实令人陶醉,也完全可以理解,甚至是一种值得褒扬的品质。然而,勉强地独当一面不仅会破坏你的研究,还有可能对你的生活造成消极影响。学术并不需要立誓独善其身,坚守清贫,也不必如修道士般置身充裕生活的责任和恩惠之外。做研究并不意味着首先要付出如此巨大的代价。从本章中你可以发现,事实并非如此,也不应该是这样。

支持研究的资金

优秀研究者在事业发展的各个阶段都能找到经费资助自己的研究。这些经费不可能均衡地分配给各个学院，也不可能毫无限制源源不断，更不可能随处既有，等你去拾，而常常是对计划书进行评审竞争的结果。然而，你需要的经费确实随处可见，而且数目可观。要知道，许多（公共和私人的）机构和基金会都把资助研究项目看作是他们的使命。

尽早着手准备并多次提出申请。为同一项研究申请多个经济资助是完全合理可行的，这和向多家出版社投稿的规则并不一样。事实上，一旦你拥有了一个可靠的研究计划的主体部分（以及必要的书面说明的样板），那么无一例外，你就应该从多方向进行申请。即使被拒绝一次或几次，也不要放弃，而应从每次失败中吸取教训，这样接下来的申请（以及向同一机构做出的再次申请）会见成效，也会使以后的申请更易成功。

即使（完全出乎意料！）有多个资助机构表示愿意资助你，也不必为迎合一家机构而婉言拒绝其他的。多数的机构都想知道（并会询问你）是否有其他的资助者。"鱼和熊掌兼得"（即隐瞒真实信息而从两家机构中获得资助）的做法不仅是不道德的，还有可能令你的事业夭折。但是，就提供研究资助而言，这样的情况也并不罕见，那就是获得数个机构的支持，资助同一个研究的不同阶段。譬如，有人愿意资助研究起始阶段的预研究或提供必需的实验设备资助，也有人愿意资助正式的研究工作。任何的协商都应该开诚布公地告知自己的情况，同时从最利于研究的角度出发，进行统筹规划。

但是，寻找科研经费来源也不能太过匆忙和草率。准备一份完善的资助申请和进行科学研究两者所需的知识和技能并不相同。多数情况下，资助申请的准备过程在许多重要环节上都和撰写一般论文或博士论文有着显著的区别。而该过程涉及的一系列复杂的理论技巧甚至成了一门学问，并有了自己的名字："经费猎获术"。本章和第二部分第九章都是相应内容介绍如何获取科研经费（其手段之多样，地方规则和行话之复杂，令人叹为观止）、如何撰写研究性课题经费申请书，以及在校学生（包括本科生、毕业生和研究生）如何才能成功申请到科研经费。

如果你希望也能获得研究资助，会发现第九章和第十章的内容不仅对自己未来的申请有益，而且生动有趣。如果你是一名学生，对研究资助项目全然不知（甚至想都没想过），那么我们希望你最好先看看"学生科研专项经费资源"这部分内容。或许我们的介绍能消除你的顾虑,使你重获信心;甚至对某些读者来说,简直是醍醐灌顶。即使我们介绍的内容无法满足你对更多、更详细信息的渴求,也可以参考每章里的推荐资源(引用来源可以在参考书目单中找到),为了便于读者研究参考,我们特地把这些书收录在附录里。

最后,我们提醒读者注意,事实上资助经费通常是希望获得两种不同的结果:(1)研究项目可提供某种必需的服务;(2)研究项目的主要目的在于创造知识,其他的内容完全是附带性的服务。对于那些寻求经费用于提供一系列规划服务的申请者,可在科勒和赛恩伯格(Coley & Scheinberg,2013),以及鲍尔(Bauer,2011)等作者的书中获得更多介绍。不过本书关注的主要是涉及科学研究的项目申请,而不是公众服务项目。

锁定申请目标

成功撰写一份经费申请计划书首先必须要弄清楚向哪个部门递交申请,寻找具有较高成功申请率的经费资源往往需要较长的时间过程。但是,与撰写计划书所花费的时间相比,就算是小投资,大回报了。

基本策略

很多个人、大学或服务团体通常提供资助机构或基金会的资助数据库或实时的信息资源,寻找和利用这些资源是申请科研经费的一个有效策略。在这些资源的帮助下,可以很快找到有可能对你的研究感兴趣的资助者。这些资源不仅包含最新的科研经费潜在提供者信息,而且很多的服务均可以通过电脑进行高效的检索。很多研究型大学还在校园网上定期发布资助公告,所有登录该大学网站的人都可以获得这些信息。

其中许多网站都有相关栏目,介绍本地区、州或当地的经费资助信息。有些大学还有专项资助清单。

此外,所有的政府机构和大型基金会都有自己的网站,在网页中也可以找到许多经费信息。因此,那种较小的研究所里资助信息资源短缺的问题,在互联网出现以后已不复存在。

许多主持大型研究项目的资深教授不仅了解本领域内资助资源的最新信息,而且往往与资助机构中的某些关键人物保持联系。这种人际关系非常宝贵,因此可以通过交往中了解这些组织打算优先资助的研究项目（和资助优先考虑的变更情况）。

对于一个新手来说，在筹备资助申请前，如果能和有经验的研究者合作申请一两个资助项目，将会获益匪浅。这样不仅可以获得宝贵机会全面了解申请过程，而且一旦成功还可以增加自己的申请经验。

把知名研究者的名字写在计划书中会大有帮助，因为评审专家更信赖有名气的研究者，进而也会肯定其合作者。当然，不是所有的新手都有这种运气，能够和资深的研究者或课题组拉上关系。许多年轻的学者往往需要独立去寻求资助，完成这些不熟悉的任务。

在该过程中，首要的原则就是广撒网，不要放过每一个可能的资源。不要幻想找到某个机构，立刻就会对你的研究项目一见钟情，虽然这种事偶尔也会发生。但一般来说，研究计划书往往需要重新修改、有效调整研究的着眼点，使之符合资助机构的关注点，同时又不会歪曲研究的最初目的。如一项关于儿童成长过程中运动或游戏行为的研究计划，不仅能吸引国家儿童健康和人类发展协会母子研究中心的关注，还有可能是教育研究和促进机构中某个早期儿童研究项目的兴趣所在。虽然两者差异甚大，但关键在于如何设计研究问题。所以，变通性的观点更利于初步寻找潜在的资助源。

另一个信息来源是从发表的论文或国家、地区学术会议报告中获取研究项目的资助机构名称。在一些科学杂志上，资助机构或协会常常列在研究报告第一页的底部（在一些未发表的论文中，资助者信息出现的位置会很随意，但一般不会遗漏）。同样，在学术会议印发的论文摘要集或展板上的论文摘要也常常包含资助者的名称和资助的数目。这样细心的读者不仅可以了解在特定领域有哪些机构可提供研究资助，还能让读者预先体会递交到该机构后，计划书评审专家有哪些特别喜好。会议摘要和展板常能提供此类资源的最新信息。

然而，寻找资源最有效的方法还是使用各种快捷的检索系统。这些系统大多是通过微机实现的，但也有一些仍旧是凭借印刷品或光盘驱动技术来实现的。许多系统会同时提供电脑检索或信息反馈服务。

一旦研究主题在头脑中初步形成了大概轮廓，就应着手考虑从可能的资助者那索取申请表或其他相关材料。

鉴于越来越多的资助机构对电话或信件申请通常会置之不理，这就要求你必须采用他们偏好的方式——通过电子邮件进行申请。仔细阅读了申请指导后你会发现，很多机构都要求在线注册申请。不论对数据、简介和申请有何种格式要求，只要手中有了这些资料，也会进一步鼓励你构思有吸引力的研究计划，获取资助为自己关注的学术问题服务。

学会使用科研机构的检索系统

常见的研究机构检索系统是伊利诺伊研究信息服务(Illinois Research Informa-tion Service, IRIS)。它是覆盖领域最广、使用量最多的电脑检索系统之一。如果你所在的机构订购了IRIS,很快就能体会到电脑检索的好处。通过IRIS,你可以使用各种各样的关键词(如临床心理学)和分类(如毕业研究或练习研究项目)进行检索。

此外,你可以在检索系统上创建一个自己感兴趣的研究领域列表,随后系统就会用电子邮件定期提醒你潜在资助资源的更新情况。

许多研究机构的图书馆还会提供涉及领域更广的检索系统。这些系统不仅涵盖了政府机构提供的资助资源信息,还包括个人基金会、企业和专业组织的资助信息。学会使用这种多功能的索引目录是一种技巧,这不仅需要图书馆人员的帮助,还要求自己不断进行探索。

寻求联邦和州政府资助

第二种资助来源或可以说是最大的资助来源是政府资助。其中,国立卫生研究院(The National Institutes of Health, NIH)和国家科学基金会(National Science Foun-dation, NSF)是两个最大的政府资助机构,相关研究项目和程序的信息可以很容易地使用上面提到的IRIS检索到,或者用谷歌(Google)检索也可以。检索系统会列出政府机构名单,但一般来说,政府机构通常不会资助无详细说明(未签署科研协议)的科研项目。

美国联邦公报(Federal Register)是由国家档案信息管理局(National Archives and Records Administration, NARA)创建,通过网络登录系统后,可显示出各政府机构和组织公布的关于申请的所有信息,一些管理权限较严格的系统也可以找到相关信息。除了政府网上检索系统(Weber-Based Retrieval Systems),许多图书馆的文献部还可提供内容标准化的打印版或光盘(CD-ROM)。在申请开始阶段或进一步寻求政府资助时或许会有用。例如,联邦国内资助目录(The Catalog of Federal Domes-tic Assistance, CFDA)[美国总务管理局,半年刊(United States General Services Ad-ministrtion, Semi-Yearly)]里就含有丰富的政府资助资源。CFDA还定期出版研究资助项目和申请程序的补充说明资料,如国立卫生研究院(NIH)出版的科研经费／协议指南(Guide for Grants and Contracts)和国家科学基金会(National Science Founda-tion)出版的电子公报(E-Bulletin)。实时更新,并也可以从网上搜索。总之,CFDA是一个非常有用的检索系统,可以有效帮助研究者寻找对自己研究项目感兴趣的资助机构,从中获得可提供资助项目的概要介绍。国家人文基金会(The National Endowment for the Humanities)为人文领域的科研工作提供经费支持,资助对象不仅面向各类专科学院和大学,而且还特别面向拉丁裔和历史上黑人专科学院和大学,提供奖学金信息。

若你打算起草研究计划申请国立卫生研究院(NIH)和国家科学基金会(NSF)科研经费,那么就要准备好迎接残酷的竞争吧。这些机构会提供数额巨大的科研经费,通常是僧多粥少,申请人数远远多于可提供的经费总额。因此,研究计划书不可避免地要经过严苛的评审过程。

那些曾经在顶级科研经费申请中"榜上有名",并成功执行过科研项目的申请人更负盛名,常常会受到评审管理者的高度关注。因此,首次申请上述科研经费而获得成功的申请者比例通常较低,但是不要灰心,还有第二次申请机会,下一次可能就会成功了。

史密森学会专门设立有奖学金和实习项目办公室,不仅提供研究项目资助,还提供奖学金的实习机会,以及为拓展你的研究提供预约博物馆馆藏和艺术素材。此外,该学会还专门为少数民族学生设立奖学金。

在美国,军事科研经费管理部门与其他联邦经费管理部门相互独立,具体由不同的军队编制部门分头管理。他们不仅资助基础研究,而且也青睐提高军事行动效率的应用研究。每个部门设有军队外部科研院所基金申请程序,吸引和鼓励大学和工业实验室中有才华的科研人员为实现军队科研目标服务。

利用非政府资源

第三类资助资源主要是指非政府资源,如私人、社区、企业和公司基金会,公立慈善资助机构。其中,美国慈善事业的领导权威机构——基金会情报中心(The Foundation Center)可提供丰富的研究资助。该中心常提供免费的印刷手册和在线资助信息资源。该中心在公共图书馆、社区基金会以及教育机构,设立了近450个基金会情报中心,通过出版物和各地分支机构提供丰富的非官方科研经费资助信息,为数以千计的申请提供信息服务。特别是在帮助研究者查找那些可能会有兴趣提供研究资助的较小的、地区性组织,该中心提供的信息会特别有用。

基金会情报中心的网站收录了47000个基金会和资助机构的信息、申请简介以及经费申请截止日期。该中心的经费主要也是来自基金会和公司的资助,因此也可提供:如何获得资助的教育资料、研究新闻、希望获得资助的慈善机构消息以及慈善行为的相关研究。基金会情报中心出版的基金会指南(The Foundation

Directory,2012)包含其他中心各种出版物的资助信息,有超过41000条捐助者信息。基金会指南还可通过网上检索,但必须订阅,所以这种方式对个人来说成本相对较高。但是,如果你所在的单位有专门管理资助和合作合同的部门,那里的工作人员也会告诉你检索系统的覆盖范围是否够你使用。几乎所有较大的大学里,很多地方都可以找到基金会指南,只要身份和密码识别正确便可使用。即使不能使用大学或其他机构的资源,如果你有幸住在某个基金会中心的图书馆旁边(在亚特兰大、克利夫兰、纽约、旧金山、华盛顿特区),你也可以在那儿进行免费搜索。

其他学科也有介绍资助信息的指南,如人文学科科研经费目录(The Directory of Grants in the Humanities,Schoolhouse Partners,2012b),生物医学和健康康复科研经费指南(Directory of Biomedical and Health Care Grants,Schoolhouse Partners,2012b)。这些体积较大、价格昂贵的出版物,通常在较大的图书馆或研究中心都能找得到。此外,历史研究者可以到美国历史学会网站查找相应的科研经费、奖学金以及科研奖励信息。

考虑利用商业组织提供科研服务

很多商业刊物和信息服务也能满足检索研究资助资源的需要。其中很多网址可提供各种有价值的信息,如基金会的联系方式、机构优先资助的研究领域、格式规范且极具竞争力的计划书样例,以及在首次申请政府资助项目之前应了解的法律规程。这些大量的商业信息服务机构中最具代表性的是科学社区(Community of Science,COS),被视为科研和研发领域科研经费信息主流的门户网站,该网站的搜索引擎PIVOT为全世界近1300家大学、公司以及机构具有共同研究兴趣的研究者搭建了沟通交流的平台。更重要的是为了满足个性化检索需求,该网站提供了多达40000条科研经费资助信息、不同年级研究生奖学金,以及其他的科研资助信息。

除网站以外,另外一个与科研经费资助机构建立联系的信息途径来自出版物,如科研经费申请者中心杂志(*Grantsmanship Center Magazine*,Grantsmanship Center)和基金新闻和述评(*Foundation News and Commentary*,Council on Foundations,Inc.)所提供的信息能使申请计划书有的放矢,申请质量大为提高。在科研经费申请者中心杂志网站上还提供了小型在线研讨会视频,同样值得申请者花时间浏览。这些视频可以提高计划书的写作技巧以及在计划书中如何提升竞争力的有益建议。

还有其他一些信息化的资助信息检索和通知系统,如科研经费信息精选(Grant-

Select），个人可通过预订获得该服务。年度科研经费资助公报（*Annual Register of Grant Support*，Information Today，2012）、科研经费资助目录（*Directory of Research Grants*，Schoolhouse Partners，2012c）、科研经费公报（*The Grants Register*，Palgrave Macmillan，2012）等，都可以在大型图书馆中找到。尽管科研经费资助目录和科研经费公报有部分内容重复，但两本资料仍各具特色，值得关注。

商业机遇

潜在的长期资助机会是与商家和企业发展合同式伙伴关系。如果你愿意在这方面进行尝试，在开始申请前我们建议你阅读《获得资助》（*Get Funded*，Schumacher，1992）。虽然这本书是十几年前出版的，但仍是一本十分有用的实践指南，会指导你与公司建立联系，让你了解公司内部的政治关系，以及如何处理商务关系以便组织协调，确保成功完成自己的研究项目。

商业组织通常需要很多领域的科研成果。很多商务管理都能从研究成果中获益以进一步提升运作效率，如"计划、金融、设备管理、财会、运营管理、市场、销售、顾客服务、人力资源管理、培训教育、人事保留，公共和社区关系等等"（Schumacher，1992，p.43）。不论大学哪个领域的专家能使公司的主管相信，只要公司能吸收这些创造性的意见，并持之以恒地朝这方面努力，研究项目就能让公司付出的资助经费物有所值，那么这些专家就能获得资助。

许多大型企业都设有专门进行应用研究的研发机构，相应也会有部分经费用于基础研究。有时也会将研究项目以合同方式外包给组织外的机构来完成。因此，这就为商业与大学间发展伙伴关系提供了机会。在现实中，你可能会发现大部分专项研究的资助经费都提供给了拥有终身职位的大学研究者。研究生、博士后以及非终身制的初级教员只有加入大学的研究团队才有机会获得资助，否则都不在考虑范围内。

企业通常不喜欢资助短期的研究项目，这并不足为奇。企业资助的研究，需要满足其高度专业化的需求，因此相应的研究常常需要昂贵的设备支持和巨大的服务性支出。只有在实践中通过一段时间的考验，才会继续维持和研究者间的合作伙伴关系，以签订合约方式资助这些投入较大的研究项目。每个商业组织都有关注的利润底线，更愿意将经费资助给那些可信赖的具有持续研究能力的研究者，以便更好地为组织的目标服务。

商业组织对研究项目的资助好似一把双刃剑，不仅是数目可观的科研经费来源，而且一旦双方的资助关系确立，也会为获取额外的资助提供便利。但不足之处在于,此时资助和公司的命运息息相关。如果公司的利润率下降、管理层变动、经营方向发生变更或者公司对研究项目失去兴趣,资助经费就会很快枯竭。

不管你是向政府、基金会、公共机构,还是向商业组织申请资助,都会发现每一个机构都有自己独特的行事风格。与寻找合适的资助资源一样,申请时认真遵守这些规则也同样重要。

学生科研专项经费资源

在很多领域,也有专用于学生研究项目的资助经费,这类数额较小的资助经费,需要填写的申请信息不超过几页纸。对新手来说,并不是所有的资助都适用于研究生的专项研究,大学奖学金往往是学生科研项目最有希望的资助来源。过去,大学里的"奖学金"通常是指专用于研究生学习期间的学费、书本费和生活费的资助经费;而现在,"奖学金"或多或少地也含有资助研究的意味。"资助"和"奖励"两个词语很多地方都会使用,因此只有在仔细琢磨资助机构的规则后,才能搞清楚哪些经费适用于学生科研项目的资助。

在检索学术论文、博士论文以及其他形式的学生研究项目资助资源时,还有一些特定渠道可能会提供丰富的信息。例如,研究资助资源分类系统的大型卷册(很多资助资源都有相应的网站链接)。虽然并非每条信息都符合你关注的奖学金、资助经费、奖励信息条件,但如果愿意仔细研读一下以下我们所列出的参考资料,相信定会对你有所帮助。以优先性为序我们列出相应资源,你也可以根据个人的需要采取不同的资源排序。

假如你已经咨询过资料室的管理员以及研究所里负责内外部研究资助的管理人员,那么下一步在你着手研究之前,最好先阅读一下我们列出的参考文献服务出版社(RSP)出版的系列丛书,该套丛书会告诉你如何根据自己感兴趣的研究领域,选择相应的检索系统。

- Schlachter, G.A., & Weber, R.D.(2010a).*Money for graduate students in arts & humanities*, *2010 - 2012*.El Dorado Hills, CA: Reference Service Press.
- Schlachter, G.A., & Weber, R.D.(2010b).*Money for graduate students in the biological sciences*, *2010 - 2012*.El Dorado Hills, CA: Reference Service Press.
- Schlachter, G.A., & Weber, R.D.(2010c). *Money for graduate students in the health sciences*, *2010 - 2012*.El Dorado Hills, CA: Reference Service Press.
- Schlachter, G.A., & Weber, R.D.(2010d).*Money for graduate students in physical & earth sciences*, *2010 - 2012*.El Dorado Hills, CA: Reference Service Press.

• Schlachter, G.A., & Weber, R.D. (2010e). *Money for graduate students in the social and behavioral sciences*, *2010–2012*. El Dorado Hills, CA: Reference Service Press.

• Schlachter, G.A., & Weber, R.D. (2011). *How to pay for your degree in education & related fields*, *2011－2013*. El Dorado Hills, CA: Reference Service Press.

斯拉茨特和韦伯(Schlachter & Weber)系列丛书除最后一卷外,其他每卷里都列举了超过1000项奖学金、奖励、资助、培训津贴(Traineeships)以及其他科研经费信息,其中250至300条目所列的经费项目是为鼓励研究和创新活动专门设立的。随后在卷册里,会有专门章节介绍诸如"用于资助研究生科研或……(该卷册标示出的学术领域)领域科研的经费"等内容。

书中所列的资助信息通常按首字母排序,因此需花时间慢慢浏览从中寻找有用信息。每条信息均包含资助者名称、简介、机构的资质、财务数据、资助时限、每个申请周期可提供的资助项目数以及申请的截止日期。准确地说,这些经费主要是用来资助学术论文、博士论文以及一些小型研究,如正式研究前的预研究。有的资助限定于特定的研究区域,但大部分资助没有这些限制。

在上述参考文献服务出版社(RSP)的系列丛书中,最后一本书主要介绍的是教育领域的相关资助信息,相比来说,其他学术或专业没有类似的资料。如果你的研究领域刚好是教育学,那么这样一册内容丰富的参考资料,从早期的儿童教育到生物化学教学涵盖各种教育领域,提供多达40多种资助信息。

考虑到各种研究奖励也是资助的来源,而成绩记录在申请此类资助时显得尤为重要。因此,我们建议研究者制作一份成绩记录。奖励型资助通常数额较小,但也能为较小的科研项目提供适度的资助。最后,如果仔细审阅资助合格条件后,你会惊奇地发现其实供大学生选择的资助项目并不少。该丛书中有些资助项目甚至明确规定申请者必须是正式进入工作岗位前的实习教师,并在一位资深教员的指导下设计研究项目。不难想象,如果以一份成绩单作为申请的开篇应该是个不错的方式。

该丛书的出版社还开设了一家非常实用的网站,认真的学生资助申请者多半会花些时间仔细浏览所有与研究项目有关的资助信息。特别值得一提的是,RSP系列资料中设置了按专业细化的导航资源,其中包括为某些特殊种族提供的资助,以及一系列适用于美国以外研究项目可用的资源总汇。分别是:

• Schoolhouse Partners. (2012c). *Directory of research grants 2012*. West Lafayette, IN: Author.

之前我们已经提到该指南(简称DRG)是一个比较普及的用于检索资助资源的工具。它涵盖的内容非常丰富,包括38个类别以及数千个资助机会,并有专门章节论述"学位论文资助问题",列举了将近200种资助、奖学金以及其他用来资助研究生科研的奖项。虽然该部分的标题是关于学位论文,但如果你仔细阅读就会发现其中列举的很多资源都是为小规模的学生调查项目而不是学位论文服务的。

每个条目所包含的信息有:必备条件、限制因素、数量、持续时间、截止日期和联系方式。在出版者的网站上可以找到关于DRG的详细介绍以及其他与研究项目资助信息有关的出版物。

- Palgrave Macmillan (Ed.).(2012).*The grants register 2013*.New York: Author.

前面已经提到经费注册信息(The Grants Register,TGR)也是一个较常用的用于检索研究资助的信息源。但很多人也许并不知道,虽然它的副标题是"世界研究生资助资源全攻略",但其资助范围非常广泛,包括一般学术论文、博士论文研究以及研究计划起始阶段研究的资助。

TGR的内容也是按字母顺序排列的(整套书没有一般的索引目录),在使用时可以通过检索研究领域(护理、教育、教师培训、艺术以及人文学科等等)进入相关条目。如果你认为可能的信息资源较多,则需要花费相应的时间去浏览搜索。但是,如果稍稍动用你的专业知识,或许你的检索会物有所值,且总会有意外的收获。

TGR专设有对博士后研究项目的资助,这些资源也是通过相应的审查筛选的。但是,如果你仔细查看关于"资格条件"和"研究水平"的信息,就会发现在这个错综复杂的关于研究资助的语言世界里,"研究生"似乎就相当于"准博士",也同样可以使用这些科研经费。TGR就如同一个藏宝图,需要你用心去琢磨,只要不断探索,就能破译其中的奥秘,找到真正的宝藏。

最后,对你所在的专业机构网站进行检索。许多国家和州级的机构都会向那些有望以学术研究作为终身事业的学生提供相应的奖学金和(或)奖励。

关于成功申请经费的建议

从目前情况看,大部分计划书会被拒绝,只有一小部分最终成功获得资助。有资料显示,在美国向国立卫生研究院和大型基金会申请的资助,首次申请成功率还不到25%,而且其他资助机构的资格条件也同样苛刻。很明显撰写并提交计划书并不是一件轻松的事,而是一个充满了竞争的过程。因此与调查技巧一样,撰写资助申请以及与资助机构进行周旋也是一门重要的技能。

每家政府机构和独立的基金会都有特定的表格需要填写,在计划书评审时也有各自的程序需要遵循。因此,除了从事研究项目,需要研究者技术熟练、兢兢业业、有耐心和恒心,最重要的是一丝不苟地遵循资助机构有时近乎苛刻的规则和程序才能最终获得资助。我们以研究者最有可能获得科研经费的四个资助源为例,提供相应的建议:(1)你所在研究机构的内部资源;(2)国立研究机构;(3)基金会;(4)商业机构。

研究机构的内部资源

申请资助的最佳起点是你所在的学院或大学。相对而言,你们是"一家人",已经非常熟悉该机构内部的语言和文化,且你所在的机构也希望你能成功。这是你锻炼技能的好地方。什么资源可以利用? 在你所在学校网站的主页上通常会有"教员专用""教员资源""学生科研",或"研究资助"的链接,这些链接或许能引导你找到学校提供的科研经费:资助的形式很多,如为小型的预研究提供阶段性资助,提供科研必需的(需提交一个小的计划书)特殊设备,研究活动所需的电脑升级以及研究活动相关的旅行预算经费等等。

内部资助资源一般来说,要求提交的计划书内容并不多(参见计划书样例4),不像外部机构要求的那样需提交冗长而繁杂的计划书。虽然有此优势,你也应该尽可能地多参加校园里关于如何撰写计划书的研讨会和工作坊,从中获得的经验不仅能让你更多地了解怎样撰写一般性的计划书,还能让你熟悉本学校在资助申请时需遵循的特定程序。此外,寻找和咨询研究顾问(通常在网络中心或研究生院)也是一个明智的方法,他们能在计划书撰写方面为你提供建议并答疑解惑。

成功地使用内部资助最有效的策略是先申请一两笔小额的内部资助(从1000到15000美元不等),实施研究,将研究成果出版,然后用这些研究报告作为自己的成绩单,用实际的研究经历支持自己的计划书进而去寻获更大数额的外部资助。这个过程既为你进行初次研究提供了起步的资金,还告诉外部机构的评审专家你的工作曾经经历过苛刻评审并获得了积极的评价,不仅通过了杂志评审委员会评审,而且还获得了所在大学资助评审委员会的肯定。

在使用内部资助资源时,还应系统地设计研究项目而不是孤立地做研究,这点非常重要。每一个研究项目都应以先前的研究为基础,不断获得研究证据,进而充分地证明你的研究构思值得外部机构的资助。系统性的科研项目具有固有的逻辑顺序,而并非单纯研究数目的累积,这就会给评审专家留下深刻的印象。很明显,一个值得资助的计划书绝不是一堆题目上毫无关联,由目标互不关联的研究构成的大杂烩。

联邦和州的资助

联邦资源主要是指美国国立卫生研究院(NIH)和国家科学基金会(NSF)所提供的资助。它们是理论研究和理论趋向应用研究的主要资助者。国立卫生研究院由27个机构和中心组成,通过这些机构来分配270多亿美元的科研经费,是为提高人类健康(如儿童、男人、女人、少数民族、老人的健康以及与健康和生活方式有关的课题)提供资助的主要联邦机构。

国家科学基金会资助科学、数学、工程学、技术以及与这些领域相关的教育研究。25%的科研经费资助给学术机构用于基础性研究。在学术界,获得这两个联邦机构中任意一项资助都会获得较高威望,一是因为这是获得大量资助经费的最佳途径,此外还因为这些机构计划书的评审专家都非常苛刻。

以国立卫生研究院的评审过程为例,该机构的评审专家来自我们本书已讨论过的计划书的所有主要方面。他们会(1)评估研究问题实践和理论的重要性;(2)确定计划书所提研究在技术上的可行性;(3)判断申请人实施研究的能力;(4)甄别研究课题与机构使命之间的吻合程度;(5)根据可资助经费的数额,评估并确定相应的公式——最后确定资助哪项研究。由于国立卫生研究院必须在特别重要的研究领域将有限的经费进行谨慎而合理的分配,因此它的评审过程也是非常复杂、全面而苛刻的,甚至有时资深的研究者也会望而生畏。

国立卫生研究院网站上会提供申请指南、具体说明、申请表格、成型的表格样例、同行评议过程的讨论以及一些增加你获得肯定评价的可能性相关建议。要仔细阅读申请指南和指导表格,所有的申请必须在线提交。

即使你已经准备好向国立卫生研究院递交申请,在此之前仍有许多制度上的障碍需要面对。虽然不同机构的申请程序有所区别,但大多需要在线提交申请。有时单单拿到所要求的签名这一项就至少需要一个月。在一个大型计划书中可能会涉及许多不同部门不同级别的政府官员:部门主任,项目主任,院长,教务长,技术设备的主管(例如网络中心),研究参与者,机构评审会,商务经理,有时甚至是机构或政府系统的首席执政官。在处理国立卫生研究院的最后时间期限上必须慎重对待的一点就是,几乎所有的这些签字都会有所耽搁。因为电子递交程序要求高度精确,而申请也只有在每个部门都认同的情况下才能被批准。多数研究者在申请接受的最后期限前至少一个月内开始计划递交申请。

一旦完成了提交计划书的所有准备,机构内部的资助项目办公室常常会将提交的计划书发送到国立卫生研究院的科学评审中心(Center For Scientific Review,

CSR）。从这时起，计划书开始进入极为复杂的评审程序，传到相应的分支机构，进行审核，最后做出决定。涉及的细节问题远远超越了本书的涵盖范围。如果你有兴趣进一步了解评审过程，可以浏览国立卫生研究院的网站。

总之，这些研究部门的研究者的精力都非常充沛，会从科学和技术的角度全面地评估计划书的价值。先拒绝后数50%的申请，然后将剩下的50%以科学价值赋予百分位数，进行排序。排序表连同先前的评审专家（和科学评审委员会主席）的评语总结一道转送至对应的专业机构［如老龄化研究所（Institute of Aging）］。然后，研究咨询委员会主要对研究部门送来的计划书，根据其科学价值百分等级，结合其他信息综合权衡考虑，如研究的主题是否能反映本机构的使命，提出的研究假设与其他研究项目或已存在的资助项目之间的相似性以及可支配的资助经费总额。有时，委员会成员也会提出哪些计划书应当予以特殊资助考虑，或对申请与机构的内部职责的关联程度提出质疑，从而将它推荐到其他部门。当然，重新分配往往需要另外的几周时间。这就提示申请者在撰写计划书时就应有明确的目标，并选择最有可能对自己研究感兴趣的机构进行申请。

国家科学基金会（NSF）是另一个较大的资助来源。和国立卫生研究院（NIH）一样，申请它的资助经费时竞争也十分激烈。每年国家科学基金会会收到将近40000份科研、教育和培训项目的计划书，其中只有11000份获得资助。此外，国家科学基金会每年还会对数千份研究生资助申请进行评审（见本章最后关于学生资助部分）。该机构本身并不参与实验室的运行管理，而是为国家科研中心、研究室、海洋调查船和南极科考站等提供资助。基金会还为大学和企业间的合作项目、美国参与的国际科学与工程项目以及教育项目提供资助。

另外一个联邦科研经费资源是美国国防部（United States Department of Defense），该部经常会资助很多科研项目。陆军、海军和空军也常有很多科研项目，并为外部研究从事军事领域研究项目制定了相应的资助申请程序。有些军事研究项目甚至为初涉科研领域的研究者和预备博士生提供资助机会。但是，这些资源通常是为满足军事领域的特殊分科研究而设置的。所以，这些资助机会更有可能为对军队内部较为熟悉或与某军事分支研究领域有联系的研究者所获得。

一些较大的州也提供相应的科研经费，但这些州立科研经费通常以本州的特定议程为中心，例如促进某项技术更新，增加州内某类型的资源，如农业、渔业或商业等领域的资源。多数州立教育和卫生机构都会支持应用研究，可以通过浏览州政府网站获得相关信息。州立机构资助申请流程与联邦机构的流程相似。找到联系人，简要而经常性地与他们进行沟通，遵循相应的指导和申请规范。

基金会的资助

由于每个基金会处理经费申请计划书的程序不同,我们不会像上面那样以国立卫生研究院为例做出具体阐述。但是,我们能为如何与基金会工作人员交往以及如何提高申请的成功率提供相关建议。

每家基金会都会在章程中明确组织的特定使命。有些经费限定资助可促进社区福利的应用项目(如促进贫困人口法律援助的服务项目),而科研项目会被拒之门外。有些基金会是为支持某特定领域的科研而设立的(例如,心理健康和教育)。还有些基金会可同时资助服务项目和科研项目。属于后者的基金会更愿意资助与基金会使命某方面紧密相关且服务于自己使命的科研项目。即使该机构愿意资助你的科研项目,他们主要的关注点仍是你的研究发现是否对其所在领域和成员产生影响。

因此,在寻求将基金会作为潜在的资助资源时,应首先了解该基金会的使命。如果该基金会的关注点与你的研究计划看起来似乎有些联系,那么接下来你要做的就是认真思考该基金会领导者制定的优先关注点,以及收集相关信息深入了解近年来该基金会都资助过哪种类型的研究。如果最近该基金会资助的科研项目恰好是你的研究所关注的领域,那么仔细阅读相关的内容也会对你产生极大的帮助。即使你无法拿到这些计划书,该基金会所提供的公共文件里也应该包括相关的最终报告。

与基金会工作人员的初次接触非常重要。对每个人都应以礼相待,不论是执行理事、理事会成员,还是接待员,要牢记珍惜别人的时间是表达尊重的最佳方式。如果该基金会的审议议程明显与你当前的研究构思不相符,也应对负责审核者花费了时间表示感谢,有礼貌地离开。也可以表示希望以后能再次申请。

在这种竞争激烈的资助竞赛中,勉强将一个研究领域互不关联的计划书硬塞给某个基金会只意味着浪费时间和精力。但当你与工作人员初次联系时发现,双方可能存在共同的关注点,那么在你进一步修改和提交计划书之前,可先与工作人员进行深入探讨。

多数基金会非常欢迎工作人员与有潜力的申请者讨论有潜力的计划书。探索双方共同关注的研究领域,初步审核有潜力的申请者是机构的职责所在,也是组织利益最大化的体现。工作人员会请你关注申请的截止日期,告知申请程序、基金会当前最关注的研究领域、评审的运作流程以及本机构中谁有权做出最后决策。

和政府机构一样，很多基金会都会提供资助申请指南，对各种计划书应遵循的格式详细进行说明。也有些基金会对计划书的格式不做限定，各种格式均可接受。同样，有些基金会只会在一年中特定的时间点（或时间段）公布资助评审结果，而有的基金会不论何时收到申请都会给予反馈。因此，研究应该详细了解计划书评审程序的规则并严格遵守。举例来说，如果申请程序明确规定计划书应采用打孔方式装订，那么就按照规则说的做（如果你真的想获得资助）！

如果你的计划书能按时提交到基金会的办公室且格式正确，那么接下来的就是评审过程了，该过程通常按以下几种方式运作。

1. 单独一位评委会成员就计划书的科学价值、你实施该项研究的能力以及该项研究是否与基金会的优先关注点相关等内容做出评估。目前，虽然这种评审方式较为少见，但在一些基金会仍旧可以遇到。

2. 由一位或多位评委会成员对计划书进行评审，然后就以上所提到的一些（或所有）要点给出评估意见。最后基金会的理事长（或专门的评审委员会）根据这些信息做出决策。该评审过程和前文描述过的国立卫生研究院的评审一样正式——也进行排序——或许谈不上正式，也不会那么详细，但总的来说评审委员会肯定会讨论究竟哪项计划可为基金会支付的经费带来最大的收益。

3. 除了评审委员会成员进行评审外，有的基金会还会聘请对该计划书涉及的研究领域有较深造诣的外部专家提供补充评语。汇总所有评语后，送达下一级程序进行评审和决策。

如果计划书没有通过审核，能从评审委员会或基金会工作人员那里获得相应的反馈意见对你来说也大有裨益。这样你不仅能知道如何进一步完善自己的计划书，还有希望将来再次向该基金会提交其他申请。对他们的评审过程以及究竟哪些因素对计划书的接受或拒绝起关键性作用等了解得越全面，随后的申请获得成功的可能性就越大。不管结果怎样，即使是面对拒绝仍能保持有条不紊、以礼待人是非常重要的。正如一位经验丰富的基金会主管告诉我们，"没人喜欢牢骚抱怨"。与基金会工作人员积极的交流能为以后得到肯定奠定基础。

如果你的计划书获得了资助，特别是当地基金会的资助且研究项目就在附近实施的情况下，可以预想到基金会对该项目持续性的督导会比政府机构的多得多。当地基金会希望自己的资助能尽可能多地获得知名度，因为这能增加董事会对他们的信任，并筹集更多的资金。有时需要研究者提供中期报告，有时你得向理事会、电视观众做口头汇报或者参加由基金会赞助的社区活动。

商业资助

从商业公司获得科研经费与向政府机构或基金会申请资助的程序存在较大差异。通常是公司的研究者、技术人员或研究管理人员知晓相关的资助信息。一般来说，必须在公司内有人支持你的研究计划，并通过内部管理渠道推荐你的研究构思，才能建立合作关系。

尽管舒马赫(Schumacher)《获得资助》(*Get Funded*,1992)一书已停止印刷销售，但这本经典教材中列举了很多有效的方法(pp.95‐108)，能够帮助申请者找到资助资源，发掘对你的研究计划感兴趣的潜在公司客户。书中还提供了一些建议，可以增进研究者和商业组织之间彼此了解以及如何构建良性的研究伙伴关系。下面我们简要列举了其中的一些方法。

1.与那些在企业或工厂工作的同学或同事保持联系。

2.争取获得在该公司有人脉关系的校友的帮助。

3.请那些与公司存在合作关系的大学教师帮助引荐。

4.参加该公司代表的校园讲座。

5.与到你学校的公司招聘人员进行交谈。

6.与企业某部门的代表且又在你所在研究所咨询委员兼职的人员取得联系。

7.通过你所在州的经济发展机构行与某商业组织取得联系。

8.通过教育合作项目和实习途径，将你的学生安排到与你有共同研究关注点的公司任职。

9.通过所在学校的经济管理学院寻找可能的途径。

10.与本研究领域有著作出版的研究者取得联系。

商业基金会

大多数商业基金会与慈善基金会在申请方面存在很大差异。能否从此类机构中获得科研经费常与总公司的利润率及其波动变化有关。基金会的性质和目标通常与其商业支持者的利益密切相关，但是基金会使命的书面演示，通常的做法是采用一般性描述，这样就很难看出该组织真正的优先关注点和偏向。

商业基金会的经费通常优先授予特定的高等教育机构。经费的资助是以历史的联系为基础的，如公司创立者曾在那接受了大学教育或者公司与研究机构的负责人存在亲属关系。因此，在资助关系上毫无优势的研究申请或信函一般很难获得公司基金会管理者的青睐。由此可见，与商业组织进行直接联系时，最佳的途径是找到一位对你的计划书非常感兴趣并能提供资助的内部支持者。

申请课题经费的全局观

前面我们已经论述了如何寻找可为研究项目提供经费的潜在资助源，以及随后如何与他们建立联系。接下来我们将关注点转向资助计划书本身，但在详细分析计划书的具体内容和相关细节（见第十章内容）前，我们首先想重点强调，在计划书撰写过程中，脑中必须始终有宏观的全局观念。在本部分中，我们将从五个方面详细论述如何保持全局观。

第一，研究计划书与纯学术的论文和博士论文是两种不同的文体，进行区分是非常重要的。

第二，预想评审专家在阅读计划书时采用的评审标准，对你撰写计划书是非常有用的。

第三，在你确定、构思以及描述研究问题时，应明智意识到，研究问题不仅是计划书的一个组成部分，而且它还是评审时诱发肯定或否定反应的最大诱因。

第四，不论计划书的辞藻多么华丽，计划书文本的质量是评审专家关注的重点，由它构成了评审公式，评审专家据此评估资助你的计划书是否属明智之举，并最终做出决策。

第五，你必须清醒地认知你是谁，你将要实施的研究到底有何创新，以及评审专家会如何评价你的计划书。

资助申请的特点

资助申请是正式请求资助者给予支持，通常是资助者以资金形式对自己特别感兴趣的研究项目向个人或团体申请者提供科研经费。从严格意义来说，资助是一种经费授予行为，且对经费的使用规则和情况未作详细界定。相比而言，合同是指来自资助者的工作订单，其中对工作程序、开销和资助期限都明确进行了界定。因此，通常所说的大多数资助计划书是申请资助的一项合同，而并不是资助。

资助请求通常应包含两方面内容：（1）申请经费；（2）对将受到资助的研究行为进行详细说明。一般来说，计划书和计划书之间的区别并不太大，甚至经常互换使用。但各种研究资助申请，只有计划书中会包含预算、个人简历、研究设备描述以及研究结果的发布计划等内容。因此，从某种意义上来说，撰写资助申请所需的多数技巧基本上与撰写研究计划是一样的。

　　资助申请和本书前面所描述的论文中的研究计划之间主要的区别在于,前者需要:(1)遵照资助者所要求的格式,有时需要进行详细的说明;(2)向资助机构展现研究最大的吸引力;(3)掌握除研究计划本身需求之外,完成申请所需要的其他技巧。总之,一个成熟完善的研究计划在任何时候都不会失效,不管是出现在面向国立卫生研究院、慈善基金会的资助申请里,还是搁置于导师桌上的论文研究计划书中。

　　资助机构收到资助申请后,会阅读并对此进行评价,该过程通称为评审。在同一资助期内(这种周期通常为一年,但也可能是更长或更短的一段时间),你的申请常常会和其他竞争获得资助的申请一起接受审核。在评审递交的文件时,机构或基金会会根据程序化的步骤来完成评估,并最后确定资助对象,以及资助水平。

　　各种评审程序之间区别较大,复杂程度也相去甚远。在较小的机构里,可能只有一个读者来进行评价,提出建议。大型的政府机构和私人基金会会将研究成员和内部专家组成评委团,进行多次审核。如果你正考虑撰写一个资助申请,那么首先得清楚详细地了解你将要遇到的评审程序。这些信息的最佳来源,理所当然就是你所申请的机构。

　　虽然评审程序的复杂和严格程度不一,但它们的关注点都相同:成功的可能性和计划书的质量。标准如下:

　　1.意义:找出研究问题的答案是否重要? 是否能促进人类文明? 是否能在该领域产生理论或实践上的影响?

　　2.方法:研究方法是否成熟? 是否适合用来解决假设的研究问题?

　　3.创新:假设是否描述一种新概念,途径或方式是什么? 该研究是否是原创的? 是否具有创造性?

　　4.研究者:研究者是否接受过良好的训练? 是否有能力实施完成这项研究?

　　5.环境:实验室、医疗中心或实践场地是否适于进行研究? 是否具有独特之处从而增加研究成功的可能性? 是否有其他组织或机构资助这项研究?

　　判断你能否成功地完成研究项目,确认研究的价值和完整性是评审过程中最重要的步骤。不管研究思路多么吸引人,如果不能成功完成,也毫无意义。评审专家会根据你的受训程度、科研经历以及工作环境来判断你成功完成研究的可能性。对研究问题的意义诠释得是否清晰,是否具有说服力以及研究设计是否能较好地服务于研究等都决定着研究的价值。

资助申请的基石:研究问题

　　任何一项成功的研究计划,研究问题都是其基础所在。如果研究者提出的研究问题,其答案对资助机构来说十分重要,能填补知识的空白,普及相应的理论并对很多个体或机构具有潜在的影响,那么评审专家会马上产生兴趣,认真关注并仔细阅读计划书。但是另外一方面,如果评审专家对研究问题的第一反应是"即便如此,那又怎样?"那么不管你的计划书写得多么好,也不会得到肯定的答复。

因此在研究构思和进一步诠释研究问题上会花费大量的时间和精力。而且在头脑中初步有了研究思路,就应该考虑谁会对问题的答案感兴趣。研究问题的特征其实是指引你找到合适的资助源的主要方式。选择确定了一个或更多潜在的资助者,接下来要做的就是研究他们评审计划书的标准了。

确保申请书的质量

虽然研究者的身份十分重要,但任何明星效应都无法遮掩一个毫无意义的研究问题或设计糟糕的研究方案。出于综合性和概括性的考虑,研究问题应视为衡量研究计划的首要考虑因素也是最重要因素。在多少学科和专业中,有多少人会受到研究结果的影响? 对其他学科和专业的研究问题,研究结果的普适性有多大? 可能的研究发现是否对其他专业领域产生深刻的影响,如教育、医药、医疗康复? 第二,研究设计是否具有创新性? 在同等条件下,那些可能开辟新的领域,变革常用的研究技术,或者以新的范式对现象重新进行诠释的研究计划,更容易获得资助者的青睐。

研究设计和研究方法是衡量申请书质量的第二项因素。评审专家会审慎地考虑这些因素,因为研究设计和方法上的错误可能会严重影响研究的结果。例如,评审专家一般都会特别关注对研究参与者的描述,确保研究参与者的特征、数目以及取样过程恰当合理。试想即使是普通读者,在阅读前也会关注采用的测试和评估的程序,以确保研究的内容较新和施测的方法得当

最后,正如你预想的那样,读者中统计学专家一定会仔细推敲研究中的分析解释,以确定你是否已尽最大努力对研究的问题和假设进行了合理而严格的检验。但是,不要以为这个规则对质性研究不起作用,这种想法是有风险的。例如,我们发现目前评审专家对数据分析的审查也同样仔细和挑剔,并不亚于过去对数字和数量运算审核的审慎程度。

这就引出了评审专家对申请书较关注的第三项重要特征。因为本书三位作者都曾担任过评审专家,所以我们可以十分确定地说这也是整个申请书撰写过程中最易被忽视,但也是最至关重要的因素之一。坦白地说,如果申请资助者甚至不愿意花点时间和精力去完成一份符合规范的书面文件,那么你有何理由相信,他在实施研究时会有多认真和谨慎呢?

坦率地说，我们在这里所说的"写作规范"指的是申请书的格式标准和表述充分。要么不做，做就要做好，这是理所当然的。虽然世上善于编辑科学文稿的优秀编辑并不多，但至少还是存在的。如果你发现了这种人才，谨慎地发挥他（或她）的才能，尊重、珍惜他（或她）的劳动，并给予适当的报酬。

为了避免误解，这里需要指出的是我们并不是要求优美的表达或是将想法十分花哨地呈现出来。事实上，我们倡导的刚好与此相反。简练不仅是智慧的精髓所在，还是使读者理解领悟，使评审专家产生共鸣的直接途径。记住：学会用语简洁，必要时使用图示，尽量少使用行话，以免产生歧义。

研究者个人因素

评审委员会的成员都期望申请者的计划书能让他们有充足的理由，批准资助申请。他们不仅希望自己的确能够获得最感兴趣的研究结果，而且还要求申请者提出的研究设计足够完美，能证明研究者可以出色地完成工作。而证明能力的最佳方法莫过于研究者在该领域已经出版了一系列著作，也就是说有该研究领域的成绩记录。你能提供哪些成绩记录，以此引起评审专家的注意，并获得其信任呢？

通常，如果研究者能在研究申请中引用以前的研究，研究初始阶段的文件，或者在申请程序允许的情况下，提供以前研究报告的复印件，以便证实所提出的技术方法的可信度，或支持随后将提到的指导理论，那么评审委员就能更加确信申请者实施研究的能力。

相反，如果申请者只是一个新手，或者还没有在任何研究领域完成一项研究项目，那么评审委员会就只能根据一些间接因素判断申请者的能力，最后，或许由信任程度和直觉决定。但可想而知，委员会通常不愿意承担这种风险，而会选择那些由成绩记录优秀的人提出的计划书。

正是由于成绩记录如此重要，所以那些在博士阶段积极参加研究项目并已经获得博士后学位的年轻人常常能成功获得资助。在博士和博士后的科研项目中，新加入的研究者都有足够的机会练习撰写计划书并在经验丰富的导师指导下发表文章。

除成绩单外，评审委员会还会权衡其他因素（最常见的是研究问题和计划的质量），而且不论是新手还是资深的研究员，如果能开拓一个新领域，有时也能获得资助。随后的研究者常会处于一种尴尬的境地，那就是重新呈现以前的研究者为获取资助曾尽力表现过的场景，但首个计划书就不需要遭遇这样的情景。但不可否认的是，以前同类研究的质量是决定成功的重要因素。

我们在此重点强调成绩记录并不是为了劝阻初学者，而是为了阐明我们认为十分有用的一条建议。建立成绩记录的一个好办法是从小处着手，从当地机构中寻找小笔资助资金，尤其是研究者自己工作的机构，或那些鼓励学生进行研究并提供少量资助资金或奖励的专业组织。另一个决定研究是否能成功进行的重要因素是研究的周围条件。评审专家常常会关注研究过程中你的同事、大学或机构所能给予的支持。此处所说的支持，包括研究实施的空间、设备和电脑资源，可利用的咨询者如数据统计人员、技术人员、机构主管、领导，以及其他部门从事与本研究的相关人员。

如何对待拒绝

不管是向政府机构、慈善基金会，还是商业附属组织递交资助申请，都需要与其他的申请者竞争。这种竞争通常通过评审来解决，而在评审的过程中，任何形式的申请，最终都会面对读者。这个事实说明了一个不变的真理：无法吸引读者注意的申请注定要失败！

计划书通常堆积如山，这时如果不能首先吸引评审专家的注意，计划书即便做到了细致缜密、考虑周全，也无法再按照前面所说的质量要求和资助者喜好的标准参加接下来的评审，无法再参与竞争。因此，在第九章中我们对如何使研究问题和方法设计变得更具有吸引力的因素进行介绍。

被拒绝的原因

被拒绝的原因不仅在于计划书的内容不具吸引力，还可能是外交辞令——这常归结为少数极为简单甚至耳熟能详的失误。从纯粹统计学的角度来看，任何计划书被拒绝的可能性都很大，所以初学者更应该认真阅读这些看似平常的原因，为什么"递交了申请，却遭到拒绝"。正如表9.1中所显示的，被拒绝的原因大致有四个方面：程序、方法、个人和价值回报。虽然我们早已指出，那些遭到拒绝的申请，常常是在某些简单的而且显而易见的方面有所缺陷，但有时即使是一些十分完美的申请，也同样会遭遇拒绝。有些优秀的研究和资助失之交臂与它本身的质量毫无关系，而可能只是在环境因素方面稍欠运气，所以不要以为被否决就意味着计划书一无是处。

即使表9.1中所列举的原因皆不成立，也必然存在某些其他因素，因为在其他同样优秀的竞争者之中，任何一个计划书都不可能无缘无故地吸引评审专家。

这时，主观因素往往能发挥决定性的作用，而不是逻辑思维所能解释的。下一章讨论的内容是关于再次递交计划书的问题，主要是为首次遭到拒绝，并有再次申请打算的作者准备的。

在递交申请，特别是第一次递交资助申请时，要时刻有被拒绝的准备。这在一个人的学术生涯中是很常见的，尤其是对新手来说。正如真正学会完成一项复杂的工作，需要不断练习一样，要写出成功的计划书，也要屡次实践。只要申请者能从那些评价反馈中有所收获，那么每一次全新尝试后，都会有重大的进步。

表9.1　申请遭到拒绝的常见原因

程序原因

1.递交的申请超过了截止日期。

2.未严格遵照计划书在内容、格式和长度等方面的规定。

3.计划书对研究问题一个或几个方面解释得不够清楚。

4.计划书对研究问题一个或几个方面阐述得也不够完整。

5.作者对一些问题存在较多偏见，与评审专家的看法相左。

6.写作水平低下，如提出的观点过于夸张，论述模糊不清，解释重复，内容长度不合理。

7.提交的计划书文件，存在较多程序上的错误，反映出作者态度不够严谨，对计划书的内容未作推敲。研究者在实施研究时也存在类似问题风险，因此，拒绝接受该计划书。

方法原因

8.研究的问题、设计和方法拘于传统，未能让评审专家觉得与众不同、有吸引力或巧妙创新。

9.研究设计与研究目的不符。

个人原因

10.正如一些作品评论中提到的，作者本身并不十分了解该领域。

11.就受训程度、科研经历以及可供支配的资源而言，研究设计似乎超出了作者力所能及的范围。

价值回报原因

12.研究设计不在该机构本年度首要考虑范围之内。

13.对设备、物资以及人力资源需求量的预算不实际。

14.研究项目的花费似乎超过了从中可能获得的任何利润。

在许多评审体系中，提供反馈信息是拒绝资助申请过程的部分内容。反馈内容常常是对计划书的总结评价，有时甚至会包括一些修改建议。申请者都应仔细阅读。如果研究者打算再次递交资助申请，在撰写新稿之前，应该尽可能多地参考这些评论，不断修改、核查，强化相应的理论内容。此外，如果递交的原稿与通知结果之间的时间间隔足够，应充分利用起来，收集新的原始数据，或寻求另外一些新出版物，促进申请成功完成。

最容易处理的评语是关于研究构思或方法方面的问题。这时，需要做出的选择很简单：是更改原始方案，还是为其提供更有力的论证。评语的关键点也可能并不是研究构思的内容，而是撰写计划书的格式。有时，如果对研究问题或方法没有给以任何实质性的评论，那就说明双方在交流上出现了问题。也有可能虽然评审专家能领悟理解研究方案，但对一些非技术性的问题保留意见，如经费投入与潜在回报之间不成比例。如果是前一种情况，只需重新撰写，使内容清晰即可；但对于后者，只有两种选择：强调研究的重要性，或尽量减少预算。

最棘手的反馈是涉及研究问题本身的评述。这时，读者必须十分谨慎地阅读评审专家的评论，判断问题是出在研究逻辑或设计方面，还是评审专家质疑研究价值的委婉表达？

有时，评审专家会含蓄地表示对该研究项目不感兴趣，因为他们不想表达得过于直白："我认为这根本就没有价值！"遗憾的是这种含蓄的表达有时会让申请人疯狂地寻找计划书中任何一个可能的缺陷（不管有多么小），以明确拒绝的原因。最近，国立卫生研究院的评审程序受到重新审核，这也是其中的问题之一。虽然这次审核并不会造成太大的变化，但它却向每个评审专家提出了一个评审时必须考虑的新问题：申请的研究项目是否能开创先河，是否有巨大贡献？

如果答案是否定的，这就意味着你的研究问题有不足之处。对此，唯一有意义的回应就是提供更多理据，增强说服力，或对你思考的研究问题做较大修改。不论怎样回应，都要求你在参考评审专家的评论时，不仅阅读句子本身，还要体会其中的潜台词。

对评论做出回应后，就可以再次提交被拒绝的计划书，里面还应附上一封信，说明该文件是第二次提交，希望能接受原任评审专家的评审。由于首位评审专家熟悉计划书内容，这样就能避免其他评审专家评审时因思维方式不同（以及偏见）而提出新的问题。如果评审专家在反馈中鼓励你做出修改，资助者也并未指出研究论题不合适，那么你就可以反复提交数次。

如果你对计划书遭到拒绝的某些反馈内容存在质疑，也可以通过电话或邮件方式与汇总协调评审过程的工作人员联系，或者直接面谈。当你不能确定被拒绝的主要原因是研究问题，还是研究方法和设计的内容时，这种方法的作用尤为显著。另外，认真恭敬地倾听，往往能获得更多改进和提高计划书的意见。有时，机构或基金会的工作人员还会帮助申请者分析重新提交申请获得成功的可能性。但是申请者应该明白，工作人员只能对此提供一些个人看法，做出最后决定的往往另有其人。

虽然第一次申请失败，但只要自己的研究有价值，就不应该放弃寻找其他的资助。客观的评论往往有利于进一步完善计划书。不管是进行深入研究为你所修改的内容提供论据，还是经过详细思考让设计方案更加清晰，或是与同事探讨可行的修改方案，这些都能增长你在选择研究论题方面的知识，并能让自己的计划书变得通俗易懂，令人信服。那些善于撰写计划书且经常成功获得资助的人，以及计划书的评审专家都知道,只有那些坚持不懈的人才能获得资助。因为在尝试和修改的过程中,研究者的写作水平不断提高,计划书也不断完善,然后才具备了资助的价值。

研究计划应有长远视野

近几年,申请大数额资助经费的竞争越来越激烈,计划书涉及的细节问题越来越多,对研究设计要求越来越高,相关的申请程序也越来越复杂。过去,在资助经费充足而申请人较少时,资助就如同摇钱树,申请过程也相对简单便捷,但现在并非如此。过去,一个普通的计划书通常只需要花费一到两周的时间。而目前同样的文件却需要准备几个月。尽管如此,如果你想在学术上有所成就,就别无选择。尤其是你置身于大学环境,撰写研究资助计划书是生存发展的必备技能。

撰写计划书时,当你按照逻辑顺序采取相应步骤,并对完成每一步所需时间进行合理分配后,就会明白最让人无法忍受的是写作过程中的要求如此严格,有时会让人精疲力尽。你也可以说它的优点是颇具挑战性,甚至启发性。尤其是当你与那些专业领域可以互补的研究者合作,共同设计研究计划时,个人成长更为明显。在确定研究问题和进行研究设计过程中,与同事进行交流不仅具有启发性,而且还是进行合作、共同奋进的强大动力。试想资助申请完成后,评审专家审核计划书,然后获得资助。那时你得到的不仅仅是成功带来的满足,更令人兴奋的是可以实施一项由经费资助的优秀研究。

给学生的忠告和鼓励

在本章结尾,我们想留给学生一些忠告和鼓励。通过阅读上面的内容,对科研经费寻找过程中需经历的尝试和磨练有所了解后,或许能够理解为什么在完成学术论文、毕业论文或做独立的科研项目以及初始的调查时,很少有学生会去申请科研经费、奖励或奖学金,用来资助自己的研究。放弃申请经费机会的原因有如下几种。

第一,学生觉得无法控制、很难克服在研究构思以及撰写必要的计划书时必须面对的困难和障碍。第二,导师通常不鼓励学生申请科研经费。事实上,即使未曾言明(或许是无意),有时导师还会流露出劝阻的态度,认为学生的研究并非"正事",所以不值得花费精力去寻求资助。第三,毕业设计时间较短,学生在项目或论文开始前几个月就需要构思撰写资助申请,但同时还要应付一些看似普通却很重要的事：上课、准备考试、助教工作。由于未来的研究资助申请只是一个未知数，学生首先考虑的当然是周一早上的必修课程。

当然，在一些较大的大学里，学生是研究组的成员，常常直接参与资助创立的实验室，或长期受到资助的研究项目，对此已习以为常，所以在准备一项研究时总会把设计资助申请作为一个必要的步骤（和习惯）。但是，这些实习生和研究助手只代表了学生中的少数人，并非所有设计实施研究的学生都如此幸运。基本上每年都有几千名学生在没有任何资助的情况下，完成研究，而且学校也未曾计划或期望他们学习如何寻求资助，更不幸的是，有些教师甚至不相信学生能做到。

反思寻求资助的原因

我们认为资助申请失败，寻找任何借口都不可接受。至少，所有这些借口都只是从眼前出发，且不利于学生的教育和研究质量（以及个人的生活）提升。我们希望着眼未来，从一个新的角度更为积极地思考寻找经费资助自己的研究以及经费获得的概率等问题。

很多研究生院的老师认为研究生院每年都会收到一大笔学生科研经费，因此研究生不仅应尽早着手准备科研计划，而且在整个研究项目过程中都应该持续去寻求资助。重要的是，此类科研经费会提供相应的培训，对于将来在任何职业领域获得成功，包括在研究领域获得成功都非常有帮助。

除了以上所提到的来自个人和研究所方面的阻力，一种普遍的观点是学生研究很难获得经费，至少获得的微小数目与申请时耗费的大量时间相比得不偿失。我们希望本章前面"学生研究项目的专项资金"那部分内容能使你改变看法。我们总结了三种影响较大，较普遍的对学生能否获得经费从事科研，持否定意见的观点。资助机构只会将经费授予：（1）递交了申请的研究者；（2）严格按照规定填写了申请表格者；（3）在最后截止日期之前递交申请者。

申请的人，得到资助；不申请，就得不到。

认真想想。

提高申请成功率的建议

不可否认，还存在其他的资助分配方式。例如不同学科分配到的可用经费数量不等。而且，许多奖项在颁发时，常由一些与研究本身无关的因素决定（例如，性别、种族、国籍、机构、教会信仰、军事地位、职业、内部关系、地理位置等等）。如果有获得资助的经历，那这会是一个不可小觑的优势。并且，即使之前所获得的奖励只是一些像内部机构时常颁发的小型的奖项(100到200美元),也有利于你获得更高层次的资助。

事实上,如果计划书中某些内容与资助机构关注的主要研究领域密切相关,那么评审专家往往会对此有所偏爱。而且,即使在计划书撰写之前或撰写过程中(相对于撰写工作完成以后又产生新的想法)开始考虑资助,如果不必付出像放弃主要研究目的这样沉重的代价,而只是在研究目的、样本、地点、研究方法等方面做出微调或改进,事实上,也能使计划书变得有吸引力,符合资助机构的要求。

从内部开始申请

几乎所有的学校都明确规定给予研究生和本科生的研究项目提供内部资助。找到相关的办公室,详细了解必要的规则。这种奖金通常数额不大,但仍会对你有所帮助,即使一个小小的成功申请经历,也会为你的成绩记录增色不少,从而为你以后提交内部申请和外部申请提供明显的优势。

现在马上开始行动

有三条著名法则主导着房产的价值——"选择地点,选择地点,还是选择地点",与此相似,在寻找研究资助方面也有三条著名法则——"掌握时机,掌握时机,还是掌握时机"。新手在完成计划书后,通常的做法是,从导师或研究生院获得认可,然后拿着一份50页的文件,去当地类似于研究事务办公室的地方,问道:"请问,我从哪可以获得资助来完成这个研究?"因为从很多方面来看,一旦申请被拒绝,想再次申请往往为时已晚。因为已经错过了对计划书进行调整,增进项目的吸引力,以获得潜在资助的最佳时机。但所谓的过迟(或过早),往往是针对周期性资助中的最后限期而言的,如果临时需要申请,任何时候都合适。

审定学生的资助申请需要3~9个月(与花费在撰写申请上的时间相比,这种本身为时不短的等待似乎显得更加漫长),而申请学生研究资助的截止日期中,65%集中在9月和3月(如果将10月和4月包括在内,比例是85%)。对于许多机构来说,错过了截止日期就意味着,在下次申请评定开始之前需要等待整整一年。

与其他专业领域的学生联系交流

目前对研究的资助,采用跨学科调查方法的计划书似乎更受青睐并逐渐成为一种趋势。这种趋势几乎遍布各个专业领域,特别是在政府机构更是如此。那些充分利用这种趋势的学生科研项目不仅有更大的机会获得经费,而且还能为参加合作研究做了准备,而受训者在毕业时必定会碰到这种合作形式。许多院校中,为方便论文中的跨学科合作,研究生院甚至特意调整了有关规定。

不论是通过非正式的沟通,还是正式的交流,与其他学科的学生进行讨论,你常能发现有趣的理论或实践问题可以同时应用于多个研究领域。其中有些思考角度为研究提供了机会,超出单一学科的限制,这样,就能为那些惯于打破定向的专业思维的学生吸引资助。

时刻准备展现自己

在本书中(第二章和第九章),我们已经就学术简历提供了不少建议,在此我们再次督促你根据自身情况准备一份(或几份,服务于不同目标的)简历。将自己的个人学术记录保存在电脑上,会使这项工作变得更为轻松。几乎所有的资助申请都必须同时附上一份学术简历。此外,许多学生科研资助者都会要求附上一份"个人简介"或"个人概述"。这和向大学递交的入学申请中的部分内容十分相似。

特别是处于学位论文准备前期的博士生,资助机构知道这些申请的候选者一般都没有获得资助或出版物的成绩记录。所以,他们着重挑选那些明白自己在学校进行研究培训的原因,以及在学术领域里已经找到自己真正兴趣所在的学生申请人。如果你能牢记这些,并拥有充足的时间撰写数次,同时还获得一些编辑上的帮助,那么在看到你的个人概述时,任何一个资助机构都会认为你是值得他们投资的潜力股。提前完成这些自我描述的工作,便于在机会敲门时,迅速做出有效的反应。

三、四年级本科生,请注意！数目惊人的奖学金专门用于资助处于研究生学习阶段的"入门阶段学生"(且这种现象似乎在基金会中越来越普遍)。事实上,有些研究生的奖学金甚至明确规定申请人不必累积任何的研究生学分。当然,不是所有这些奖励都可能成为资助学生研究项目的资金,但在那些已成为事实的例子中,几乎所有的奖学金都由那些抓住机会并在三、四年级就开始提出申请的本科生获得。

甚至获得过研究生科研的学费,在随后申请(同一机构的)经费支持与该科研项目相关的调查研究时,也能得到优先考虑。如果你打算取得硕士学位,那么在取得学士学位前就开始寻找可能的经费资助(包括科研经费),这才是事业规划的明智之举。

有些资助,在职学生也可申请

有些资助机构同样欢迎那些未附属于任何院校的在职学生和个人递交申请。这时,个人的成就比获得的学位显得更为重要。虽然,证实自己实施调查研究的能力是重中之重,但或许和其他地方一样,获得该研究领域有影响力的学者的强烈推荐和详细介绍仍是必要条件之一。

不管结果如何——多注好处想想

无论是为你的研究寻找资助资金,还是从资助机构的角度构思你的计划书,抑或是成功完成一份成熟的计划书所必需的各项任务,这些都是具有永恒价值的学习经历。我们认识的所有资深学者,虽然都曾多次获得研究资助,但也有不少遭到否决的经历。如果是仍处于学习阶段的学生百战百胜,那倒是令人感到意外。那些"认可,但不资助"的委婉拒绝以及简单一句"未审核通过"确实让人难以接受。我们无法安慰你说事实并非如此。但经历这个过程的确能使你变得更睿智,信念更坚定,而且再次申请时获得成功的概率也会更大。总之,如果遭到拒绝,不要气馁,申请,申请,继续申请!

第十章　准备科研经费申请书

　　课题申请人一旦选定资助机构,首要任务就是获取官方申请指南,严格遵照指南要求提交申请书。以下将讨论撰写一般课题经费申请书时需要考虑的一些因素。但落实到具体计划书的撰写,需结合本章信息与课题经费评审机构官方指南作为参考。

　　第九章已经提到,课题经费申请书应包含两个部分,资助申请和研究计划介绍。申请书的内容和本书讨论的主要部分都一样(表10.1),但课题经费申请书在很多方面会有所侧重,本章要讨论的正是这些差异。前文已就一般科研项目计划书的撰写提供了建议,此处不再赘述。然而,如先前介绍过的,内容对资助申请过程来说特别重要,本章也会根据两者的差异提出相应的处理办法。基于以上原因,简要回顾第四章的内容有所裨益。

研究计划的模式和流程图

　　撰写课题经费申请书,通常要与作者研究机构之外的行政单位的人员打交道。

表 10.1　课题经费申请书的构成要素

课题申请
　　研究者基本信息
　　设备、仪器和其他可用的专门资源
　　成员及顾问需求；支持服务
　　预算
研究计划
　　摘要
　　目的、具体目标、假设
　　背景资料及立项依据
　　研究意义
　　初步研究/进度报告
　　研究设计/方法
　　数据分析

续表

研究进度表
科研成果
附录
  预印本,重印本
  具体的实验过程,实验设备描述
  照片/图像
  推荐信

  保证机构审核通过、征得同行评议、获得推荐信、积累预算信息、收集人员承诺、撰写简历、获取多人签名均使这个过程变得更加复杂。另外,各个阶段有各自的截止日期,必须按时按顺序完成。基于上述原因,即使撰写一项相对简单的资助申请的能力需求,都可能轻易超过在限定领域撰写论文或博士论文通常所需的管理能力。

表10.2　需要完成的任务和重要的截止日期

  初次回复计划书提交通知
  预计划书或意向书的截止日期
  提交至人体试验审查委员会的截止日期
  取得行政部门签字的截止日期
  主席
  院长
  资助研究办公室
  电脑服务部主任
  交付打印的截止日期
  提交申请计划书的截止日期
  资助公布日期
主要发展阶段
  获取指南
  联系资助机构的项目官员
  确定申请计划书的主要作者
  准备摘要或预计划书并提交意向书
  联系合作支持单位
  取得初步的行政部门同意
  完成文献综述
  确定研究设计
  撰写计划书初稿
  撰写计划书摘要
  开始人体试验审查
  开始内部同行评议
  拟定预算
  根据评审反馈修改计划书
  整理简历
  取得推荐信

续表

> 取得支持单位或个人的书面保证
> 填写资料核实表
> 打印最终文件
> 取得行政部门签字
> 复印申请计划书
> 提交申请计划书

撰写课题经费申请书通常都需要经过复杂的程序,因此如今市面上有很多管理模型、流程图和进度指南,旨在为申请书作者提供指导。但对大多数初学者来说,想要将申请所需的所有过程均安排得井井有条,最好的方法还是自制流程图,将规定的任务和截止日期填进去。

一旦确定研究内容和选定合适的资助机构,可将表10.2罗列的项目与实际情况结合,用文本框和箭头表示,组成有适当截止日期的申请顺序流程图。 这其实就是你自己的个人进度表,也是随课题经费申请书提交的研究进度表的蓝本。

初次撰写资助计划书的研究者最好把"墨菲定律"铭记在心,"任何事情耗时都比你预想的要长(尤其在夏天)"。需要依靠大学其他部门里忙碌的工作人员主动合作时,为任何步骤设定截止日期最好都多留几个星期的缓冲时间。这在打印、校对申请计划书时尤其重要。即使文件是在电脑上打印的,打字本身往往也需要几周时间。这样导致耗时总会比你预期的更长。因为申请计划书的工程浩大,打印出来常有50~100页,且不能有任何错误,所以如把打印拖到最后、不留充裕时间,会增加打字人员的工作量不说,连其他的本职工作都会无暇顾及。另外,每一份草稿都要反复核对。其结果是"墨菲定律"在这里可能成为现实。

在计划书的申请部分通常由若干标准表格构成,资助机构用来说明经费资助的相关要求。申请页相当于申请计划书的"事务与管理"部分,也是本节最先介绍的内容。

申请书的内容构成

基本信息

文件开头的表格通常称为"封面页"。这里至少应包括申请人身份、基本信息、可用资源详细目录和资助机构要求项目的核对清单。这些大多为拨款机构管理和备案所需,有时提交的院校也要求提供。总的来说,封面页构成了申请书所谓的"基本信息"部分。申请书"基本信息"部分的组成见表10.3。

表10.3 申请书"基本信息"页

资助机构通常都会要求以下表格,尽管也许有所取舍,采取特定组合或不同顺序。
- 计划研究的简要描述和项目编号,主要研究者姓名和提交单位名称
- 预算
- 所有涉及人员名单,及其参与研究项目的时间(一般包括研究者、工作人员和学生助手)
- 主要研究人员基本信息
- 研究支持来源(基金资助、合作设施安排、设备共享协议和其他资源)
- 行政部门批准的人文学科文件

预 算

预算直接反映了撰写计划书的根本原因,研究者在此处申请进行研究所需的资金。你想到的第一个问题可能是:"我该要多少?"首先,计算(1)自己、成员和顾问的酬劳;(2)购买及维护所需设备的花费,以及(3)提供研究所需材料的开支。接下来的资助申请必须经过审慎的估算、有理有据、简洁明了,当然,在任何情况下都必须绝对诚实。

接下来,查明选中机构或基金会提供的特定资助的数额,除非有令人信服的理由,尽量别让申请总额超过那个数字。如果估计所需资助远远超出大多数资助项目可得到的金额,或许该考虑按比例缩减申请金额。资助机构和基金会里当然不全是墨守成规的古董,但计划书的评审专家通常得按章办事,机构内部政策的要求体现的不仅仅是传统的影响。与机构的资助标准相差过多肯定会受到密切的审核并需要提供充分的理由。

资助申请者间常会有些谣言,说在申请里添上多余的设备和不必要的成员来虚报预算,这样就不怕评审专家砍价了。这种想法很蠢,因为这样一来,申请者在预算里就会有不合理的开销,最终使人觉得这份计划书是随随便便写成的。千万别让基金委员会觉得自己的研究不值那个价!

预算虽然不是研究计划的一部分,却是资助申请的核心要素。它会受到一个典型的审查委员会里几乎所有成员的细致核查,甚至连那些并不参与评估研究设计和方法的委员也会核查预算细节。大多数申请格式要求预算以简明的表格形式呈现,附加说明一到两页即可。经验表明附加说明是必要的,即使机构没有特地要求。当然,如果机构专门指示不要提供附加页解释预算细节(美国健康研究会的很多申请指南就是这种情况),那么就按相关指示提交材料。

课题组成员和顾问的经费预算

只有对研究不可或缺的人员才能从资助中获得薪酬。表明这种需求最有效的方式就是为每个职位详细分工。如果项目人员必须有专门的证书或高等学位，必须说明制定此标准的理由。无论是全职工作或零工都应当充分说明，以证明每个职位的必要性。

研究项目所需的工作人员必须仔细部署，在保证研究顺利进行的前提下尽量减少人员数量。成员预算通常比其他任何支出都易使研究项目花费水涨船高。除了成员的工资外，通常还需包括附加福利（医疗保险、退休）和资助每年的增长部分。刚开始做研究项目的人很快会发现，随着参与人员增加，项目花费迅猛增长。建议初次申请资助的人在计划组建成员时尽量精简。

成员要求应该详细解释，如果一个成员的工作在基金资助的第二年或第三年减少，那么该成员就应该逐步撤出研究。评审专家会认真谨慎地在申请人身上下功夫，使项目以最少的花费实施。如果有职位在研究的全过程都能享受经费，但该职位的职责说明却很空泛，没显示出令人信服的必要性，这样的职位也会引起关注——这种关注通常是负面的。

聘请顾问也应该是在急需的情况下，而且也要精简。一旦需要请顾问，应该详述理由。若需要聘请特定的顾问，申请者应该说明确切原因，还需在附录中包括此人的同意书。

实验材料和仪器设备预算

所有课题需要购买的实验消耗品和仪器设备都必须按照官方申请指南实际提供研究必需说明或证明。例如，国立卫生研究院（NIH）会依据课题经费直接支出列出两种预算：常规预算和超常规预算。课题经费每年支出在25万美元以下的称为常规预算，超过25万美元的则称为非超常规预算。符合常规预算的课题申请不需要详细列出实验材料和仪器设备，但是大型的、超常规预算的课题申请则不能按照大概估计数额申报，需要全面准确地评估每一种实验材料和仪器设备。例如，如果要使用录像带，申请人不能说用1125美元购买录像带，还应该说明有100名被试和3个实验情境，每个实验情境需要15分钟录像，不可能重复使用磁带。那么每4个被试录1个实验情境就需要一盘录像带，共需要75盘录像带，每盘15美元，合计预算就是1125美元。

如果申请资金购买大型设备，可能需要在预算理由的说明部分解释曾经试图通过何种其他途径（如租用或共享）获取该设备以及未能获取的原因。总的来说，资助机构不太喜欢需购买大量设备的申请,尤其是昂贵大型的设备。很多机构的立场是院校应该提供所有基本的、不那么专业的设施,以及大多数大型设备,这体现了研究能力方面昂贵但永久的投资。青年研究者可能会失望地发现他们的大学持相反立场,认为研究者应该通过校外资助获取所有昂贵的设备,而且这种情况在很多官僚机构并不少见。

资助机构的官员更愿意把经费拨给已经拥有必要设备的申请人,这也情有可原。那样一来,机构的资助就直接用于研究活动而不是用于构建研究团队的研究能力。要改变这个想法只能用尽可能充分的理由说明申请者的设施——在加入所需设备的情况下,即使不是进行特定研究的唯一途径,也能使研究在最理想的状态下进行。另一个有效策略是指出申请者所在院校对正在申请的研究鼎力支持,即为项目提供了仪器、设施或人员。机构和基金会人员喜欢从申请计划书中感受到:研究项目,尤其大项目,是大学和机构携手合作的事业,他们讨厌被当作大财主。

预算中的附加项目,比如数据分析、手稿准备和顾问咨询,依申请条例或许可以列出,但不需着重说明。任用指定的研究人员,原因不能用套话带过,必须仔细说明。在研究的黄金时期,经费充裕,曾有顾问仅因为他们是本专业的同僚且对研究有兴趣,就被纳入申请计划书中。今天标准大大改变,要求高得多。计划书中每个能从资助中获得酬劳的人都必须体现出对研究完成的不可或缺性。

即使明显急需某类人员,与之相关的预算项仍需谨慎说明。例如,如果说需要一名顾问,因为研究者还没掌握进行研究所需的一项核心技术,审查者可能就会想,既然这人连该领域工作者广泛使用的技术都不会用,那为什么要把经费拨给他。这种情况可能有让人心悦诚服的解释,但要能在计划书中说得通。

差旅费预算

预算中只能包括对完成研究不可缺少的差旅费,或许还能包括传播研究发现所需的费用。 如预算中包括报告研究成果,出席特定会议的差旅费,则应当指出听众的类别以及会议与所展示研究之间的关系。更重要的是应当详细说明与会者与资助机构利益之间的关系。 一般来说,资助机构会在指南中详细说明他们愿意提供的差旅费用数额。

其他支出预算

经费计划中另一个主要支出项目是资助机构会直接付给院校的其他费用(管理费用)。 当下,此类支出差异很大,由机构和院校协商决定。很多规模较大的院校对管理费用有既定的政策,适用于所有的经费资助协议。其他支出主要是补偿大学在建筑维护、文书处理、公共事业等方面的开支——因为如果研究是在资助机构提供的设施上进行，那么以上开支是要由资助者负责的。院校规定的其他预算项目是保险、退休金和项目人员的医疗福利。

明智的做法是拿着预算草案去找学校里负责协商经费的官员，请他协助处理与研究过程本身不直接相关的项目。研究者只有撰写并提交过几份预算计划后，才可能对间接支出与雇员福利等复杂的问题有所了解。因此，在开始阶段就去征求专业人士的意见并认真遵照执行，可以避免在首次资助申请时碰一鼻子灰。

制作预算还需注意，如果院校会提供较多支持，提供相应的设备、设施、物资或人员，研究者在正式起草申请计划书之前必须确保得到相关官员的书面许可。很多院校对此类支出都要求经过校长、院长和（至少）一位副校长的批准。最好在计划书提交审核之前尽早准备好必需的书面证明。

研究支持

任何大型项目都需要广泛的服务支持，需要大学和其他机构或者项目涉及的社区单位通力协作。"研究支持"页用来描述所有能够支持研究项目成功甚至扩大研究成果的可用资源。无论提供者是谁，支持服务都是需要的，应该在预算中纳入这部分开支，并且保证必须购买的资料的确存在且可以送达。如果需要电脑绘图员，必须确定人员单位，确保可以找得到这个人。可能需要向电脑中心请求专门的电脑服务，或者需要超出平时的运输能力，比如需要把录影器械搬进社区。这类研究支持作为计划研究的准备工作也必须指出所在并确认。

所需的场地，如实验室、办公室或技术员工作区，都应该未雨绸缪。如果研究项目会给大学或机构的任何部门增加负担，那么在计划书撰写完成之前应该先请教相关人员。这样的例子有很多：大量的电话联络工作需要借助秘书处员工，经常需要准备、整理并托运大量的邮件，以及组织学生一出教室立刻在走廊等候等等。申请人应尽可能预估研究项目可能给任何人造成的麻烦。通过增加备选预案，以避免或减少后勤组织方面的问题，后勤组织若出现问题会使支持服务人员产生抵触情绪，进而影响研究的顺利进行。

若其他的支持来源对研究项目必不可少，研究者应该取得相关官员的书面证明，详细说明所需服务能够按时到位。这份证明书可放在计划书的附录里。例如，如果某间教室对项目不可或缺，那就应该取得预订书，保证在特定期间内可以使用此项设施。如果已经在一个环境可支配的实验室里开始为期一年的研究，这才发现项目的最后两个月实验室不能用，那就麻烦了。必须采取各种措施以预防这种毁灭性意外的发生。

其他重要资源包括提交院校本身或其他合作部门提供的配套经费、设施、共享器材、转包合同,甚至是免费顾问。例如,一些资助机构愿意提供配套经费("挑战"基金),计划书如果得到资助,就能启用配套经费。此类资源对其他资助机构具有极大的吸引力,因为它使资助机构所有支付的资金能发挥更大的效用。院校向新老师提供大量的"研究启动经费",即表明校方对该研究计划的评价较高,且预期相应的投资会以科研项目成功完成而得到回报。院校也许会同意在研究计划获得资助后提供相应的"配套经费",或在资助申请成功后提供特定人数的技术人员或工作人员。

从这类安排中不难发现,在撰写课题经费申请书之前,可以先规划一下前期行动——这些行动或许能增加获得资助的机会。首先,如果申请人的研究日程需要昂贵的器材、非常专业的测试和研究场所,或者研究时间、出行安排特殊,那么受聘为研究员或成员之初,就要在任职附带条件中协商这些问题,或谈妥其中大部分问题。那样的话就不用在资助申请中包括这些基础的设备或场地。

申请人如果只是研究生,最多是梦想成为博士和博士后研究员,那么把自己想成学院招募的对象似乎有些遥远,但也不是不可能出现的,因此也可以开始认真考虑,届时该如何进行合理安排。学术理想有时会突然变成现实,这时有准备之人往往占优。

另一种预先计划是在当地搜寻潜在的配套经费或"实物"资助来源,那会大大提高研究支持的总水平。实物资助可以提供人员、数据收集或数据分析,这些原本是需要用资助经费购买的。这类例子包括:(1)校方允许一个职员每天花半天时间翻阅学生档案,把与计划研究相关的特定事件做成表格;(2)医学中心提供一个时间充裕的秘书负责联络、预约和组织病人接受研究的测试;(3)医院愿意免费分析参与研究者的血样;或者(4)市政文娱部门愿意为所有参与研究者提供停车位、定期指导和免费T恤衫。所有这些实物资助可以作为研究支持写进申请计划书。此类预算补充可以大大增加评审专家对申请者及其申请的好感。

个人简介:展示自己

撰写经费申请书时常会低估这一部分的重要性。对很多读者来说,简介是对高等教育具有广泛影响的文书综合征的又一例证。 许多官僚体制主导的机构常常要求提交个人简介,收集了一大堆又置之不理。相比来说,学术界与商界不同,通常不那么费心准备吸引力与实用性兼备的简历。学者往往可以简单地罗列学术履历与职业经历，而不需过多地考虑顺序、精练或效果。

关于课题经费申请书的个人简介部分普遍存在两大误解：(1)评审专家根本不看这部分内容；(2)简介只是走走形式，对计划书能否申请成功没有影响。这两种想法都是错的。评审专家的确会看简历部分。事实上，很多评审专家，尤其是非主要的评审人员，会在读计划书主体部分之前先看简介。简介不仅影响评审专家的评价，而且是计划书中唯一一个能让申请者采取主动、直接让审查者注意到能力问题的部分。

与计划研究相关的人员的简介可以从根本上证明研究者的兴趣、技能和经验足以支持研究顺利进行。有以下写作技巧可使用。

1. 如果有参考格式，完全遵照格式修改、排版、打印。若没有参考格式，则根据下列策略自行设计最合适的格式。

2. 注意内容的取舍，让简介简明扼要。评审专家会搜寻让人眼睛一亮的项目，下列各项应当放在突出位置：

a. 与计划研究直接相关并支持研究的出版物（在篇幅允许的范围内尽量多列）；

b. 研究相关领域的出版物；

c. 在计划书研究领域曾经获得的经费资助；

d. 在任何领域获得过的科研经费；

e. 曾经参与类似研究，无论是否得到资助；

f. 完成相关培训的证明（例如在该领域的博士后学习）；

g. 在研究领域未发表的论文或会议发言；

h. 在计划研究领域已完成的试点研究。

注意强调近期项目。超过5年的成果就不要再提了，除非它现在仍被引用，或者是一项重要成果，与计划研究有直接关联。不要让评审专家为不相干的琐事费时费力。

3. 使用统一格式，用醒目的标题进一步细分。指导思想是：所用格式要让最仓促的读者也不会错过任何体现研究者能力的材料。应列出自己的研究出版物，但如果没有，就引用相关研究介绍或摘要以补充出版物缺项。但应确保研究出版物罗列在前，摘要和介绍分列其后。把这些不经分类就罗列在一起并不明智，这会让审查者认为申请者不懂摘要和出版物的区别，或者申请者是故意把这三类活动混在一起以制造学术成果丰硕的假象。

4. 用简短的篇幅进一步说明与实施计划实验有关的研究经历的确切性质。申请者不局限于引用数据、项目名称和出版物。用尽可能简单的形式展示评审专家需要知道的确切信息。

如果涉及一个研究团队,则准备好简介部分往往不那么容易。成果丰硕的学者处理私事时常有鲜明的个人特征,简介也确实是私事。但是,在这种情况下,灵活机动和通力合作将有可能为所有参与者的简介锦上添花——因为这能赢得资助来支持他们的学术活动。所以,若资助机构要求所有简介以完全相同的形式书写,务必照做。

总之,理想的个人履历介绍应该着重营造以下观感:

1.在计划研究领域接受过全面的研究训练;

2.研究持续不断,成果丰硕;

3.近期有出版物体现计划研究的必要性。

推荐信和证明

如果在计划研究领域德高望重的学者认为项目有价值、研究者有能力,那么在计划书中指出这一点或许有所帮助。基于这个目的,含有这类推荐的信件可以放进申请计划书中(通常在附录部分)。另外,研究必需的组织或个人的合作、支持或参与证明,以及所需器材设施的可用证明,根据资助机构的指南,附在计划书申请部分的末尾,或者附录中。例如,若需要学校老师或学生参与,一定要证明相关领导已经审核过计划书,待资助经费批准就会积极参与。资助机构可能也会要求服务单位(如电脑中心、大学健康服务中心或其他院系的实验室)的领导开出的类似简短声明。

这种情况下,提供的文件不需要扩展赘述。目的很简单,申请人必须提供证据保证计划书中预想的员工、设施、支持服务和被试都能到位。

研究的计划

研究计划的整体安排体现了申请人的组织能力。因此,动笔之前应该认真考虑组织计划。尽管上文已经提到,此处仍需重复——尽量从评审专家的角度审视自己的计划书。评审专家在这个项目的投入时间不像申请人那么长,如何组织信息才最容易让他理解?如果项目分成三个独立的部分,那么申请人可以把研究设计、仪器和程序组织成三大部分。相反,如果仪器和程序在两三个不同试验中都保持不变,那申请人可以在第一个研究中描述仪器,然后在接下来的研究中只描述与前不同的目的和程序。

因为每个研究项目都是独一无二的,只有研究者本人能找出最适合自己研究的组织方式。但要记得,评审专家心情好才容易批准申请。如果他们得费力读完所有段落才能找到感兴趣的细节，他们就不会开心，也就可能直接否决申请。

很多研究者收到计划书的评价时都大呼："评审专家说我没有说明参与者如何分组，但明明就在33页上。他们根本没仔细读我的计划书！"然而，这样的抱怨往往都不对。评审专家读过了，但就是没注意到，或者更可能的是，读到了也是"一头雾水"！

程序部分如果组织得当、清楚明白，评审专家是不会错过重要项目的。这样的撰写组织过程需要额外的时间和精力。太折磨人了吗？有时的确会这样。然而，研究程序的说明是否有效仍可以决定资助申请的成功与否。

摘　要

"摘要"这个词通常是指对较长文件的简短总结。大多数发表的研究报告都附有这样的摘要。采用一般过去时的摘要是对已有成果的回溯。相反，课题经费申请书的摘要采用将来时，概括将要完成的工作。有时会出现这样的情况，在撰写完整的计划书之前先准备摘要，这个更准确地说该叫"发起书"或"预计划书"，只是用词不同，区别不大。

摘要应在申请资助过程的前期完成，有以下几个作用。首先，摘要可以设定一个清楚明确的统一目标，以此集中所有计划书撰写人员的想法。其次，严密的发起书可以在申请人院校得到行政部门的初步批准或向其他单位征集支持合作。再次，很多机构现在要求提交"意向书"，其本质就是计划研究的一份一两页的摘要。这些材料由一个评判小组审核，以既定的标准评判优劣。摘要写得好的人才能批准提交完整的计划书进入第二阶段审核。这样一来，一切取决于摘要，必须倾尽全力，理由自然不言而喻。最后，无论起什么作用，摘要写在完整的计划书之前，之后要不断修改以与整个文件的发展保持完全一致。与摘要不符的计划书可能被审查者直接否决。

无论是否要求意向书，与完整计划书一并提交的摘要虽然篇幅短得多，责任却不小，同样决定了资助申请的成败。这寥寥几段，常仅占一页，却是评审专家最先读到的部分。一定要让评审专家在读完这一页后对研究的目的、方法和说明有清晰的印象。但若要增加计划书申请成功的概率，就要努力留下另一个印象——研究很有意思，能让读者有兴趣接着往下读。因此，摘要既要严密地介绍研究情况，又要突出特色。

尽管不同资助机构对摘要的长度和类型要求不同，但几乎无一例外要求言之有物。每个词每句话都必须向读者传达确切的含义。对理解研究无关紧要的内容最好留到计划书的主体部分。因为摘要是一次性的单向交流，所以清楚明白是最基本的。一个内容无论在计划书主体部分中会得到多么充分的说明，如果在摘要中的说法让读者不解，申请就可能初战即败。

基于以上两个原因,精简和清晰,撰写摘要的要义就是"语言平实"。避免任何需要定义的特殊概念。不要在摘要中自创新词。避免口号、陈词滥调和偏激的文风。尽量少用形容词,省略辞藻华丽的描写。最后切记,门外汉的明显标志就是用创新、大胆、革新这类的陈词滥调来形容自己的观点。审查者与毕业论文导师不同,不能等下次见面再问"那个词"什么意思,不会浪费时间纠缠一个繁复的句子,当然也不会费神弄清楚一个不确切的描述最可能想说什么。

尽管可以认定评审专家大体了解并熟悉研究过程,但就摘要而言,最好别指望评审专家什么都精通。写的内容超出评审专家的理解范围可能是致命的。最好还是想象自己在跟一个聪明的门外汉解释自己的研究。排除专业术语,只说艰深概念最核心的组成,就可以使摘要既能为科学知识丰富的人所理解,又不显得是在为低水平的读者写作。

计划书摘要的标准格式包括下列主要成分:

·总目的

·具体目标

·研究设计

·方法

·研究意义(贡献及立论依据)

一些机构也可能要求在摘要中包含申请组织(院校)、预计花费(申请资助总额)和起止日期。切记通读指示,只提供明确要求的信息。字数要求往往会限制自身观点的表述,所以篇幅十分珍贵。

特定目标部分开头应演示预期研究成果,以研究问题或可验证假设的形式呈现。例如:"本研究的目的是确定在运动鞋中垫泡沫塑胶鞋垫是否会影响赛跑运动员后跟受伤的发生。研究将会比较2组共100名被试在6个月时间内受伤的频率和类型,被试涵盖不同的年龄、体重、能力和性别,分为两组,一组的运动鞋中垫鞋垫,另一组没有。"

最难的事之一就是把目的和方法精简成寥寥几句话。这就很可能导致某些计划书的摘要部分经常出现以下错误:

混淆目标和程序:做调查可以是研究采用的一个步骤,但不是研究目标。

混淆目标和问题:研究重要性,也就是实际应用或理论贡献,最好放在研究意义的部分说。偶尔需要先介绍意义才能理解目的,最好的处理顺序是以"问题"为题另辟一小部分作为进入目的演示的引言。

试图详述一两个以上的研究目标。把所有小目标留在计划书的主体部分演示。尽一切可能使评审专家关注核心部分。

不够明晰：最保险的是以惯用短语开头，强迫自己开门见山介绍目的。"本研究的目的是……"

目的演示得是否清楚准确，可能决定评审专家对接下来的程序部分的关注程度。研究的实施方式决定其质量，此处即体现了评审专家作为计划书研究领域专家的专业能力。如果评审专家读完这一两段内容后，对将进行的大致工作了然于心，对实现目标的措施有完整的评价，对研究方法的突出优点有好印象，计划书就会获得进一步的意见听证。

计划研究的意义应该以谦虚但准确的措辞说明。再没什么比在摘要中流露出商会热情更快让评审专家怀疑研究价值的。用平实的语言，指出实现目标可能造福特定群体，改良某种服务，为一个发展中的知识体系填补空白，或者为随后问题提供正确的阐述。还可以举特定事例表明研究发现可能造福人类，即使要经过一段时间或技术发展，这通常也行之有效。但是最好不要把一个简单的事例过分渲染。最后得决定强调哪个可能结果来说明研究意义，这时调查资助机构当前的兴趣所在和资助项目会对申请人有所助益。如果计划研究的重要性之一是可能有助于资助机构正在进行的项目，这就是能让申请受到特殊关注的充分理由。

随着摘要撰写、修改、在提交之前进行最终审核，谨记在这个基金资助泛滥的时代出现的现象：一些任务繁重的审查委员会过于庞大，必须把通读计划书全文的任务指派给下一级委员会。于是其他评审专家只能看到给定计划书的封面页、摘要、作者简历，或许还有预算。这个现象应该足以唤起申请人对摘要的重视。

具体目标和研究假设

第一章已经用相当篇幅介绍了研究目的和假设的发展。此处回顾先前内容会有所帮助。第一章强调了研究目的及其立论依据是任何计划书中最重要的方面。即使研究计划本身也只是对如何实现计划研究目的的细致说明。

在申请经费资助的计划书中，研究目的常描述成"特定目的"。审核人员希望特定目的用清楚、具体、准确的语句说明。预期成果的出现顺序应该符合逻辑，如果研究的假设适当，就应该能纳入一个合适的目的之下。如果审核人员读完"特定目的与假设"部分后仍不清楚研究内容，他们就可能放弃弄懂计划书的剩余部分。因此，应该以最审慎的态度对待这一部分，按照要求尽量修改以臻完美，并让那些理解研究题目又乐于帮忙的同行"检查"提意见。事实上，有时向不了解这个学科的朋友解释目的也会有所裨益。如果朋友不能理解计划研究的大致意思，或许你就需要从头再来。

背景资料

审核人员需要的背景资料是指对研究课题发展的一个非常简短、高度浓缩的描述。他们也需要引出计划研究的特定研究分支的简要概括。

有时,研究背景描述还应包括未知领域,并明确表示计划研究将会有助填补相关知识体系中的此项空白。与学位论文研究计划书不同,科研基金计划书的"背景资料"部分很可能只能有一两页的篇幅。如果曾经进行过浓缩复杂信息的训练,此时就会驾轻就熟。

"背景资料"部分也必须证明研究课题对学者有持续的吸引力,说明之前的研究已经增进了人们的认识而计划研究的目的是以此为基础更上一层楼,最后说明这个计划是切实可行的。要表述这样错综复杂又关联紧密的事情还要令人信服,需要完全发挥申请人的写作技巧。正如第四章建议的那样,大多数申请人一开始应该先列出要点,只用一些描述性的短语列在每个标题下面。 如果不擅长列出简单的大纲,制图表或流程图也可以达到相同的目的,但最好要与申请人将复杂关系概念化的方式相一致。例如,本书第三部分的计划书样本3使用很多图表,既缩减篇幅又把复杂关系压缩成简单的图示。

选题的意义

大多数资助机构要求计划书中包含一个以"所选课题的意义"为题的部分。资助机构有责任向公众或捐助人解释其经费开支。试着从资助机构的角度审视自己的申请计划书。机构审核人员会觉得什么比较重要? 计划书的什么方面会引起他们的关注和兴趣? 审核人员想知道申请人对计划项目成果的实用性和重要性最乐观的估计。审核人员会借此确定计划研究的成本收益率。

要说明研究意义,可以综合多个研究领域的信息,或表明研究发现可以如何为人类服务。指出研究成果可能实现先前无法进行的其他研究,会让人印象深刻。该部分不需要很长,但应该逻辑清楚,并针对资助机构的志趣所在。

研究意义部分不需要很长,但应该逻辑清楚,重点突出,并针对资助机构的志趣所在。 而且不需要在本部分到处使用"重要"这个词,因为审核人员已经知道你觉得这一点很重要。本部分的关键目的是让"评审专家"意识到研究潜在的重要性,其意义不仅止于最终的书面报告。

程序和方法

课题申请书的方法部分与学位论文开题报告的方法部分差异极大，其关键组成是对研究设计的一段描述。这个段落使读者熟悉研究性质进而引入方法部分。研究的设计部分和分析部分不同。也就是说，不需要用将要进行的分析来描述设计，尽管可以使用各个操作中的术语。

审核人员需要即时了解研究是量化研究、质性研究或是二者兼有的。还应该进一步明确设计的具体类型，比如描述性设计、相关性设计、准实验设计或实验设计。另外，列出设计中的主要参数也是必不可少的。以实验研究设计为例，其中应包括因变量和自变量。以下就是这样一段示例。

本研究采用准实验研究设计，其中因变量是简单反应时和选择反应时，自变量是年龄、疾病状态、练习时间和测试阶段。设计类型为固定的被试内/间模型，被试间因子为年龄（青年/老年）和疾病状态（对照组/中风病人）。被试内因子为练习时间（2/4/6周）和测试阶段（练习前/练习后）。简单反应时和选择反应时这两个因变量会以各自的方式和差异分别呈现。

被试

在人体研究中，被试的特征对于阐释实验发现至关重要。例如，如果一项研究的课题是年龄是否会影响运动或认知行为，那评审人员肯定会想知道为何选择某个年龄或年龄阶段的人作为参与者。描述研究参与者时应该考虑所有可能影响研究结果的人类特性。一些特性如表10.4所示。

测验与测量方法

本部分是课题经费申请书的主要部分，应该精确详尽地描述研究将使用的测试与测量方法。另外还要解释选择特定测试与测量方法的原因。例如，如果研究者采用一个标准化的电话采访大纲，它的来源是什么，是否有效，为什么只选它不选其他？负责计划书的审核人员是该研究课题的专家，他们想要确定研究者使用的是最新最好的技术设备，而且这些技术设备都得到最合理的使用。为所有技术设备提供可靠有效的描述。

申请人表达这些信息的方式也体现了他的组织技巧，所以应该密切注意逻辑顺序。很多时候，设备技术的性质很复杂。适当的时候就该采用图表、图形或流程图来解释设备或程序。本书中的图3.1和计划书样本1中的图1都是结合图表说明复杂程序的样例。这样的呈现方式可能节省几百字的篇幅，并让读者一目了然。

实验程序

仅次于摘要和介绍目的的部分，程序是决定申请最终命运的又一重要部分。在这个部分，必须简要介绍实施研究的"过程"。进行测验、观察现象、记录数据的方式对研究的结果有极大的影响。例如，同样是进行6组认知实验，每组10次小实验、中间各休息30秒与每组20次实验、中间各休息10秒，对于一些参与者可能产生完全不同的结果。

表10.4　可能与研究结果相关的被试特征[1]

谁?
性别
年龄
地缘
所属院校类别
所属专业/职业
病史
身体现状/历史
练习状况
研究参与经历
社会地位
受教育程度
经济状况
数量多少?
总人数
男女数量
实验组数(对照组/实验组)
小组任务数
如何选上?
可用性/合作意愿
方便起见/随机
已达成协议
酬劳或其他互惠形式
向小组指派任务的程序
根据条件/处理方法指派任务的程序

1 以下特征或其中的部分特征可能与计划研究相关。

很明显,这样的程序(设计)要素是研究过程的关键部分。但是,还有一些简单得多的细节,看似普通,却也能影响获得数据的质量。例如,如何问候参与者,安排他们在研究中的任务,如何在一个测试结束后把他们带入另一个测试或从一个地方转移到另一个地方,由谁呈递处理协议,数据怎样记录等等都可能对研究过程影响深远。

评审专家一定会仔细检查所有与数据收集相关的细节。如果他们大费周章之后对研究程序没有清楚的印象,后果已经可以想见了。他们不会资助这个项目。

数据分析

本部分既包括数据准备的细节,也包括计划分析数据的步骤。一定要说清楚如何整理数据。例如,如果获得了三个态度值,要把哪一个作为因变量——最高值,中间值或平均值？会使用数据转换式吗？例如,对数函数转换分数(log function scores)还是标准Z分数(z-scores)。如果会,为什么使用,会用什么转换式？如果计划结合副量表中的数据,计划选择什么副量表,为什么？

如果数据分析涉及统计,可以回顾第四章65—69页(原书83至88页)的内容。同样,如果研究包括质性研究数据分析,可以回顾第五章91至92页(原书113到114页)的建议。条理清晰地描述每个步骤,组织好分析部分。正如第四章建议的那样,安排分析部分的一个好办法是从特定的目的/或假设出发,这样就可以体现每个分析和每个目的假设的关系。表4.4就是数据处理清楚明白的极佳样例。表10.5示范了分析部分的一种组织方式。另外,如前文所提,如果研究者不是统计学专家,就应该在收集任何数据之前安排顾问协助撰写分析部分。也可以想象一个质性研究的类似大纲,主要任务是在收集数据时进行持续分析、田野调查后进行分析、测试信度可信性。

表10.5　分析部分大纲的常见样例[1]

1. 主体特性
　　a.描述统计(Descriptive Statistics)——所有因变量
　　　　i.方法、个人和小组可变性
　　b.分布统计(Distribution Statistics)
　　　　ii.茎叶分析,箱线图
　　c.缺失数据处理程序
2. 特定目的1(因变量A、B、C)
　　a.假设1:组间对比
　　　　i.多元方差分析(2X4,自变量A与B)
　　　　　　(1)假定、概率指标、效力测验
　　　　　　(2)事后多重比较法——(概率指标)
　　　　ii.效应值
　　　　iii.效应值

> b.假设2：组内对比
>> i.组内相关(Intra-Class Crelation，ICC)；方差
>> ii.显著性检验(Significance Testing)
>
> 3.特定目的2
>> a.假设1：逐步回归分析
>>> i.效标变量：因变量(DVs)D和F；预测变量(Predictor Variables)：研究参与者特性A和E，以及其他连续变量
>>> ii.假设、进入的概率水平、效力检验
>> b.假设2：判别函数分析
>>> i.效标变量：自变量(IV)C；预测变量—因变量(DVs) C-F
>>> ii.假设、概率水平、效力检验

1该样例大纲采用通用的因变量(DV)和自变量(IV)。 此大纲根据具体研究修改目的数、假设、分析、因变量和自变量，即可适用于任何情况。

时间进度表

　　提交政府机构的课题科研计划很多是3到5年的项目。其申请和审核过程旷日持久，申请人、院校和大多机构都认为这么费时费力的投资只有用于长期的项目才能得到最好的回报。因此通常都会要求提交进度表，清楚说明项目具体部分的完成时间。这样的时间表满足了多种目的，可以放在计划书的"研究计划"之后，或"附录"之中，取决于资助机构的指南。

　　计划好时间顺序最明显的好处是帮助研究者和所有参与人员长期按照预定时间工作(示例见图10.1)。给研究组每位成员发放时间表，并在办公室、工作室和实验室张贴时间表，让每位组员每天都能看到，就能促进他们坚持不懈努力工作。

　　进度表的另一个作用是向项目人员、审核人员和资助机构预先通知应提交的每项进展报告的大致内容(通常在资助时间范围内每年一次或每半年一次)。读完进度表后能清楚知道每项进展报告之前会进行什么工作，从而预期一个按时完整的结果。这也能防止研究者拖延工作以致到了提交进展报告前的一两个月才忙得焦头烂额。

　　进度表的第三个作用是证明项目确实需要三五年的资助。审核人员如果能从进度表中看出每个月都有大量工作需要完成，就会明白项目耗时确如计划书所言。

　　第四，如果进度表附有充分说明，就能够增进审核人员对整个项目的理解，进一步突出申请人的组织能力。

如何做好研究计划：关于开题报告和项目申请的指导（原书第6版）

活动	第1年											第2年											第3年											
	一月	二月	三月	四月	五月	六月	七月	八月	九月	十月	十一月	十二月	一月	二月	三月	四月	五月	六月	七月	八月	九月	十月	十一月	十二月	一月	二月	三月	四月	五月	六月	七月	八月	九月	十月	十一月	十二月
计划书撰写					▨	▨	▨																													
机构内审查委员会（IRB）								▨	▨	▨	▨	▨	▨																							
材料												▨	▨	▨	▨	▨	▨																			
培训																			▨	▨	▨															
阶段1前测																						▨	▨	▨												
阶段2干预																								▨	▨	▨	▨	▨	▨	▨						
阶段3后测																															▨	▨				
数据分析																																	▨			
结果																																		▨	▨	
讨论																																			▨	▨
答辩																																				▨

图 10.1 课题研究进度表示例

来源：引自得克萨斯大学奥斯汀分校桑德拉·格拉汉姆 2006 年的博士学位论文开题报告"受训护理员引导社区老龄居民进行居家体育活动对老龄居民身体机能的影响"。已经征得桑德拉·格拉汉姆的同意。

一个设想周到的进度表,预估项目中每个部分的开始和持续时间,能有力地向读者证明申请人对该项目的领域、使用方法和其他各个方面非常了解。如果行文流畅,还会减轻很多可能的非难——质疑项目能否在计划时间内完成,或是不需要全程资助,或是研究者对课题的理解不足、不知道某些步骤实际占用的时间。

进度表应该包括雇用人员、订购设备物资、启动设备物资、接洽其他院校机构人员、获得研究被试、积累数据、分析数据和撰写报告的时间安排。准备进度表时申请人应该尽量设想周全,记录项目中会采取的每个步骤。然后预计每个步骤所用时间。步骤中参与人数越多,占用时间就可能越长。申请人甚至会在做出时间表之后才发现项目耗时会比预计时间多,资助期限也必须延长。如果延期会使项目耗去过多经费,可能就需要考虑更经济的设计。基于以上原因,确定预算之前应该仔细制订进度表。

大多数资助申请人最后都会写两份进度表:一份是个人时间安排,包括计划书通过层层审核所需的时间;另一份是有关研究数据收集、分析、记录的简短时间表,放在计划书的申请部分中。个人进度表如表10.2所示,尽管并不随着计划书终稿一并提交,却能帮助计划书作者理解自己应尽的所有责任。图10.1提供的研究项目进度表仅仅使审核人员理解研究项目每个过程及撰写报告将耗费的时间。

研究计划如果辅以全面实际的进度表,课题经费申请书就更容易得到积极的评价。此外,无论是有经费资助或是研究者自掏腰包,通过流程图按步骤规划重要事件很可能大大巩固研究发展,这在本章末尾还会提及。

研究成果的发表

把个人调查行为转为正式研究的最终步骤就是公开发表报告。要想结果被当作可靠的知识,就必须经同僚审核所有程序;如果想要知识得到应用,就必须先将它告知有能力应用的人或机构。基于这两个原因,很多资助机构规定成果发布计划必须纳入申请计划书之中。

这部分的规则自然比较简单:

1.说明将要报告什么结果。

2.指出面向的听众群。

3.详细说明计划发布最终报告的方式。

4.具体列出将会得知计划研究成果的会议、发展项目、本地、州立或联邦机构、出版物或进行相关研究项目的同事。

5.仔细考虑怎样告知相关听众,如何在国内会议上众多的报告论文中脱颖而出。

附 录

附录通常包含审核批准所需的证明，比如支持证明，但对于理解研究计划关系不大。甄选受资助计划书的过程通常由很多审核人员完成，只有其中的两三人（主要审核人员）可能阅读计划书的细节，包括附录。事实上，在一些机构，附录只呈递给主要审核人员。其余审核者，同时也是其他计划书的主要审核人员，可能就只读摘要和具体目的，然后再扫一眼方法部分。他们不会拿到附录部分，除非他们专门要求负责挑选过程的经理给他们一份。

课题经费申请书包含的证明文件中有些在学生计划书中不太常见，比如与计划研究相关的过往研究报告复印件、公认研究报告原稿，以及来自计划研究的试点研究的彩色数据照片或图像。有时也包括互联网统一资源定位器（URL），以方便审核人员查看计划研究项目各个方面的更多更清晰的图像或视频。

本章总结

阅读至此，希望读者不会对本章所写的内容望而生畏。尽管撰写计划书难度很高、费时费力，但回报也很明显、很吸引人——一个计划周详的研究和足以将计划付诸实施的经费。另外，写得越多就越顺手。如果计划书是在电脑上撰写，很多部分只需稍加修改就可用于以后的论文。例如，每次提交计划书，对大学研究设施的基本描述只需稍加更新即可。在一系列研究中使用某个特定方法也是一样的情况。一旦撰写了研究方法描述，只需更新就可重复使用。募集经费，就像其他任何脑力技能一样，会随着实践增多而不断加强。申请人可能永远不会觉得这个过程有趣，但挑战无处不在，若能出色完成申请，由此而来的成就感就是巨大的回报。当然，更棒的还是获得经费。

第三部分
研究计划书样例

本书第三部分出于以下几个目的选取了四份研究计划书样例。第一,我们希望展现不同的研究设计范式,以及实验数据收集、分析的方法,全面展示如何撰写研究计划书。第二,我们希望编选的计划书中的研究问题涉及多个学科和专业领域。第三,我们希望示例用的计划书能够有效区分传统的学术论文计划书、学位论文开题报告和研究生为寻求基金资助所做的课题申请书。最后,我们也希望读者能了解多数计划书完成的过程,因此我们的例子包括了从最初的草稿到修饰后最终版本的计划书。本书第三部分列举的四份计划书都非常优秀,它们都获得了研究资助或评审委员会的通过。

因此,我们建议读者好好研读一下这些计划书,因为这些计划书不仅涵盖了不同的研究设计,而且展现了不同的格式和撰写风格。通过学习不同研究背景下如何表述研究计划,你肯定能获得有价值的思路以帮助你更好地撰写自己的计划书。

第一份研究计划书,我们选择了一项实验研究,研究者从认知心理学角度设计了3个相互关联的实验,检验不同情境对婴儿进行物品分类的影响。第二份研究计划书是一项采用质性研究的博士学位论文,研究者探讨了教师和校长对社会正义学习的观点。第三份研究计划书,研究者采用了在线网络调查,研究了一线儿科营养师在照顾艾滋病患病儿童中的实践问题。最后一份研究计划书,是为开展博士学位论文起草的课题经费申请书。该研究探讨了监狱内高等教育如何影响某些囚犯的特征。

为与本书内容相符,每一份计划书都依据呈现目的进行了编辑。当然这些计划书并不是完美无缺的,我们编选的计划书不仅需要符合上述标准,而且也反映了目前学术的高水平。正如你所看到的,这些计划书不仅包含了有趣的研究问题,而且也存在挑战研究设计原则的一些问题。

示例的计划书中也附有本书作者的一些评论,其目的并不在于批评。拥有充裕的时间且没有撰写计划书的压力时，扮演"事后诸葛亮"当然较为容易。这些评论一方面是想引起读者关注每项研究计划中的关键因素，另一方面也是在强调撰写计划书时的一些好的做法和不足之处。

当你对这些计划书提出批评时，一定要知道这些计划书现在都已顺利通过申请程序，获得了正式批准，在我们写作本书时已经进入实施阶段。因此，我们力求所提出的改进建议的确能够提高计划书和研究的质量，这样进行变动会更有意义（而且也考虑到了计划书作者的立场）。"马后炮"的建议当然更为完美。在阅读计划书的过程中要考虑哪些地方欠缺清晰性和说服力，同时也要仔细思考如何进行改进，从而使其更好地服务于作者的需要。学习这些计划书如何做到准确、简洁和优美——你也同样能够做到！

计划书1:实验研究

灵长类动物第一年时发声方法、反向语音和过滤语音对于物品分类的影响[①]

提醒读者

　　正如导论第三部分所指出的,读者需要注意,为了文字的简洁以及和第一章介绍的计划书体系保持一致,本文做了一些修改。某些概念的解释性文字(曾经介绍过)已经被删减了,而且好几部分在原计划书中较关键的内容由于在本书样例中显得多余,因此全部删去了。不过,剩下的这些文字忠实地保留了作者研究计划中的基本部分。

　　值得关注的是,本计划书的作者并没有按照第一章提到的顺序进行阐述。因为这个研究包含多个实验,这也是目前社会科学领域的一大趋势,本计划书的作者将其中的部分功能归纳为方法。这样的方法有很多益处,因为这样读者可以接触到其他相关的研究信息。计划书3则是基本按照第一章介绍的顺序呈现。功能或者作用的顺序并没有清晰呈现一个案例那么重要。随着博士的研究课题越发复杂,计划书也会继续跟进以帮助读者来理解相关研究。

　　接下来是一个简短的介绍,随后是文献综述部分。每个实验之前都会有相关介绍,并且会阐述每个实验的原理,包括每个实验的假设和目的。在计划书的最后有一个总体的原理以及做这三项相关研究的原因与目的。

[①]注:该计划书是经过允许后使用的, 是2010年艾丽萨·费里 (Alissa Ferry) 就读于西北大学认知心理学系时经苏珊·海思珀斯 (Susan Hespos) 指导完成的论文的部分成果。费里博士已经顺利拿到学位。

目　录

导言

儿童的母语习得速度十分的惊人,这个主题在认知科学中受到了长期关注,其中最核心的一个问题便是儿童究竟是如何完成语言习得任务的? 尽管如今很多研究都在关注这个议题,但是仍然还有很多问题没有得到明确的答案,特别是在儿童第一年的言语习得发展历程。了解婴儿早期的语言发展历程有助于理解语言获得的机制。

在这个计划书中,除了提出问题之外,作者还明确给出了此研究的框架构造。在一些案例中,为了帮助读者更好地理解整体框架构造以及内在关系,在研究背景和方法之前作者提供了更详细的介绍。因为这份计划书包含了三个实验,接下来将会详细介绍这三个实验。

语言习得早在婴儿发出第一个单词之前就已经开始启动。婴儿是如何将周围环境中碰到的物品与词语对应起来的呢? 这对于语言习得具有十分重要的意义。此外,婴儿究竟是如何进行词语匹配的? 这个领域依旧有很多问题值得深入研究。因为在儿童早期的词典里,名词占据着主要部分(Gentner, 1978; Smith, 1999),一般来说,名词通常代指单个物体或者物品分类,所以这项检测语言习得的研究主要集中在物品分类上。接下来,我将对已有的文献进行梳理归纳,根据已有的词汇和物体分类研究成果提出一系列的实验,进而探讨语言习得能力的本源。

作者用一句话在综述的结尾强调了文献综述的目的所在,当然这也可以放在下一环节的导入部分。读者会发现作者使用第一人称贯穿始终,当你在思索究竟是用第一人称还是第三人称时,可以咨询你的导师以及参考自己所在学校或者机构的规则条例。

研究背景

作者在接下来的环节里介绍了研究的背景或者叫文献综述。需要注意的是,正如我们在第四章所述,文献综述应该主要聚焦于本研究,而摒弃与之不相关的领域,重心应该在可以验证假设以及问题本身和研究方法上面。

如何做好研究计划：关于开题报告和项目申请的指导（原书第6版）

> 这一板块的最开始是关于这项研究的一个简短的介绍。在第四章中我们介绍过文献综述部分应该分为两至三个主要部分，但是这份计划书的一个部分有四个板块。读者会很容易注意到，第一个板块十分简短并且似乎与其他的板块没有衔接得当，也没有直接有利于该研究的主要议题。我们认为这样也不是完全不可理喻，也有利于了解作者此处的目的，但是相较之下，根据本书的指导和规范来进行会更得当。根据一般经验而言，当文献综述板块过多时，往往会重心不明，结构散漫。表4.2"撰写相关文献的具体步骤"和表4.3"评价相关文献的指导原则"可以帮助读者更好地建构文献综述部分。

本研究将会根据一系列实验来论述婴儿在学习语言时是如何开始词语与概念对应过程的。近期有研究表明三个月大的婴儿就出现了对物品分类的迹象，但是只有在用一致的分类短语来呈现例子（如恐龙）时才可以实现，用一系列的音调呈现则不可以进行成功匹配（Ferry，Hespos，&Waxman，2010）。这就意味着婴儿拥有一种早期的声音和概念的匹配机制，而这恰好很可能就是语言学习的前驱。接下来我将会为读者展示影响婴儿物品分类议题的研究背景，主要从以下几个方面介绍：(a)婴儿的早期物品知识；(b)词汇影响儿童的分类形成；(c)为何是标记的短语而不是音调促进分类活动；(d)语言发展中基于经验的调整。

儿童的早期物品知识

儿童往往根据自己对环境中物品的理解来匹配词语与他们所指的物品。可以匹配词汇和所指代物品的前提是儿童知道什么是可能的指代物品。什么构建了这个独立的物体对于物品词汇匹配具有先行作用。婴儿对于周遭物品有着惊人的认知能力，并且可以迅速根据生活经验取得进步。人类婴儿的实验和非人类的动物实验均表明存在一种物品表征核心系统，而这恰好为更熟练的物品知识奠定了基础。这个系统使儿童可以成功地界定物品，并且预测物品如何得以表征（Spelke，1990）。人类可能是利用广泛的先决物品知识体系来进行物品表征和分类（Hespos & Piccin，2009；Hespos & Spelke，2004）。理解周遭物品是一个彼此分离、界限明确、各有表征的整体有助于婴儿用言语去描述这个世界，建立词汇与物品的匹配。人类的语言体系必须利用物品的先决知识来建立匹配。

非常小的婴儿就已经有基本的物品知识体系，那他们究竟是如何开始利用这些知识来建立联系便是一个显眼的问题。值得关注的是，分类本身并不需要依赖标签，物品分类这项活动本身并不需要语言词汇就可以进行。婴儿甚至非人类的幼儿均有程度不一的分类能力（如 Cassasola & Cohen,2002；Hespos & Spelke,2004；Mareschal & Quinn,2001；Plunkett,Hu,& Cohen,2008；Quinn,2002；Range,Aust,Steurer,& Huber,2008；Santos,Hauser & Spelke,2001；Santos,Sulkowski,Spaepen,& Hauser,2002）。虽然没有言语输入，婴儿就已经拥有基本的分类能力，但是也有研究结果表明，词语可以帮助言语前婴儿建立物品分类。

> 接下来作者介绍道，婴儿确实会学习对物品进行分类，这对于每个实验显得尤为重要。她并没有进行总结，因为内容本身十分简短，没有必要总结两个段落。

词汇影响儿童的分类形成

有充分的研究结果表明十分幼小的婴儿就拥有了相关的基础知识和分类知识，能够理解周围客观的存在（Baillargeon,Li,Ng,& Yuan,2009；Mareschal & Quinn,2001；Spelke,1992）。也有研究结果证明了稍大一些的婴儿可以利用词汇来支撑分类的过程（Waxman & Hall,1993）。但是在发展早期婴儿到底如何形成的这些事实，又是如何根据基本物品知识进行词汇物品匹配的，则依旧是一个没有明确答案的问题。

> 接下来作者详细介绍了在该主题上有着深远意义的一个研究。在第四章中，我们提到过只有当需要读者深入地了解文献综述的内在逻辑时才有必要这样做。在详细介绍完威克斯曼和马尔科夫（Waxman & Markow,1995）的研究之后，作者还提及了这个研究对于其他研究的深远影响。

当婴儿开始学习词汇时，单词有助于他们探索已命名的物品并且形成分类。威克斯曼和马尔科夫（Waxman & Markow,1995）初步研究了幼儿阶段语言对于分类的影响。研究表明，对于12个月的婴儿而言，如果给一系列独立物品（如四种不同的动物）相同的名字的话，就会强化它们之间的共通性并且有利于一个种类的形成（如动物）。在实验中，有一半的婴儿被试接触到新异的名词[如看到动物群（fauna）了吗?]来介绍物体（如四种动物）；剩下的婴儿被试则接触那些本着简单笼统的原则展现的词，没有新异的名词（如看到这里了吗?）。在实验中，婴儿会看到两个物体，一个已经熟悉种类的一个新物体（如另一种动物），还有一个名词类的单词（如自行车）。并且对他们说，"看到我手里的东西了吗?"相较于无词汇条件组，有词汇条件组的婴儿对于名词物体有着明显的喜好。这一研究结果表明婴儿对于词汇和物体分类的匹配开始发展。

继威克斯曼和马尔科夫（Waxman & Markow,1995）的研究之后,很多后续的实验开始研究这种能力发展的历程以及持续经验究竟是如何影响词汇-概念匹配的。针对9至10个月的婴儿也有相关的研究结论,婴儿用单词分类的能力持续发展,同时词汇学习能力也在第一年内迅速发展（Balaban & Waxman,1997;Plunkett,Hu,& Cohen,2008）。9个月的婴儿可以将有标签的范例进行物品分类,但是音调序列都不行,如电子、哼唱音调,或者发出"飒飒飒飒"的声音也无济于事（Balaban & Waxman,1997;Fulkerson & Haaf,2003）。到9个月大的时候,婴儿就已经可以根据明晰的标签短语进行物体分类,但是音调或者没有标签的语词声音都达不到效果。

标签短语可以指导婴儿的分类能力的形成,婴儿对用于命名的那些标签的一致性也十分敏感。威克斯曼和布劳恩（Waxman & Braun,2005）发现一致的标签对于分类十分重要,不同的标签则达不到这样的效果。比如说,12个月大的婴儿可以根据一致的标签进行物体分类（如对于每一个物体都说"看,那是一个keeto"）,但是标签不一致时则效果不显著（如一个物品匹配"看,那是一个keeto",下一个物体匹配"看,那是一个bookoo"）,这一研究结果表明,婴儿可以根据言语特征来分析名词,并且注意到对应的标签。普伦基特、胡和科恩（Plunkett,Hu,& Cohen,2008）再次拓宽了这一现象,研究认为一致的标签可以塑造婴儿对于一系列物体的认知分类,而不一致的标签则会起到干扰的作用。

> 作者紧接着便利用例子来使读者明白标签的意义。有策略地进行这项工作会使读者受益无穷,尤其是对于论文委员会的成员,因为他们可能并不在相关领域,按部就班使用例子介绍才能避免专业悬殊的问题。
>
> 下面一段紧接着介绍婴儿物品分类方面研究方法的特征,以此作为研究方法部分的引线。随之便是研究不同问题的方法之间的略微差异所在。

一项相关研究的主体部分检验了婴儿是如何使用不同的标签来区分物体的,而不是研究如何分类物体的。物品分类要求婴儿可以注意到物体之间的共通性,而物品区分识别需要婴儿可以区别出来不同的实体。婴儿会逐步发展出物品识别的能力（Wilcox,1999）,在婴儿最初就难以实现识别的情况下,标签化可以减轻其认知负担。对9个月大的婴儿进行实验研究时发现,给不同的物体命名有利于物品识别（与分类相反）（Xu,2002）。

在这些物体识别实验中,婴儿熟悉的两个物体出现在屏幕两边的某一边,然后回到屏幕的后方。实验者会降低屏幕显现出一个或者两个物体。如果婴儿察觉到这两个物体是完全独立的整体的话,他们应该会更久地注视只显现一个物体的过程,因为这与他们本身的预期是相违背的。在这个规范化的实验范式中,有两种实验条件,一种是每个玩具都有独特的标签或者两个享有相同的标签,另一种是每个玩具伴随正弦曲线变化的音调或者整个实验无声音。当且仅当对物品进行单独标签时,婴儿才能够进行成功的物体识别,同一标签、没有标签或者独特的音调均不能实现。用未标签化的词(“啊!”和“额!”)进行相同方法的研究时发现这些也不能有助于物体识别(Xu,2002)。综上而言,9个月大的婴儿可以注意到用独立的单词来进行物品识别,但是其他人类的声音则达不到该效果。

当婴儿9个月大的时候,他们已经可以用不同于其他声音(音乐、音调、未标签的口头声音)的方式来使用一些特定的标签。一致的标签在帮助婴儿知觉相同标签呈现的物体共通性的同时,能够帮助实现物体分类(Balaban & Waxman,1997;Plunkett et al.,2008)。与之相反的是,如果给物体设置不同的标签则可以帮助婴儿区分不同的物体,并且将之表征为不同的群体(Xu,2002)。这些研究结果均表明,标签对于婴儿的认知过程有着十分深远的影响。一致的标签可以强化被标签化的物体之间的共通性,不同的标签可以突出不同物体之间的差异。大多数研究词汇和分类的实验多着重于早期的词汇习得,并且结果表明大约到1岁的时候,都是词汇在支撑着物体分类的过程(如 Balaban & Waxman,1997;Fulkerson & Haaf,2003;Namy,2001;Waxman & Booth,2003;Waxman & Braun,2005;Woodward & Hoyne,1999)。然而,却鲜有研究关注这种能力的起源。为了探索标签是如何发挥其神奇功效的,我们需要聚焦于这种能力的出现和发展。

> 需要注意的是,最后一句话旨在用先前的文献聚集在一起来点明如今的任务。下面的一个副环节中,作者又再次结合了已经有研究结论的问题和尚待发掘的问题。

早期6个月的词汇习得

目前所获得的研究数据表明婴儿在很早的时候便具有了惊人的分类能力。不同的年龄、方法和刺激所得出的结论具有一致的趋向性。虽然有研究迹象表明婴儿从很小的时候就可以自己独立对视觉刺激进行分类(Cassasola & Cohen,2002;Hespos & Spelke,2004;Mareschal & Quinn,2001),并且婴儿似乎对声音有着某种青睐(Columbo & Bundy,1981;Vouloumanos & Werker,2007),但是却很少有研

如何做好研究计划：关于开题报告和项目申请的指导（原书第6版）

究关注标签对于分类影响的起源何在。婴儿究竟是如何开始把词汇和物体分类进行关联的呢？

类似于关注分类和标签化关联的研究十分有意义。探索非常小的婴儿到底是如何开始使用词汇来缓解物体分类压力的这个问题，有助于我们理解婴儿是如何开始复杂的语言习得的这个议题。有两个近期的研究使用了相同的研究方法来检测语言的影响，均采取音调序列来研究婴儿的分类能力形成。富克森和威克斯曼（Fulkerson & Waxman, 2007）分别给6个月大的婴儿和12个月大的婴儿呈现8个不同的分类范例（恐龙或者鱼这两类）。两个年龄段中各有一半的婴儿接触标签的短语（"看这个toma！你看到toma了吗？"），另一半则是呈现正弦曲线变化的音调与之进行匹配（图1）。在测试阶段，在无声条件下，给婴儿同时呈现一只新的恐龙和一条新的鱼，记录他们观看每个动物的时间。两个年龄组的婴儿均偏好有标签短语的那类范例，这就表明他们已经建立了物体分类。而当这些同样的范例与正弦曲线音调序列相匹配时，两个年龄均无显著偏爱。

接下来一段是另一个详细介绍的研究例子。这样做有三方面的原因，首先，该研究主要是基于这个接下来的实验；其次，它可以证明每个实验的问题均是按照顺畅的步骤进行；最后，作者以这种方式展现出了明晰的研究线。并且，作者也是在使用别的研究来加强自己的论点。

作者借鉴了已经公之于众的两份数据（此处并没有呈现具体内容）。当采取这样的做法时，就要考虑两方面的问题。一方面，它是否真的有利于研究问题的探索？如果不是，就没有必要涵盖该数据。另一方面，在计划书中加入该数据的逻辑点何在？计划书是一份论文或者研究的基点。一些机构认为，数据编号方式可能会使整个过程显得略微笨重（即，此处我们采用图2是因为它已经出版，不用图1是因为它可能会需要正规的数据编码形式）。

此外，如果还存在版权问题的话，包括数据要斟酌再三。正如我们贯穿整本书所提及的，完全熟悉相应机构的论文保存要求十分重要，有助于解决这些问题。

费里、海思珀斯和威克斯曼（Ferry, Hespos, & Waxman, 2010）使用了同样的研究方法来检测标签的作用，以及音调序列对于3个月大和4个月大的婴儿的物品分类的影响。结果表明，两个年龄组的婴儿在标签实验条件下均有分裂迹象（表2），在音调条件下均无显著偏好。在标签实验条件下，4个月的婴儿表现出了新异性偏好，而3个月大的婴儿则显示出熟悉性偏好。在单词实验条件下，婴儿的年龄（天数)和喜好得分有着显著的正相关,在音调条件下则不显著(表3)。新异性和熟悉性均是物体分类的预测源,表明婴儿可以在言语条件下形成物品分类的能力,而音调条件下则不可以。从熟悉性到新异性偏好的转换现象在婴儿行为研究中十分常见,通常都是熟悉性偏好在先,新异性偏好在后(Roder, Busnell, & Sasseville, 2000)。这个转换的机制不是很易于理解,但是很有可能与刺激的不完全编码、成熟度或者处理速度有关(Hunter & Ames, 1988; Kaplan & Werner, 1987; Roder et al., 2000; Rose, Gottfried, Melloy-Carminar, Bridger, 1982; Wagner & Sakovits, 1986)。但是撇开喜好的类型问题来看,3个月大和4个月大的婴儿在言语条件下均显示出了分类的能力。

> 下一段的中心句把先前的研究内容和目前本研究提出的问题连接在了一起。段落有点长,所以最好能够分散开来解读,有利于读者理解。

费里等学者(Ferry et al., 2010)的研究成果十分有趣,同时也质疑着语言对物体分类的影响本质究竟为何。其中一个基本的问题就是3个月大和4个月大的婴儿是否会注意到同种标签短语下那些特定的词语。先前的研究表明,9个月大和12个月大的婴儿对物品本身和标签的匹配性十分敏感,他们会根据一致的标签来进行物品分类,标签不同则不会(Plunkett et al., 2008; Waxman & Braun, 2005)。费里等学者(Ferry et al., 2010)的实验中,只在词汇条件下使用了一致的标签,所以问题就尚未解决。尽管他们的这个研究并没有详细地论证问题的实质,但是针对婴儿语音分割的一些研究还是为这个问题提供了一些思绪。因为婴儿其实并不能从标签短语内提取确切的标签,所以婴儿对于一致标签的注意会受到其分段能力的影响。婴儿在4个半月大的时候就可以独立识别出他们自己的名字(Mandel, Jusczyk, & Pisoni, 1995),因为相较于其他干扰性因素而言,他们会更喜欢听自己的名字。但是只有到6个月大的时候他们才可以从一段流畅的语音当中识别出自己的名字(Mandel et al., 1995; Mandel-Emer, 1997)。而且要到大约7个半月大的时候,他们才可以从一段语音中提取没有那么突出的词汇(Jusczyk & Aslin, 1995)。费里等人在3个月大和4个月大的婴儿身上发现了标签短语对于物品分类的协助作用。鉴于婴儿直到6个月大的时候才能够从一段语音当中识别出没有那些显著的词汇如自己的名字,那为什么词汇还是比音调序列更可以促进分类呢?这一现象和婴儿匹配特定标签和范例并没有关系,可能是因为语言可以提供更简易的条件。也可能是因为听人类的语音时,婴儿很容易陷进另一种不同于平时的注意范围。人类的语音,尤其是针对婴儿的语音可能会让婴儿注意到可以促进分类的信息。随着婴儿的成长，这一效应越来越精确，因为婴儿逐渐开始学会从一段流畅的语言当中挑出独立的词汇区别于彼此不同的词汇，并且开始归纳这些词的意义。词汇条件引起的这种促进效应的特征就值得再去研究。费里等人（Ferryet al., 2010）比较了言语标签短语和音调序列对物品分类的影响。值得关注的是，与其他听觉输入相比，并不是语言起到了促进作用。正弦变化的音调序列和标签短语之间存在很多差异，很可能就是这些差异导致了对于分类的不同促进作用。虽然语言确实可以促进分类，但是语言是否是唯一可以促进婴儿分类的听觉刺激尚待探索。

> 接下来的总结环节，作者再次简短地概括了主要问题，进行前后呼应。读者需要关注的是作者是如何一边构建总结环节又一边推进自己的研究的。

小结

在生命开始的第一年里，婴儿一方面逐步了解物体本身的物理性质，另一方面也开始学习如何根据物体的共通性进行分类。理解婴儿是如何开始根据标签来进行分类十分重要，因为这有利于理解人类语言和认知之间的关系是怎样的。到9个月大的时候，一致的标签才可以促进分类，这就说明婴儿对于特定的标签是有概念的。同时也有研究结果表明标签短语效应对于3个月的婴儿也适用，而3个月大的婴儿还不能从一段连续流畅的言语中提取出一致的标签。这就证明，总体而言，其实是语言而不是特定的标签，强化了语言和认知之间的关联。当今的研究目标就是要明确这一关联的实质及其在生命开始的第一年里的发展。

> 作者在下一节回顾了与标签、发声法以及物品分类相关的理论。鉴于该研究中不同的实验检验了不同的假设，所以作者在这一环节中介绍了相关问题的研究方法。在导入部分，作者解释了为何要囊括这些内容及其目的何在。

为何是标记的短语而不是音调促进分类活动

研究问题依旧在于究竟是何种机制强化了这种促进作用。目前大致有三种可能的猜测。本研究就将根据这三种假设进行研究验证，同时尽量开辟其中的机制内容。

跨通道干扰假设

斯劳特斯基(Sloutsky)等人提出了这种假设,主要解释了为何婴儿更容易根据标签而不是其他类型的声音成功进行分类。罗宾逊和斯劳特斯基(Robinson & Sloutsky,2004a,2004b)认为听觉加工过程会干扰视觉处理,他们的研究结果表明,听觉刺激其实会干扰物品分类,而词汇只是比其他声音的遮蔽效应要小。他们还提到,词汇和其他的听觉之间的差异主要取决于对于听觉刺激的熟悉程度。罗宾逊等人(Robinson et al.,2005)研究发现,8个月大的婴儿可以在无声音干扰的情况下成功进行分类(对猫的分类)。而当呈现不熟悉的声音(激光的声音)或者标签("看这个dax")时,婴儿的分类表现就会有所下降。在激光声音条件下,婴儿就不能形成分类,而在标签组,婴儿还是可以成功分类的,但是表现会随着无声的基线水平减弱。第二个实验中,使婴儿提前熟悉原本不熟悉的声音(在没有视觉刺激的情况下听20次激光声音),然后比较两种情景下的结果,发现这个时候激光声音已经和标签短语的实验结果差不多了。根据这些实验结果可以发现,伴随的听觉信息会削弱婴儿的分类能力,但是这种削弱作用会因为对刺激的熟悉度的提升而降低。就这个理论而言,伴随的听觉刺激,尤其是不熟悉的刺激,会干扰物品分类。也就是说熟悉的声音(比如语言)相较于不熟悉的声音(比如音调)而言,干扰效果会降低。如果婴儿完全不熟悉的声音也能促进分类的话,就与该理论相违背了。

语言独特假设

第二个假设认为语言对于婴儿来说是一种独特的听觉刺激。按照这种假设,只有语言可以促进物品分类,并且将范例和任何非语言声音相匹配的话均不能促进物体分类。但是这对于标签还不是很明晰,其他的词汇或者短语(如"哇! 看! 你看到了吗?")可能也可以促进分类。

由宽入浅假设

第三个假设认为婴儿其实在最初是可以根据各种声音来进行分类的,只是后来随着成长开始逐渐关注语言和一些特定的标签。经验先行的调整现象在不同的领域不同的任务里均得到了论证,甚至也许这就是婴儿的词汇和物体分类的机制所在。音韵学研究表明婴儿最开始处理听觉刺激是大致相同的,但是由于环境内容的影响使他们对一些特定的东西更为敏感(如 Kuhl et al.,2003;Werker & Tees,1983)。而这种由一般至特殊的发展趋势不仅在音韵学中十分常见,前语言空间分类也是如此(Hespos & Spelke,2004;Hespos & Piccin,2009),甚至脸部识别能力也不例外(Pascalis,de Haan,& Nelson,2002)。有一个研究论证了婴儿人脸识别的这个问题。6个月大的婴儿便已经可以识别单独的猴子的脸和人类的脸。但是,到9个月大的时

如何做好研究计划：关于开题报告和项目申请的指导（原书第6版）

候,婴儿还是可以识别出人类的脸,但是却不能识别出猴子的脸(Pascalis, de Haan, & Nelson, 2002)。婴儿似乎在根据生活环境中对人脸的经验来改善自己的认知能力。如果6至9个月大的时候,婴儿可以保持住对猴子脸的记忆,才会依旧可以识别猴子的脸(Pascalis et al., 2005; Scott & Monesson, 2009)。婴儿起初基本可以区别人脸和猴子的脸,但是他们的环境经验使他们保留了事关生存的能力而逐渐失去了不必要的能力。

> 作者接下来在进行了简单的回顾之后展望了下一个环节,对需要继续研究的内容进行了肯定与分析。

也许是类似音调的机制促进了早期的单词学习,也许在早期发展中语言对物体分类的促进作用也并没有特定的效果。目前的研究表明,9个月大的婴儿对物体名字的那些特定的标签十分敏感,但是在此之前、在语言的促进效应之后,这中间究竟是什么还尚待研究。促进效应很有可能经过经验的调整,转换到更复杂的刺激,语言对于婴儿来说是环境中最敏感的刺激,这也就会促使他们进行词汇学习。如果确实如此的话,这个假设就要分为两个副部分。如果婴儿确实经历了一个逐步窄化声音刺激来促进分类的发展历程,这时需要关注的就是怎样的声音在最开始的时候是可以促进分类的。我认为未来的两个研究问题在于听觉信号的复杂度以及自然发声法。

> 接下来的两个部分是推测性质的,通过两个"如果……那么"来论证研究的原理。

由宽入浅:听觉刺激的复杂度。费里等人(Ferry et al., 2010)论证了词汇和音调对较小婴儿的物品分类影响是不一样的。标签短语和音调序列的差别之一就是标签短语是复杂的听觉刺激,而音调不是。如果确实是这样的话,我们很有可能会发现超级复杂的声音可以促进分类,而没那么复杂的声音则在任何年纪都不会有促进作用。

由宽入浅:自然发声法。标签短语和音调序列的另一个区别在于标签短语的录制出自一位女性,而音调序列由电脑控制产生。婴儿可能起初对人体器官发出的自然声音比较敏感。如果是这样的话,那么由动物发出的声音会促进婴儿的分类,而不是非自然产生的复杂的声音。

> 跟上一个环节一样,这个部分之后也是类似的总结。

语言发展中基于经验的调整

　　基于经验来调整的这种解释提供了一个有趣的假设,来猜测婴儿是如何匹配物体和单词的,后续研究需要关注具体的机制究竟是什么。我会继续回顾相关文献,即经验调整对分类能力的影响。研究早期语言能力发展的实验大多数关注起初的听力偏好以及语音认知,直到近来才开始有人关注早期的6个月里的语言是如何影响婴儿对物体分类的。关于婴儿第一年里的语音偏好、认知以及9个月之后语言对分类的影响的研究成果均表明经验调整可能对这两方面都适用。

> 　　导入部分再次解释了为何这一部分着重于研究问题的发展,作者也回顾了一些较为接近的研究主题,鉴于空间问题,我们只囊括了第一段。

基于语言的语音调整

　　研究最多的一个经验调整的例子之一源于针对婴儿持续增长的语音对比敏感性的研究。婴儿早先几乎对所有语言的语音差异有先天的敏感性,而成年人只对母语敏感(Best, 1993; Polka & Werker, 1994; Werker & Lalonde, 1988; Werker & Tees, 1984; see Werker and Tees, 1999 for a review)。沃克和蒂斯(Werker &Tees, 1983a)测量了母语是英语的婴儿区分其他语种里语音差异的能力。给婴儿呈现北印度语里的/Ta/-/ta/和萨利希语(Nthlakampx)[①]里的/k'i/-/q'i/对比。6至8个月大的婴儿可以成功地区别外语的差异,而10至12个月大的婴儿中却鲜有人可以这样。6至12个月大的婴儿会有一个转换,从语言一般语音处理模式转换到语言特定语音处理模式,后者会使婴儿失去鉴别其他语言语音差异的能力。

小结

　　总体而言,这一部分的结论表明婴儿对物体名称的非言语类标志存在一个态度上的转变。虽然婴儿早期表现出了一定程度的选择性,喜欢根据标签短语中的非言语标签进行物体分类,而不是其他类型的听觉输入(音调、旋律、非标签的人类声音),他们最初愿意接受标签短语情景下的非言语标志。但随着婴儿使用标签经验的增加,他们会逐渐不愿意接受非言语标记来命名物体。研究表明,13个月大的婴儿愿意接受非言语声音刺激作为标签,20个月大的婴儿就不可以了,而18个月大的婴儿可以接受姿势作为标签,26个月大的婴儿就不可以了。有意思的是,婴儿大概

[①]萨利希语分布在美国华盛顿州以及加拿大不列颠哥伦比亚环萨利希海一带。——译者注

在18到20个月的时候会学习大量词汇，18个月之前速度很缓慢，大约一个星期学习一个两个新词，18个月大的时候便出现了戏剧性的增长，每天甚至可以学习大约9个新词（Benedict, 1979; Goldfield & Reznick, 1990; Mills, Coffey-Corina, & Neville, 1997）。婴儿逐渐摒弃使用非言语标志作为词汇可能是与其飞速增长的词汇量有关。不断增加的词汇量和经验会逐步明确究竟什么才可以作为标签。

> 这一部分的总结在逐步过渡到整体的文献综述部分。正如我们在第四章中所提到的，总结的目的在于提示读者我们从以往的研究和理论中收获了什么。这些信息再次强化了为何这个问题是有价值的，为何要选择相应的研究方法。

总结

到目前为止，研究论证了婴儿在第一年里已经开始思考物体并且进入了周围的语言体系。更重要的是，这些现象都不是单一存在的，语言和认知的交汇处远早于我们早期研究成果所预期的。语言而不是音调序列可以促进3个月大的婴儿物品分类能力这一研究结果证明，在婴儿可以从一段话中提取单独的词语之前语言就已经开始在影响认知功能了。这一论点试图解释语言和认知之间的早期关联的本质，并且绘制它的发展轨迹。

我会检验这三种解释，为何是语言而不是音调会在发展早期促进分类。多重情景干扰假设认为不熟悉的声音会影响分类，而不是语言促进了分类。语言独特假设认为语言对于婴儿有特殊的作用，并且只有语言（尽管也许不是特定的标签）可以在发展的任何阶段促进分类。最后的由宽入浅假设建立在大量研究基础之上，婴儿会根据周围环境的经验来调整自身，该假设认为与其他维度相匹配的声音原本也可以促进分类，但是如果婴儿按照自身经验调整到人类语言时，便不能实现目的了。验证这三个假设会论述语言和认知结构之间的关联的本质问题。

> 正如我们早前所讲的那样，本计划书包含三个实验。作者介绍了每个实验的原理以及每一个是如何印证论文整体的原理的。需要学习的是作者是如何在最后一句话里说明自己研究的重要性的。

研究计划

实验一：灵长类动物发音法

不同于过滤语音和反向语音（filtered speech and backwards speech），灵长类动物的叫声不是任何一种人类语音的衍生形式。比较灵长类动物的叫声和人类的语音是十分有趣的。首先，灵长类动物的叫声不是人类语音，而是自然的声音信号，只是和人类语音有一些相似的地方。人类和灵长类动物在发声方面有很多相似的机制，因而他们所发出的声音有重叠的特征（Belin，2006）。有研究表明，人类是用大脑的中等高级沟回处理灵长类动物的叫声，而高级脑回用于处理人类语音（Altmann，Doehrmann，& Kaiser，2007）。Vouloumanos、Hauser、Werker和Martin（2009）反驳了先前的认知，即种族本身会对自己族内的声音有偏好，他们认为这种偏好是基于一种更普遍的生物或者自然的声音信号。他们论证道，相较于灵长类动物叫声而言，哺乳动物新生儿并没有更偏好于语言（但是与非言语声音相较，这两者均有优势）。然而3个月大的婴儿在人类语音和恒河猴叫声之间更喜欢前者，说明周围环境中语言会使婴儿的喜好有集中的趋势。同样的过程也许会强化早期的词汇对于分类的促进作用。研究灵长类动物的叫声是否也会影响婴儿的分类能力有助于我们理解促进效应是否受人类语音的影响。

> 作者接下来开始描述这个实验，并且继续解释该研究逻辑原理的重要性。

本实验将会探索灵长类动物的叫声是否具有和语言一样的物品分类促进作用，并且明确其在发展中的变化历程。如果婴儿起初就经常使用多种复杂或者自然的声音来进行物品分类，那他们就很有可能在灵长类动物的叫声条件下也表现出促进效应。这也就支持了由宽至浅假设。但是如果婴儿均没有表现出显著的分类成功结果，那就论证了两种可能的理论，一是语言对于婴儿的分类具有独特的作用，二是不熟悉的声音会干扰婴儿处理分类范例的能力。

> 接下来的部分，作者详细地解释了实验的过程。正如我们在第一章中所提到的，对于一些复杂的实验方法而言，给读者提供视觉的呈现会更好。对于这个研究而言，最好是利用流程图来展示三个实验，因而这三个实验本身是有内在联系的，如果在方法部分的前面加入一个简短的介绍，会使相关人物更容易理解实验的优势所在。流程图主要让读者回顾或者提示读者研究方法的内容。

研究方法

> 因为作者在下一个部分详细介绍了研究方法的内容，所以她利用先前的研究来支撑自己的研究方法。研究背景部分对此也有一定的涉及。这并不矛盾，因为十分简短精悍，并且与这里的方法选择相呼应。

被试 将48位健康足月的婴儿分成四个年龄组，每组12个被试，分别为3个月大、4个月大、6个月大和12个月大。这四组被试用来检验灵长类动物叫声对于物品分类影响的变化发展轨迹。之所以选择3个月大和4个月大的婴儿主要有两个原因，一是这个时候的婴儿与稍大的婴儿对人类语音同样有兴趣，直到6个月大的时候才会开始从人类语段中提取单个的词汇（Bortfeld，Morgan，Golinkoff，& Rathbun，2005；Jusczyk & Aslin，1995）；二是费里、海思珀斯和威克斯曼（Ferry，Hespos，& Waxman，2010）研究发现，在标签短语条件下，3个月大和4个月大的婴儿会表现出一个由新异性到熟悉性偏好的转移。在当下的研究中，我们会检验这种转移是否对于其他类型的听觉刺激也有效。我们也选择了12个月大的婴儿，因为这个时候的婴儿已经关注到言语和认知单元之间的关联。到12个月大的时候，一致的标签可以帮助婴儿成功分类（Plunkett，Hu，& Cohen，2008；Waxman，2005）。我们选择6个月大的婴儿是为了了解这种发展变化的历程，即出现在3个月大和4个月大的婴儿身上的促进效应究竟是如何发展变化的。

> 值得注意的是，作者十分关注那些非英语母语的婴儿，正如她在最后所说，初步的数据收集工作作为前测数据来检验研究问题。把这个方面讲清楚可以减轻委员会成员的顾虑。

被试中大约40%的婴儿规律性地接触了除英语之外的另一种语言。实验之前，用问卷让家长反馈婴儿现在接触的语言以及妈妈在怀孕的最后三个月里所讲的语言，同时接触多种语言是否会影响不同听觉刺激对于物品分类促进效应的发展变化轨迹。前测数据会论证双语婴儿是否会不同于常人。

> 作者现在提供了婴儿将会接受的刺激并且声称是类似于先前的工作发现。她归纳了这个部分的刺激，使读者了解更多。刺激包括视觉刺激和听觉刺激。他们还提供了更为详细的介绍，读者如果想要了解某个特定的方面，可以参考数据，如图1所示。

刺激　本实验所用刺激借鉴费里、海思珀斯和威克斯曼(Ferry,Hespos,& Waxman ,2010)的实验。

视觉刺激　20张线绘的恐龙和鱼构成两套刺激,每套8个刺激,两个实验每个各两套(详情见图1)。黑线勾勒出图像,然后涂上一种相同的颜色。每个刺激里的颜色都不一样,每个实验内,颜色是匹配的。

听觉刺激　蓝眼狐猴(蓝眼黑狐猴)的发声持续2.2秒(和先前的听觉刺激持续时间相同),图2C是声谱图。

> 本研究利用一种设备来给婴儿提供以上刺激,作者便简单地描述婴儿是如何安置以及接受刺激的。

设备　在一个小房间中,婴儿坐在父亲或者母亲的腿上,在一个木偶舞台前面,舞台243.5厘米高,128厘米宽,61厘米深。婴儿直接面对舞台前方(距离地面93厘米,61厘米高,106厘米宽)。在舞台后面用投影机放映视觉刺激。一张黑色泡沫芯层的前面是白色投影屏幕。硬纸板上有两个18厘米乘以18厘米的窗户,这两个窗户之间间隔11厘米,距离婴儿的眼睛大约75厘米。语音发出者躲在屏幕下方56厘米处,投影屏幕下方12厘米处有一个3厘米的小洞有录像设备对婴儿进行录像。

> 一般的研究在介绍完被试之后就要开始描述数据收集(这里是刺激)和设备。如果可能的话,最后加入对如此程序的合理性解释。作者接下来首先明确了是如何给婴儿提供刺激的,包括练习阶段和实际实验阶段。很多大学和期刊都会要求获得同意许可,如果有要求的话,要在附录中加入这些内容。

试验	字词	音调	左屏幕	右屏幕
熟悉1	看小恐龙! 你看到小恐龙了吗?	———— —— ——— ———— —— ——— ——— ————		
熟悉2	看小恐龙! 你看到小恐龙了吗?	———— —— ——— ———— —— ——— ——— ————		

如何做好研究计划：关于开题报告和项目申请的指导（原书第6版）

续表

试验	字词	音调	左屏幕	右屏幕
熟悉3	看小恐龙！ 你看到小恐龙了吗？	———— —— —— ———— —— ——— ——— ——— ———		
熟悉4	看小恐龙！ 你看到小恐龙了吗？	———— —— —— ———— —— ——— ——— ——— ———		
熟悉5	看小恐龙！ 你看到小恐龙了吗？	———— —— —— ———— —— ——— ——— ——— ———		
熟悉6	看小恐龙！ 你看到小恐龙了吗？	———— —— —— ———— —— ——— ——— ——— ———		
熟悉7	看小恐龙！ 你看到小恐龙了吗？	———— —— —— ———— —— ——— ——— ——— ———		
熟悉8	看小恐龙！ 你看到小恐龙了吗？	———— —— —— ———— —— ——— ——— ——— ———		
测试				

图1 描述了实验的过程、字词和音调情景中用的刺激物。在熟悉的试验中，婴儿看到8个不同的恐龙（或鱼）。在字词情景下，每一个恐龙的出现都伴随着一个声音说："看小恐龙！你看到小恐龙了吗？"在音调情境下，每一个恐龙的出现都伴随着一系列的纯音。在正式测试的过程中，婴儿能看到一个恐龙和一条鱼，编码器测量了婴儿注视每张图片的时间。

资料来源：Fulkerson, A.L., & Waxman, S.R.(2007). 字词促进个体分类：来自6~12个月婴儿的证据。Cognition, Volume 105, Issue 1, October 2007, pp.218-228.

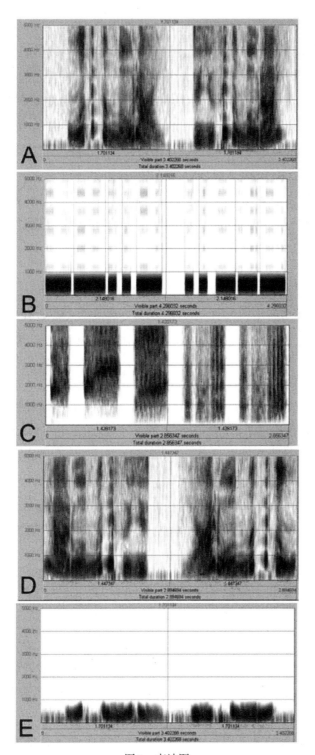

图 2　声波图

(A)分类短语,(B)音调序列,

(C)灵长类动物发声,(D)反向分类短语,(E)低通滤波分类短语

程序 新异性喜好任务有练习和实际测试两部分(图1)，所有的婴儿接受相同的视觉刺激(恐龙或者鱼)，进行控制的是伴随的语音。指导父母闭上眼睛，不要以任何形式的方式来干扰婴儿的注意。

练习阶段 给婴儿呈现8个示例(恐龙或者鱼)，被试内平衡分类差异，每个试次的前4秒钟呈现灵长类动物的叫声，大约3秒之后再次呈现。每个试次持续时间20秒，随机安排呈现的顺序。每个试次图片呈现的位置有变化，第一张鱼或者恐龙的图片是在左边还是在右边在被试内进行平衡。

测试阶段 所有的婴儿看两种同样的测试刺激：熟悉类别中的一个新范例和新异类别中的一个范例。当婴儿的目光固定在一个刺激上的时候测试阶段算正式开始，直到注视累计10秒时结束。左右边刺激呈现位置在被试内平衡。

> 作者在编码阶段呈现了录像的数据结果。这个部分有两个方面需要注意。一是展示了编码的核心，但是没有讲明受训后的观察者是如何进行编码的。如果在附录中加入编码指导会更好。二是很明显作者想要得到理想的数据，并且她对观察内部一致性进行了分析，这是一项十分关键的处理工作。

编码 经过培训的观察者是不清楚实验条件的，他们在线对婴儿的视觉注意点进行编码，线下只对测试阶段的左右注意点进行框架编码(ELAN，2007)。一个观察者对每种实验条件下每个年龄阶段的33%的婴儿进行编码。

通过偏好得分来测量分类，用每个新异范例的注视时间除以总的注视时间(10秒)，界限点为0.50，如费里等人(Ferry et al.，2010)所说的那样，如果婴儿过分注视一个刺激的话，我们就要质疑他是否注意到了另一个刺激，这样的话就要进行第二个试次，然后再计算偏好得分。

> 进行数据分析的时候，数据一出来作者便呈现了各种处理分析的方法，通过明确因变量和自变量来增加叙述效果。

数据分析 以偏好得分的ANOVO分析作为因变量，以年龄群组为自变量进行单变量方差分析(ANOVA)，用来检验年龄对偏好的影响。再用费舍尔事后(post-hoc)分析来检验年龄效应。此外，用t检验来检验每个年龄群组偏好的类型。

为了更好地理解熟悉新异偏好转换的问题，我们计算了任务表现和年龄(3个月大和4个月大的婴儿，按照天数进行数据处理)之间的相关。

在练习阶段进行单变量方差分析(ANOVA)，以注视时间作为因变量，包括所有4个年龄组。用费舍尔事后分析来检验年龄效应。

> 作者接下来介绍了对于实验结果的猜测与预期。正如我们在第一章中所提
> 到的,这部分和实验介绍部分有助于问题本身的描述。她阐述了一种猜测(即实
> 验假设)以及相关的信息。就像图3.1所示,讨论猜测的作用是不可忽视的,所有
> 讨论和对结果的解释都十分重要。在很多时候,问题和假设都应该在前面部分
> 提出,在这里,放在导入之后或者在方法之前都是可以的。

预测

根据由宽入浅假设,我们预测灵长类动物叫声对分类的促进效果会随着婴儿的成长
而有所改变。还有更多的听觉刺激可以促进婴儿的物体分类,而这些听觉刺激的范围会
在第一年里迅速调整适应。我们估计3个月大和4个月大的婴儿的物品分类特点应该和
费里等人的那个实验结果差不多。到12个月大的时候,我们猜测可以促进分类的听觉
刺激范围在周围语言环境的基础上会逐渐窄化,而这个时候灵长类动物的叫声就不能促
进婴儿的物品分类表现了。对这些婴儿来说,此时的灵长类动物叫声实验条件就类似于
之前的音调实验,表现结果有偶然性。6个月大的婴儿在这个实验当中的作用主要是为
了探索这种发展轨迹的变化。就由宽入浅假设的范围边界问题而言,复杂度和自然发声
法假设均认为较幼小的婴儿才可能根据灵长类动物叫声进行成功的分类。

语言独特假设认为灵长类动物的叫声在任何时候都不会有促进效应。如果这
样的话,任何一个年龄组都不会偏离随机表现均线太远。如果语言才是唯一有效的
语音刺激,按照费里(Ferry, 2010)以及富克森和威克斯曼(Fulkerson & Waxman,
2007)的灵长类动物叫声实验条件,相较于音调条件,婴儿应该表现出注视偏好,但
是都会区别于单词条件。

多重情景干扰假设也预测灵长类动物的叫声对任何年龄组的分类表现都不会
有促进作用。按照这个假设,任何与范例匹配的听觉刺激其实都是在削弱婴儿成功
分类的能力。但是,熟悉的声音(如语言)干扰性没有那么强。因为婴儿正常的生活
环境中并不会经常接触到灵长类动物的叫声,所以按照这个假设,不熟悉的灵长类
动物的叫声会干扰物体分类。照此来说,任何年龄组的婴儿分类表现都不会因为这
个因素而得到改善。

> 在此研究中,作者也公布了前测的结果,但是我们并没有囊括(整整10页),
> 这是必要的数据收集。鉴于作者已经发表了相关的研究,所以几乎没有必要用
> 前测数据使相关委员会成员信服这个研究的可行性与完成度。
>
> 紧接着一个部分和第一个研究提供的信息框架差不多,还是导入部分阐述
> 问题和原理,然后是研究方法。

实验二：反向分类短语

很难将语言和音调序列进行比较的原因之一就是语言刺激十分复杂而音调序列则不是。反向语音和正向语音（backward speech and forward speech）有几处不一样。反向语音和正向语音一样复杂，但是人类发音系统不能发出反向语音序列（Binder et al.，2000）。婴儿处理正向语音和反向语音的区别也值得研究。尽管婴儿可以区分自己的母语和其他的语言，但是却不能区分反向语音时母语和其他语种，这就说明颠倒语音会干扰婴儿处理言辞韵律的能力（Mehler et al.，1988）。脑成像研究结果显示婴儿和幼小婴孩处理正向和反向语音时的大脑活动不一样，这就说明处理方式有差别（Dehaene-Lambertz et al.，2002；Pena et al.，2003）。反向语音和语言的复杂程度一样，但是新生儿处理正向语音和反向语音的方式却不一样。

如果正向和反向分类短语都可以促进3个月大和4个月大的婴儿的物体分类表现的话，就说明语言的促进作用源于更宽泛的复杂语音。这种促进作用可能会逐渐调整到适应更为复杂的声音，也就是日后的语言。但是婴儿的正常生活中并不会经常出现反向语音，并且反向呈现母语时，婴儿也不会表现出偏好，所以反向语音所产生的任何分类促进效应都可能是因为听觉信号的复杂度。但是如果反向语音不能促进分类的话，就说明受到了人类语言的某种影响，而这方面的内容可能因为反转语言而遗失了。

研究方法

> 作者在被试和刺激介绍部分只阐述了最为必需的部分，而让读者参照计划书的其他部分以及已经发表的研究报告。与其他信息相结合时，这就是完整的，并且还十分经济。使用只言片语恐怕很难传递有效信息。一个解决办法就是展现稍微多一些的信息来强化主要的中心点。我们已经省略了数据分析部分，因为和之前的部分相差不多。

被试 48位健康的足月生产儿童，分为别3个月大、4个月大、6个月大和12个月大。

刺激 费里、海思珀斯和威克斯曼（Ferry, Hespos, & Waxman，2010）使用的实验刺激相同。

视觉刺激 20张线绘的恐龙和鱼构成两套刺激，每套8个刺激，两个实验每个各两套（详情见图1）。黑线勾勒出图像，然后涂上一种相同的颜色。每个刺激里的颜色都不一样，每个实验内，颜色是匹配的。

听觉刺激 听觉材料也是使用的费里等人(Ferry et al., 2010)的反转音频材料(具体见图4D),实验仪器、程序还有编码和实验一相同。

> 接下来两段都是预测,把问题和研究假设连接得更紧密。

预测

不同的假设都对此提出了不同的预测。由宽至浅假设:根据复杂度理论,在发展早期,很复杂但是非自然言语刺激的反向语音也能够促进分类。这个假设预测会因为婴儿对反向语音的接触而有所差异。本来早期有较多的听觉刺激可以促进分类,但是随着第一年婴儿的发展,有效听觉刺激的范围越来越窄。3个月大和4个月大的婴儿表现出类似于费里等人(Ferry et al., 2010)的词语实验条件下的物体分类特征。到12个月大的时候,再用反向语音作为刺激时,婴儿便不再表现出突出的分类表现,几乎只有偶尔的效果;6个月大的婴儿的表现有助于勾勒出这条发展轨迹。由宽至浅假设:自然发声法假设预测反向语音不会促进分类。因为正常发声不能发出反向语音,因而每个年龄组都不会表现出优异的分类表现。

语言独特假设和多重情景干扰假设都认为没有一个年龄组会在反向分类短语条件下有明显的分类表现。语言独特假设认为对于正向和反向语音,婴儿的处理方式并不一样(Pena et al., 2003),反向语音并没有正向语音的促进作用。如果人类语言对于促进效应有独特性的话,也就是说反向语音的另类处理方式证明婴儿会根据分类来对应两种声音。根据多重情景干扰假设,反向语音因为其不熟悉性而会干扰婴儿分类的能力。尽管这两种假设的预测结果是一样的,但是原因却是不同的。

> 我们省略了第三个实验,因为它和前两个实验大同小异。
>
> 该计划书还包括下面的"实验潜在影响"部分,这就使得三个实验的原理紧密结合在一起,并且证明了在论证可能的假设的同时,这些实验在其他实验的基础上又拓宽了以后的研究视野。这个研究略显复杂,让读者看完部分之后可以对三个实验有所感知,所以在计划书的最后作者加了一个方案。在其他的研究当中,如果把完成的研究原理放在较靠前的地方可能会更合适。到底如何更为恰当,最好还是去指导咨询导师或者是相关机构。重要的是你要清楚地认识到自己的研究可以贡献什么。

如何做好研究计划：关于开题报告和项目申请的指导（原书第6版）

实验潜在影响

研究反向语音、过滤语音和灵长类动物的叫声对于婴儿进行物品分类的影响有助于理解关联词汇和认知的机制所在。检测以上每种声音是如何影响分类的，以及这种影响随着发展的变化轨迹可以逐渐明晰婴儿是如何连接声音和认知的以及是如何利用这些本身的认知偏差来继续语言学习的。这三种声音有助于区别几种假设，以便检验。

探索这三种声音的促进作用的起源可以启发标签短语对于分类的促进机制以及早期词汇学习机制的研究，语言独特假设提出，首先语言对于婴儿来说是一种独特的听觉刺激，并且只有语言才会促进婴儿进行物品分类；其次，除了语言，声音会干扰分类，因为婴儿对这些听觉刺激不熟悉。多重情景干扰假设认为，除非婴儿对听觉刺激有一定的熟悉度，否则声音都会干扰分类。最后一种可能就是，婴儿本身是可以用部分声音来协助分类的，是经验使他们最终适应了语言作为动力源。

就上面最后一种假设内容来看，过往的研究证明婴儿在很多方面都表现出了由宽入浅的现象，并逐渐聚焦于自己的母语。这已经从听觉偏好（Vouloumanos et al.，2009）、语音识别（Kuhl et al.，2006；Werker & Tees，1983）、语法学习（Echols & Marti，2004；Waxman & Booth，2001；2003）以及儿童对于非言语声音和姿势作为标签的接受度（Campbell & Namy，2003；Namy & Waxman，1998；Woodward & Hoyne，1999）中得到了印证。费里等人（Ferry et al.2010）近期的研究发现3个月大的时候，语言就已经开始协助婴儿进行物品分类了。这就使得研究者思考在标签短语的促进效应中是否也存在这样一种类似的调整过程，以及最开始究竟是哪种语音可以促进婴儿进行物品分类。由宽入浅：根据复杂度理论，早先多种复杂的声音都可以促进物品分类，但是这种促进效应随着特定语言以及生活经验的影响而进行了调整。由宽入浅：自然发声法假设预测只有生物声音才可能在最开始的时候具有促进作用。

每一个假设都预测了发现的不同形式，拟提出的研究将会提供证据来区分这些假设。检验非常小的婴儿是否会使用这些声音来支撑分类，以及这种行为在发育过程中如何变化，这可以解决非常小的婴儿是怎样开启将单词和对象类别联系起来这一早期步骤的。

这些研究结果论述了可以促进早期物体分类的人类语音究竟是什么。本研究会阐述其内容，追踪发展轨迹，并且阐明儿童是如何建立这些早期的促进机制的。

計划书的最后是参考文献,所有引用到的文章都必须纳入其中,并且要根据相关机构要求的格式来排版。我们只放了前面的部分参考文献,原文有9页纸长度的参考文献。

参考文献

Aslin,R.N.(2007).What's in a look? Developmental Science,10,48 - 53.

Baillargeon,R.,Li,J.,Ng,W.,& Yuan,S.(2009).A new account of infants' physical reasoning.In A.Woodward & A.Needham (Eds.),Learning and the infant mind (pp.66 - 116).New York: Oxford University Press.

Balaban,M.T.,& Waxman,S.R.(1997).Do words facilitate object categorization in 9-month-old infants? Journal of Experimental Child Psychology,64,3 - 26.

在计划书的最后有数据和相关说明,这里我们展示了图1和图2。很多大学会要求论文提供其他的信息,例如人员同意书、数据收集格式、前测数据(这项研究计划这部分包括7份数据和一个表格),以及不太适合放在正文里的研究方法的信息(如录像编码指南)。一些机构和大学都有固定的格式与行文要求,并不会要求一应俱全全部写进论文或者计划书当中。我们并不想唠叨太多次,但是最佳办法还是遵守相应的规则和指导导师的建议。

计划书2：质性研究

社会公平教育指导咨询团队：教师和校长对九年级指导咨询服务四大要素的看法①

> **提醒读者**
>
> 这是一篇质性研究的范例，如果对此缺乏一定的熟知度，可以参见第五章，包括如何规划这类研究以及如何书写此类研究的计划书。同时，如果你仅了解实验类或者类实验类的研究设计，第五章讲解的那些会被看作是非正统的，或者说至少不是公众所期待的因素。
>
> 正如我们所想，作者关于主题的很多假设的信度、效度、复现性和一般性等都会跟传统量化研究的实验有所区别。也许有的时候这些区别会有名无实，但这些差异是确实存在的，并且正是这些差别对于理解质化研究十分重要。
>
> 质性研究范式最独特的地方在于和其他一般形式的调查的区别程度。改变开始的假设就会影响研究问题的顺序。比如说，这个研究中作者计划调查教师以及校长对社会公平教育的看法，以及在九年级中是否在实施这样的原则。这个过程里的研究问题需要的不仅仅是事件重组或者是简单地收集观点然后进行罗列。作者打算在询问被试的同时收集文件，并且观察学校的教师会议，因为会议讨论能够反映出他们是如何定位自己作为教师的职责的，从而可以进一步获得更多观点进行自己的社会公平教育工作。这样的问题以及相关的数据跟量化研究完全不一样。
>
> 从某种程度上来说，质性研究者会先从调查结果的某些方面提出猜想，他们所提出的计划会很不一样。但是最后想法和程序都要按照一定的规则进行，以确保质性设计可以代表研究的系统性、透明性、严谨性以及对自身研究方法的坚持性。质性研究的计划书必须要区分清楚什么是科学和什么仅仅是谨慎的报告、考虑周全的观察或者鉴赏。用不同的原则来要求不等于一份调查没有原则，正是因为如此，如果在此之前有所涉猎，那么现在读起来就会简单明了并且能够有所收获。

---

①注：该计划书是经过允许后使用的，是2008年瑞·汉米顿（Rhia Hamilton）就读于哥伦比亚大学教师学院时经过艾丽·德拉古席文森（Ellie Drago-Severson）的指导完成的论文的部分成果。作者已经顺利拿到学位，现在是华盛顿的一名教育管理人员。

目　录

摘要

　　这篇研究计划书切中要害，通过摘要部分用几个段落简单回顾了研究本身。第一段明确了主要框架——社会公平教育、小型学校、指导咨询服务。第二段陈述了研究目标。需要注意的是，作者说得十分清楚，学校的名字是虚拟的，这种做法在质性研究中十分常见。之后便介绍了研究方法和研究原理。在此之后是更为细节的东西，但是摘要部分只是提到主要内容。摘要部分的要求因机构而异，有的可以不写，有的则要求写得像这篇这么长。如果传统思维作用使你不得不写的话，就介绍关键点即可。

　　纽约的很多小型学校专注于提高学生的公平意识这个议题以及公民效度的日趋火热，是对高学生疏远率以及综合学校低毕业率的一种改革性的回应（Ancess & Allen，2006；Antrop-Gonzalez，2006）。小规模的学校是发展中学校文化的一个重要因素，因为在小型学校内实施指导咨询服务是为了提高人格化、个性化水平（Gewertz，2007；Osofsky et al.，2003；Tocci et al.，2005）。针对小型学校社会公平教育主题的研究主要分析了学校中心文化、家庭关系和社会公平课程（Antrop-Gonzalez，2006；De Jesus，2003；De Jesus & Antrop-Gonzalez，2006；Kraft；2007）。小型学校的指导咨询服务日趋普遍，当前的研究已经确定了成功的指导咨询服务的主要维度或者因素（Osofsky et al.，2003；Tocci et al.，2005），但是这些研究并没有关注到教师、校长对指导咨询服务的看法，包括其目的、内容、组织和领导等（Antrop-Gonzalez，2006；De Jesus，2003；De Jesus & Antrop-Gonzalez，2006；Kraft；2007）。

　　在本研究中，我提出了布鲁克林学校（BSSJ，虚拟名）社会公平的案例，主要关注指导咨询团队中的教师如何理解九年级指导咨询服务的目的，他们对自己作为指导咨询教师的定位、服务的具体内容以及指导咨询团队对他们自己本身进修的帮助。此外，也会试图探索校长是如何描述和理解这些内容的，除此之外，还有校长作为领导者的角色以及如何根据学校的社会正义主题协助指导咨询教师的成长的。

　　之所以选择BSSJ作为最佳研究案例是因为纽约教育部门阐明该学校综合了社会公平教育的课程，而且囊括了指导咨询团队的课程计划（Maxwell，2005；Wallace，2007）。我打算用与八位教师和一位校长进行一对一交谈的方式来收集数据。我同时也会观察六次每次长达45分钟的指导咨询团队会议，并且分析学校与此相关的文件。本研究打算使用开放编码（Strauss & Corbin，1998）和语音编码（Maxwell，2005）两种方式从多重教育框架、指导咨询类文献和社会公平发展的文献这些角度进行分析。此后,会建立分析备忘(Miles & Huberman,1994;Strauss & Corbin,1990)和简单的总结(Barone,1990)。

　　本研究的意义在于其有助于小型学校的社会公平教育研究的发展(Kraft,2007)以及健全指导咨询教师讨论会目的的文献。本研究还可以让这些专注于社会公平教育类学校的老师和校长意识到教师对于社会公平教育的目的、指导咨询师的角色定位、指导咨询的内容以及有力的框架设计。本研究的另一个目标就是可以帮助指导咨询教师全面地理解自己对于指导咨询服务的目的和内容的诠释。

> 　　摘要之后作者用一个表格概括了研究的主体纲要、附录内容和数据。这里我们省略了具体内容。

第一章:导入和回顾

> 　　正如我们在第一章中所涉及的,本申请书的首要任务就是介绍研究的主要构造,然后阐述概念之间的内部关系。最好是可以将这一部分描述得生动有趣。第一段主要介绍了该学校的发展,然后阐述了何为社会公平教育。第二段的中心所在就是这两个概念的结合。

　　纽约引领着小型学校的改革,激励小型学校代替大型综合学校,因为后者的学生成就并不理想(Ancess & Allen,2006;Hueber,2005;Huebner et al.,2006)。41个州和很多大城市像纽约、费城、洛杉矶、旧金山、芝加哥等,加起来有超过500所小型学校(Huebner et al.,2006;Lee & Ready,2006)。如今纽约就有200多所小型高中。在像纽约这样的市区,黑人和拉丁美洲人的毕业率大约是44%,为了应对这种大型学校学生低成就率的问题,可以把大型学校内部分割为多个小型学校,也就是所谓的学习社区;或者直接建立小型学校(Ancess & Allen,2006;Kolben,2006)。小型学校改革的基础就是坚信竞争、学校选择和日趋增长的人性化可以提高学生的学业成就(Ancess & Allen,2006;Lee & Ready,2006)。学生更喜欢少于600人并且有一定主题导向的小型学校(Ancess & Allen,2006;Huebner et al.,2006)。

　　像芝加哥和伊利诺伊州等很多地方的那些社会公平主题高中的小型学校那样,纽约确认了学校的主题为社会公平。结合了社会公平教育作为学校名字或者使命陈述的学校在城市里越来越受欢迎(Antrop-Gonzalez,2006;Stern,2006;Unke,2004)。有关小型学校研究文献中提到的那些以社会公平教育为主题的小型学校,通过全面考量学校课程设置和学生经历,强调了学校去人性化、对城市学生低期望以及低学生参与度的问题(Antrop-Gonzalez, 2006, Antrop-Gonzalez & De Jesus, 2006;De Jesus, 2003;Kraft, 2007)。社会公平这个概念不论在正式还是非正式的课程里都十分明显,这些课程主要反映了拉丁美洲人占多数的社区政治事实,这就敦促我们根据学生在其社区内的经历来满足社区需求(Antrop-Gonzalez, 2006, Antrop-Gonzalez & De Jesus, 2006;De Jesus, 2003)。

> "导入"之后是长达三页纸的社会公平研究的回顾,我们省略掉这些内容是因为,对于我们这里的展示来说,它有些过于详细。
>
> 第三部分介绍什么是一名指导咨询教师。这一段落总结道,作者要研究的问题几乎没有人研究过,所以这就是本研究的重心所在。尽管空白研究可以敦促我们开启新的研究,但是却很难实施。研究目的部分之后是实验原理介绍。

指导咨询是很多小型学校教师的另一重要职责。尽管指导咨询服务的目标、主题和结构差异十分明显(Bogen, 200;Cole, 1992;Galassi & Gulledge, 1997;Osofsky et al., 2003;Tocci et al., 2005),但是纽约很多新设小型学校均将指导咨询的服务目标设定为在学生和老师之间建立紧密的关系(Huebner et al., 2007)。开展指导咨询时,一小群学生(12到15个)和一位老师聊天,话题如大学准备、冲突解决办法、团队建设等(Allen et al., 2005;Galassi & Gulledge, 1997)。Jenkins(1999)认为指导咨询教师的任务应包括:(a)和小群组学生建立私人联系;(b)收集相关学生的信息;(c)帮助学生认识到自己的特长和兴趣所在,并且为未来职业做好规划与准备;(d)作为学校和家庭沟通的桥梁。但是目前的研究并没有关注教师本身对自己的定位,因此本研究将关注这个问题。

> 此处省略了多余的段落,下面介绍的是最后一个部分,即校长的角色定位。

校长的支持对于维持指导咨询服务的有效性十分重要(Anafara & Brown, 2000;Cole, 1992;Osofsky et al., 2003;Tocci et al., 2005)。因此,本研究将描述校长对指导咨询教师专业发展的支持,以填补研究空白。本研究有利于号召现在研究社会公平教育的学者去理解校长对指导咨询教师个人专业发展的支持程度(Kose, 2005a, 2005b)以及社会公平教育在全校范围内的实施情况(Kraft, 2007)。Kose(2005b)认为有志于关注社会公平教育的校长可以考虑"社会公平教育清晰框架"(p.35),因为Banks(2007)和Nieto(2004)提出的框架"可能会展现出各种努力带来的一种普遍的说法和蓝图"(p.35)。研究教师和校长对指导咨询服务课程的理解有助于把基于多文化的社会公平教育理论的一种普遍的说法应用于参与者的认知描述当中。

> 尽管没有在标题中有所提及，但是下一段作者谈及了研究问题，继而又介绍了有用的模型。对于质性研究，理论模型十分重要。

　　社会公平教育的重要性，指导咨询教师努力开发课程、把社会公平教育结合到指导咨询课程中所付出的努力，以及如今对此研究的低效性，这些因素促使本研究关注：指导咨询团队的教师如何描述和理解九年级指导咨询服务的目的、课程的内容以及指导咨询团队在社会公平教育导向的学校中的定位。其次，本研究试图探索校长是如何描述和理解上述内容的。本研究将从四个维度来研究以上指导咨询服务的相关问题：目标、内容、组织框架、领导模式(Osofosky et al.，2003)以及社会公平是如何与指导咨询服务的这四个维度相结合的。

> 下一部分讲述了作者为何研究这个主题并且打算如何研究。很明显这一研究内容的选择几乎是出于个人的意愿，因为作者是决心投身社会公平事业的教育部门管理员。作者紧接着把个人研究兴趣和前测相结合，并归纳这些是如何推进她的论文的。习惯于量化研究的人会发现似乎没有看到描述学生个人兴趣的部分。但是需要了解的是，几乎所有的调查者都会研究个人兴趣这个主题。对于质化研究而言，研究者通常自己解决数据收集和分析，因而研究个人兴趣十分普遍。

个人兴趣

　　拉尔森和穆尔塔达(Larson & Murtadha，2002)在《教育领导力挑战：重新定义21世纪的领导力》(*The Educational Leadership Challenge: Redefining Leadership for the 21ˢᵗ Century*)中说道，教育部门中的那些认为学校不公正现象是没有道理的研究者们，比如我自己，就会很轻易地开始关注"社会公平的领导力"(p.135)。研究者和社会公平的领导者试图建立一些理论或者开创实践，来"创造更伟大的自由、机遇以及所有公民的正义"(p.136)。

　　2007年冬天还在哥伦比亚大学教师学院时，因为参加了一些课程，我开展了前测任务。我采访了一位副校长，他也是本研究所选学校的一名创始人，访问了他对社会公平教育的理解，以及他们目前实施社会公平所面临的挑战，还有他对学校的指导咨询教师提供了哪些支持与帮助(Hamilton，2007)。现在的这个研究就是建立在 2007 年的这份采访基础之上而得来的。采访中,这位副校长阐述了自己是如何协助社会公平教育课程的:(a)直接与相关教师合作一起制订社会公平教育的课程,(b)建立研究社会公平的工作室,(c)与一些相关的机构和组织建立合作关系,(d)保持教师合作体系。本研究致力于深入探索参与了该项目的教师的看法,主要访问九年级指导咨询教师和直接或者间接支持该项目的校长本人。

我先前在 BSSJ 的参访经历可以帮助我进行本次研究,也比较容易获得信任。我会让被访者明白我现在的研究和先前我在国家教育学校和教育重建中心(NCREST)的工作毫无关系,主要是给被访者讲述我的研究目的,以此获得信任然后进行实际的研究,并采用一对一的访谈为主要形式。在第三章里我会讨论应该如何着重强调研究反响与研究偏颇。

> 接下来作者陈述了研究目的,主要包括三方面的目标。就如我们在第一章中所提到的那样,研究可能是因为理论原因、实践原因,也可能是个人兴趣原因。研究目标的陈述无需冗长,但需要结合研究原理和动机原因。

研究目标

本研究主要按照马克斯威尔(Maxwell,2005)的理论、实践和个人目标开展,这些目标引导着我的研究问题和认知概念框架。本研究的理论目标就在于理解教师对学校公平教育这一主题的诠释,他们又是如何看待共同致力于开发社会公平教育课程这项工作的。本研究会加入部分小型学校公平教育主题的文献回顾。其次,本研究的实践目标在于推动教师更好地了解自己的工作。我会把最终的研究成果与指导咨询教师和校长一起分享。另外,本研究对我自己的意义也非同小可。因为我的工作主题就是社会公平、增加描写相关课程的文献以及指导咨询教师的职业发展问题。

理论目标

本研究对被访者经验的解释有助于推动现在相关课程的发展,并从教师和校长对这个主题的看法来关注教师或者校长对此作出的重重努力(如 Michie,2005;Kose,2005a,2005b;Wade,2007)。社会公平研究的目标之一就是推动社会公平在实际教育和领导力中的应用(Larson & Murtadha,2002)。因此本研究的首要理论目标就是利用已有的相关理论(Banks & Banks,2007a;Nieto,2005;Sleeter & Grant,2007a)来帮助指导咨询教师和校长更好地理解他们学校九年级指导咨询服务的目标和内容,并且能够有助于指导咨询教师的职业发展。第二个目标是希望本研究可以通过探索教师和校长如何描述指导咨询服务的工作经历和课程内容,来扩充丰富社会公平教育的文献结果。第三就是要研究作为指导咨询教师发展的背景,校长是如何支持该指导咨询服务项目的。

实践目标

本研究会探索教师是如何把学校的导向与课程相结合的,教师之间又是如何一起合作创建相关课程来提高社会公平教育教学的。一对一访谈是主要的数据信息收集方式。通过访谈来了解教师是如何描述和理解九年级指导咨询服务的以及团队形式的发展对他们的指导咨询工作的影响。根据原有理论,让参与的老师以小组的形式来讨论效果会更好。

本研究还会涉及校长对以上问题的看法,以及对此项目的支持程度。这些依然要从和校长的访谈当中得来。这样便可以比较校长和教师对指导咨询服务的看法。奥索斯基(Osofsky,2003)认为一个好的指导咨询服务项目应当具备的因素之一就是所有的负责人都要清楚地知道目的所在,并且学校的领导要确保给相关人员足够的培训和支持。本研究有助于让校长了解老师的具体看法,然后根据这些来提供教师所需。

个人目标

我的个人目标就是希望可以对小型学校的社会公平研究有所贡献,要研究小型学校的指导咨询教师和管理人员的看法。因此,我想要建立发展一个扎实的理论(Straus & Corbin,1998),可以让校长和教师都明白教师指导咨询团队对于相关课程是如何理解的。

作为一名非裔美国女性,我深刻体会到因为肤色而带来的隔绝、排挤和被边缘化的问题。从公立高中的学生,到公立学校的教师,再到一名研究者,我自己对种族成就差距有着自己独特的观察和理解,也使得我迫切地想要建立更多对等的学校。所以怀着对一些在教育方面不公平的机构、政策和实践的切身感受,并且对此也有自己的理想环境设想,我对社会公平教育和教师的社会公平职业发展十分感兴趣,怀着"超过了事物、节日、民俗和时尚"(Meyer & Rhoades,2006,p.82)的热忱帮助教师提高对教育不公平的意识。具体来说,对于那些支持社会公平并且积极鼓励周围同事的多文化"实践"的教师,我十分感激也很想与之交流。"实践"(praxis)是一个"意识-转变性行动-深思的过程"(Freire,1983,p.35)。我认为当教师和管理者一起合作创建社会公平课程时,有助于他们在思考中进行有效的实践。

> 质性研究中出现研究者偏差问题十分普遍，介绍完自己的个人研究动机之后，作者简明地描述了偏差问题，并且告知读者会通过详细地介绍研究方法来使大家信服。

鉴于我对社会公平教育的投入程度，我会十分在意研究者偏差与可能会影响内部预测效度和理论效度的问题（Maxwell，2005）。在第三章中，我会介绍我是如何应对这些问题的，比如写分析备忘、和参与者进行成员检验、请同事检验等等（Maxwell，2005）。

> 接下来的研究问题并不会让读者感到意外，因为到目前为止，计划书已经为之做好了伏笔。先前的铺垫是有用的，这样会使整体逻辑清晰。
> 作者在介绍研究问题时定义了社会公平。很多读者对这个名词会有一定的理解，这个概念的介绍在早前的导入部分提及过，所以她是如何给出定义的显得十分清楚。

研究问题

本研究的研究问题主要致力于丰富社会公平的研究成果，关注以社会公平为主题的小型学校是如何落实这一问题的，主要方法是通过访谈校长和老师对于此问题的看法。我将社会公平定义为教师和管理者在进行教学、领导等工作时能够时刻将种族、阶级和其他边缘化问题铭记在心。我的研究问题正和我的定义相呼应，因为我使用社会公平教育这个词就是指导教师直接对学生进行社会公平教育的应用。成形的研究问题如下：

1. 九年级指导咨询服务工作中的教师如何描述和理解与学校主题导向相关的指导咨询服务？包括其目的、指导咨询师角色定位以及指导咨询服务的内容。

2. 九年级指导咨询服务工作中的教师如何描述和理解参与指导咨询服务的工作经历对他们自身学习也是一种帮助？

3. 九年级指导咨询服务工作中的教师如何描述和理解与学校主题导向相关的指导咨询服务？包括其目的和内容。

4. 如果有的话，校长如何给指导咨询服务提供专业的支持，如何给指导咨询教师提供机会？

> 下一部分的概念框架是为了将导入环节的各个部分衔接起来。如作者所言,这也是在论述构成这个研究的假设和理论。论证不同部分之间的关系也是在介绍研究原理。很多研究在导入部分的开始就会提及,但是正如我们一直强调的,要以有助于读者理解研究任务脉络的方式论证才是重要的。

概念框架综述

概念框架与研究问题一脉相承。迈尔斯与休伯曼(Miles & Huberman, 1994)定义概念框架为"可以支撑研究的概念、猜想、期望、信念和理论的一套系统"(p.33)。此外,框架由核心概念以及设想的内部关系所构成(p.33)。有意义的联系是从有关小型学校、以社会公平为主题的学校、指导咨询、指导咨询团队以及社会公平专业发展的理论中挖掘出的关键概念。建立发展教师和学生之间的私人关系,提高学生在学校的参与度是小型学校改革、社会公平教育和学生指导咨询服务的重心。培养成员之间的关系也是指导咨询教师和社会公平专业发展的主要任务之一。本研究的概念框架的目标之一在于在此关系的基础上建立联系,这样一来便可以建立一个理论更详细的解释所有教师和校长对于BSSJ学校的九年级指导咨询服务的目标、指导咨询教师角色定位、课程内容以及指导咨询教师团队的观点等议题。

建立发展教师和学生之间的关系是相关文献中重要的主题。比尔和梅琳达·盖茨基金会(Bill and Melinda Gates)支持了一个新3Rs小规模高中。纽约的"新蓝图"(New Visions)是一个中介组织,建立小型学校与比尔和梅琳达·盖茨基金会、教育部门、联邦教师联盟以及导师和管理者委员会等机构的联系。小型学校是建立高效初中的起点,因为小型学校方便教师和所有学生建立有效的个人联系。研究表明,小型学校更安全,并且教育效果更明显,因为学生更不容易有隔绝感,更容易有中心感,也更容易与照料者建立更紧密的关系(Fowler & Walberg, 1991; Gregory, 1992; Stockard & Mayberry, 1992)。因为小型学校越来越注重人性化,所以指导咨询被当作一个基石(Gewertz, 2007)。针对纽约小型学校新近的研究发现,和指导咨询教师更为紧密的关系有助于学生的发展(Gewertz, 2007; Huebner, 2005; Tocci et al., 2005)。普尔(Poole, 2003)通过对三所高中的量化研究发现,指导咨询最有效果的方式就是学生和学生、学生和教师之间的紧密联系。克雷格(Craig, 2005)通过多种研究方法研究新生指导咨询服务项目,发现指导咨询课程可以培养学生和员工教师之间的关系,而这有助于提高学生的学校荣誉感、上课出勤率和学业成绩。在普尔和克雷格都研究大型公立高中的指导咨询服务的同时，德·杰苏斯和安托罗普·冈萨雷斯（De Jesus & Antrop Gonzalez，2006）调查了两所以社会公平为主题的学校，PACHS 和 EI Puente，他们发现这两所学校的学生十分珍视和老师之间高质量的人际关系。他们建立了一个理论来描述学生是如何感受自己被家庭和老师关爱的。

本研究试图说明 BSSJ 学校的指导咨询教师是如何描述和理解他们社会课程中的社会公平教育的。在这种以建立师生关系为主题的指导咨询氛围下，我想了解教师是如何将社会公平教育与课程相结合的。本研究将德·杰苏斯和安托罗普·冈萨雷斯在芝加哥和布鲁克林的研究拓展到一个新的地点纽约，而纽约近来认为该地区的毕业率和学业成就超过了 EI Puente。本研究论述了先前研究中发现的以社会公平为主题的学校之间的差距（Antrop-Gonzalez，2006；De Jesus，2003；De Jesus & Antrop-Gonzalez，2006；Kraft，2007），尽管指导咨询在小型学校的使用日趋频繁（Huebner et al.，2006），但是目前还没有包括对指导咨询服务的关注。

建立教师间的紧密关系是研究教师指导咨询团队的核心主题。有效的支持机制有助于鼓励并维持教师之间的合作学习关系（Engstrom & Danielson，2006）。托茨（Tocci）和同事（2005）研究了 24 个小型学校的指导咨询服务项目，这些都是与学生学业成就机构（ISA）合作的项目，ISA 是一个对小型学校的指导咨询服务提供技术支持和培训的中间组织。研究发现，校长对指导咨询服务的支持，比如对指导咨询讨论会的支持，为指导咨询教师规划时间以及职业发展等都是常见的有效的支持方式。报告中并没有深入地描述结构。Myrick（1993）认为建立、维持和培养指导咨询团队十分重要。

一起合作的指导咨询教师互相学习，并成为社会公平教育者共同发展（Denevi & Carter，2005；Duncan-Andrade，2006；Rogers et al.，2005）。团队形式是一种有效的支持方案，有助于教师团队的社会种族公平发展。指导咨询团队的教师对团队本身充满了信任，这里没有绝对的领导，所有教师都要参与到阅读、思考和行动中。再者，多文化研讨会也是社会公平发展的来源之一，学者们一起提出问题，抒发情绪，质疑自己的身份，但最终还是会给出积极的反馈。

本研究致力于研究九年级指导咨询教师团队是如何描述和理解指导咨询团队的角色定位的。因为九年级指导咨询团队的课程结合了社会公平教育，教师会通过讨论会建立相关的课程，可能把讨论会当成是社会公平专业发展的来源。本研究建立在实例的基础上，检验了社会公平发展的不同类型，转变了研究环境背景，从一般的小组和多文化研讨会变成了一个以社会公平为主题的学校的指导咨询团队。托茨（Tocci，2005）和同事的研究结果发现也对本研究产生了一定的影响。首先，本研究会着重关注教师对于指导咨询服务的目的、内容以及课程的规划经历的看法。其次,本研究会探索指导咨询教师是如何描述和理解指导咨询团队对于指导咨询教师的支持和帮助作用的。

本研究继舍哈里斯(Theoharis,2004)和高斯(Kose,2005a,2005b)关于校长支持社会公平专业发展的文献进行研究。也会基于托茨(Tocci,2005)和同事对于校长支持指导咨询教师的学习和课程设计发展的研究,主要深入论述 BSSJ 校长是如何直接和间接地支持九年级的指导咨询服务项目的。总的来说,关于社会公平教育、社会公平教育类学校、指导咨询讨论会以及校长支持社会公平教育的案例研究的这些文献引领本研究起步。

> 在第一章中我们提到,不足和界限可以放在研究方法部分或者直接拿出来单独成段,这主要取决于其本身的篇幅以及相关机构的论文格式要求。第一个不足往往被称为界限,因为它和研究主题部分是分开的。

不足

关于社会公平教育我还有另一个猜想,就是这事关所有学生。在社会公平和多重文化领域都提及过社会公平教育不仅仅只对少数人而言很重要(Banks,2007a,2007b;Hernandez,2001;Nieto,2004)。研究者在 Quaker 学校研究了社会公平教育(O'Grady,1992),一些高级私立学校也创立了社会公平使命(Abu El-Haj,2006;Dilg,1999)。纽约市有着丰富的致力于推崇社会公平的独立学校的历史[如小红屋学校(The Red School House)]。但是本研究只选取一个社会公平导向型公立学校,因为我对小型学校改革和城市公共改革更感兴趣。

所以,本研究案例不能代表大型的致力于社会公平的学校,也代表不了独立的致力于社会公平的学校。但是本研究会对一致性有所要求(Maxwell,2005),因为我希望能够发现一般性的特征。尽管管理者和教师是独特的个体,但他们也会被社会公平专业发展所影响,将经历联系起来用于创建课程。由实践归纳出来的理论解释了被访者对于指导咨询服务目标、课程内容以及指导咨询团队的看法,这些理论可以在未来进行测试,并提供分析性概括,Yin(1994)认为这对案例研究十分有用。

本研究的另一个不足在于此种案例得出来的理论只对校长和教师适用。然而其他的教育者和社会公平领袖对指导咨询和社会公平教育也会有自己的理解和经历,这也许会提供另一种视角。

第二章：文献综述

> 文献综述部分十分清晰。第二段还介绍了副主题的详细信息。这样的结构可以明确研究问题，并且还与前文提及过的研究问题相互照应。

为了更好地理解来自社会公平导向型学校的八位教师对于指导咨询服务项目的目标、内容、组织结构和领导力，我主要从三个领域进行文献回顾：(a)社会公平教育和社会公平教育导向的学校；(b)指导咨询服务；(c)教师社会公平教育专业发展。为了理解校长对于有效指导咨询服务维度的看法，以及校长对于自己在指导咨询服务项目中的角色定位，本研究还会额外回顾有关校长支持社会公平教育的文献。

第一，要定义社会公平和社会公平教育。第二，要定义社会公平教育导向型学校。然后阐述在社会公平教育导向型学校时，主要介绍有关照顾关系和学校是如何把学生的学习和社会公平相结合的。第三，在指导咨询的文献综述部分，主要聚焦于指导咨询的发展历史和有效指导咨询的特征。接下来会专注于论述社会公平教育课程设计以及教师在社会公平教育发展过程中的获益。最后会论述校长对于社会公平教育的支持问题以及校长是如何描述和理解这个教师社会公平教育专业发展的。

> 我们省略了文献综述的主体部分，导入部分有细节的介绍，甚至每个副环节都有多个段落。这部分有整整41页，并且作者为了使读者看起来更清楚，还给每个副环节加了标题。
>
> 文献综述部分还包括总结部分，我们也保留了文献综述的小结。小结很简短，只强调了主要的部分，又再次告知读者自己在研究什么问题。

总结

本章主要介绍了文献综述的四个部分——社会公平教育，社会公平教育导向型学校，指导咨询服务，教师的社会公平教育发展以及校长对此的支持。社会公平教育可能因为理论复杂程度不一而实施情况不尽相同（如 Nieto，2004）。很多小型学校使用指导咨询服务来建立教师和学生的关系（Huebner et al.，2006；Osofsky et al.，2003；Tocci et al.，2005）。指导咨询团队主要是用来协助指导咨询教师彼此之间互相合作（Myrick，1997）。教师和学生之间的优质关系是社会公平教育导向型学校的一个重要特点，现在还没有研究关注这类学校里的指导咨询服务（Antrop-Gonzalez，

2006；Antrop-Gonzalez & De Jesus，2006；De Jesus，2003a，2003b；Kraft，2007）。本研究试图总结指导咨询教师是如何描述和理解指导咨询服务的目标、内容、指导咨询教师角色定位和指导咨询团队的。希望本研究可以弥补目前该领域研究的不足（如Antrop-Gonzalez，2006；De Jesus，2003a，2003b；Kraft，2007），主要研究办法就是探索教师和校长是如何描述和理解学校主体和指导咨询服务相结合的。本研究还会加入社会公平教育以及社会公平教育指导咨询团队的相关知识，调查BSSJ来作为研究纽约小型学校改革的背景。

第三章：研究方法

　　研究方法介绍部分较为简洁，并且在第一段就展望了为何要选择特定的学校和年级。第二段迅速列出了研究步骤。正如我们之前所提到的那样，用流程图来呈现研究方法并且最好是在一张纸上，会更有利于读者理解。

　　这一部分主要介绍将会应用于本研究的质性研究办法。本研究主要通过对纽约一所社会公平教育导向型小型学校九年级指导咨询服务的案例研究来探索主题。同一所小型学校的指导咨询服务也不尽相同，因为要满足不同年级学生的需求（Gewertz，2007；ISA Feedback Report，2005）。之所以选择九年级是因为经过之前的采访得知九年级的指导咨询服务项目高度关注社会公平教育（ISA Feedback Report，2006）。

　　本研究有很多步骤。确立研究之后就要介绍受访者信息。数据收集包括文件分析、教师访谈、教师对指导咨询团队讨论的看法以及对校长的访谈。解释完研究方法的效度和偏差之后，就是数据分析。图1是研究方法的数据式回顾。

选择研究地点

　　对本研究而言，选择研究地点和受访者是十分关键的。因此，为了寻找到一所社会公平教育导向的学校而且还要有可以帮助教师创立课程的指导咨询团队发展体系，本研究采用了一种目标样本策略（Maxwell，2005），主要基于以下几种原则来选择：

　　1.学校名字中应该有"公平"这个词。

　　2.纽约教育部评价其进步报告等级为A。

　　3.城市小型学校（参见如何定义一个小型学校的特征的介绍）。

　　4.与学校社会公平教育使命一致的学术类项目。

　　5.团队会议式项目以及指导性领导力。

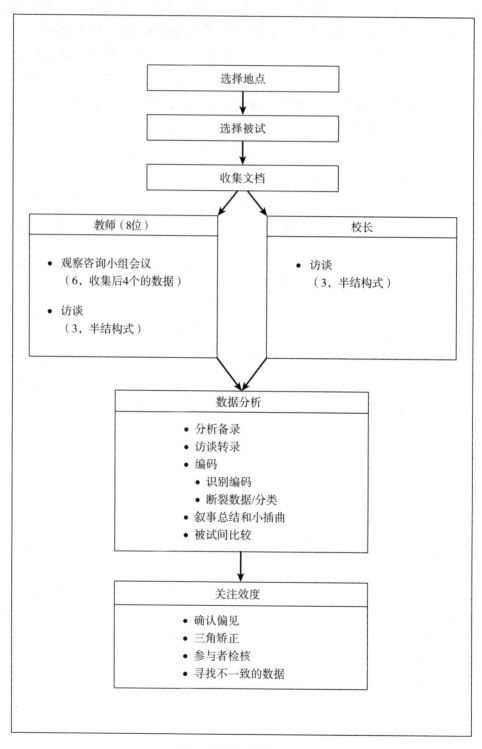

图1　方法的示意图概览

> 说明完所有原则之后便介绍了每条标准的逻辑原理。

第一个原则——学校名字中应该有"公平"这个词,这样我就很容易从纽约教育部官网找到符合要求的小型学校。第二个原则——最近的一次进步报告等级评价为A,这也可以很高效地从纽约教育部网站上获得。等级评价主要参考这些因素:(a)年度进步,(b)与同类学校的比较,(c)成功帮助所有学生进步,尤其是最有需求的学生(City of New York,2007)。第三个原则——城市小型学校,这可以缩小公立学校范围到小型学校,改革可以促进此类学校的指导咨询服务。第四个原则——与学校社会公平教育使命一致的学术类项目,这可以有助于聚焦可能会有内在社会公平教育主题实施项目的学校。第五个原则——团队会议式项目以及指导性领导力,这样可以找到有指导咨询团队的学校,以及为之提供支持的管理部门。这五条原则皆是为了选择一个可以高效进行研究的学校。

> 因为研究学校的选择对于研究问题本身十分重要,因此详细介绍了选择标准和所选学校的具体信息。

学校信息

我最终选择了布鲁克林学校(BSSJ),因为它满足了五个原则。该学校已经运行了5年,九至十二年级有432名学生。其中97%的学生是黑人或者拉丁美洲人,86%的学生接受免费或者打折的午餐。

根据纽约教育部所说,这所学校是一所范例学校,因为它把社会公平教育主题和课程相结合(Wallace,2007)。我对于范例的标准就是结合主题和课程,毕业率比其他类似学校高,并且有教师指导咨询团队合作设计社会公平教育课程。

2001年的时候BSSJ还是一个大型高中,有大约1700名学生,毕业率约为30%(Annual Report,2005)。在学校新蓝图(NVPS)组织的干涉下,学校被分为三个不同导向的学校:城市学术规划。BSSJ还有纽约海港学校(NVPS Annual Report,2005)。BSSJ的创建者大多对于"走出一片天"(MEBW)有显赫的贡献或者是社区学校合作人(Find a School,2007)。BSSJ在2007年迎来了四周年校庆。2007年第一批毕业生毕业率为87%,超过了纽约的平均水平约50%(Make the Road Goes "Back to School",2007)。2007年,有一份质性研究综述阐明纽约教育部发现该学校的领导系统是教育指导型的。该报道写道:

如何做好研究计划：关于开题报告和项目申请的指导（原书第6版）

校长和副校长经常听课，并且教师之间也可以互相听课……此外，年级组会的时候，教师经常谈及某个具体的学生或者是一群学生，针对这些人哪些教学策略是可行的，哪些是需要重新设计的。学科和年级之间都要调整教学计划和评估方法……学校领导会专注具体的年级和部门会议以此达到监督以及分享调查结果的效果。这些可以用来表扬优秀的个人，更多的信息和内容会被保存下来，为了长久的教师发展活动（Wallace，2007，p.8）。

纽约教育部还发现该学校有一套完整的课程，并且还与社会公平主题相结合（Wallace，2007）。学生成就机构（ISA）也认定BSSJ为一所出色的高中（NYC Department of Education，2006）。Stuart Nim（虚拟名），BSSJ的校长，把BSSJ的成功归纳为"是人为的力量成就了现在的成绩，使学校的每一寸土地都有社会公平的味道，也依靠了很多同行的支持和合作"（2005 - 2006 Annual School Report Supplement，p.1），因而BSSJ的使命就是：

为青年人创造一个社区，让他们展现最优秀的自己，共同为美好的明天努力。我们致力于培养学生的社会、文化和政治素养，为了他们的社区，他们的州和他们的国家，以及他们的世界。（Implementation Grant Proposal，2003，p.4）

> 接下来的两个部分介绍了指导咨询服务的背景，以及该特殊社区在学校的位置。这对于理解该研究的中心十分重要，一般质性和量化研究都会涉及这部分。

九年级指导咨询服务介绍

九年级每天都有指导咨询课程，十年级和十一年级都是一周两次，而十二年级主要是为其他学生提供帮助，促进他们在BSSJ的社会情绪发展（ISA Feedback Reports 2003，2005，2006）。大约15个学生和指导咨询师一起交谈，为时45分钟，包括一对一环节和小组讨论环节，讨论话题十分宽泛，比如青少年怀孕、药物滥用以及忍耐力等（Wallace，2007，p.7）。九年级学生每天都参加，学生要和指导老师一起设计解决实际问题的方案，比如社区艾滋病问题、应试考试、学校安全以及其他有关社会公平的议题。高年级的指导咨询服务着重于大学准备和社会情绪需求（ISA Feedback Report，2006）。副校长把指导咨询描述为"一个允许教师根据年级、部门和同事灵活变更的系统"（personal communication，December 8，2006）。指导咨询老师每周一次和其他老师讨论会谈。

学校位置描述

BSSJ坐落于布鲁克林区，学生主要来自布什维克和纽约。布什维克是一个少数人种居住区,就业率普遍较低,过分拥挤,居住条件十分差,暴力和健康问题颇多。布什维克的失业率是纽约的两倍,大约56%的居民都需要政府救助(Community District Profiles,2006)。只有5%的人上过大学(Velazquez,2002)。2003年,社区积极组织MRBW游说了该社区,并采访了44栋楼里的350多位居民,发现社区拥挤程度堪忧,一副荒废状,和其他研究布什维克的研究结果十分类似。比如纽约时报报道布什维克的家庭平均人数远超过纽约的任何一个地方(District Profiles,2005)。

布什维克是纽约市所有社区中违反住房法规最严重的地方,高出纽约市平均水平450%(MRBW,2003)。医疗保健也十分差,33%的成年人几乎没办法看医生(Olson,Van Wye,Kerker,Thorpe,& Frieden,2006)。布什维克的艾滋病死亡率也远高于纽约和布鲁克林(Olson et al.,2006)。杀人率和家庭暴力也很普遍(Olson et al.,2006)。社区条件加剧了城市贫穷,因而使得我十分想要研究城市地区的社会公平教育问题。此外,社区的需求也有助于理解学生和学校的社会公平主题活动。

> 接下来的部分介绍了被访者,他们都愿意参加本研究。因为作者先前在该学校进行过类似的访谈,并且还有导师的指导,所以其实早就决定了学校和被访者的选择。只要研究课题一旦被同意就开始进行访谈。

选择被访者

学校校长

我早就有意(Maxwell,2005)要邀请校长进行访谈,因为他从学校成立之初就是这所学校的领导。根据2007年的质量报告,管理者参与了一些指导咨询课程和团队讨论会。此外,校长在学校的地位十分独特,可以促进改革,影响学校的文化(Kose,2005)。因此,校长是如何描述和理解这个指导咨询服务项目的十分有意义,以及他是如何支持该项目推动的也有非同寻常的价值。

我通过邮件邀请校长参加我的研究,在邮件里我解释了为何我对这个问题如此感兴趣,并且一定要采访校长,校长关系到教师将该项目融入其教学的问题,并且课程的制定等都要靠校长的支持举动。(参见附录A的邀请邮件)

> 下面一段作者强调了选择该指导咨询团队和年级的原因,还有引用的内容——学校的评价以及前测的结果,以此论证有关指导咨询团队的结论。

指导咨询团队

之所以选择该指导咨询团队是因为想要深入研究BSSJ的一个团队。除了指导咨询团队之外,BSSJ还有年级团队以及规则团队。选择指导咨询师因为该团队论证了教师学生关系的重要性(ISA Feedback Reports,2005,2006)。选择指导咨询团队的教师需要注意一定的规则。前测的时候,副校长提到教师要通过九年级咨询指导会议讨论来建立相关课程(Hamilton,2007)。2007年的质量报告也阐述了这点。因此,本研究会采访那些参与课程建立讨论的教师,询问他们对此的看法。

九年级指导团队

之所以选择九年级指导咨询团队是因为这个团队论证了促进社会公平教育的意义,也因为九年级关于社会公平的咨询指导课程较多,并且九年级需要参与一些高年级学生不会参与的社会项目(Hamilton,2007;ISA Feedback Report,2005,2006)。我邀请了所有九年级的指导咨询老师来参加我的研究,介绍了我自己和我的研究目标。我在2008年2月7日时发出请求希望可以参加九年级的指导教师讨论课。2月14日和老师见面讨论更详细的内容。(附录B有我写的具体的请求内容。)

数据收集

> 基于研究问题和每种数据如何实现结论的信度和效度,数据收集章节的简介呈现了方法。这段简介是简短而集中的。简介末介绍了数据收集的日程并提供了一个完整的计划表。它向委员会保证了能在事先计划的时间框架下完成工作。

我的研究问题是探究一个以社会公平为主题的小型学校的校长和老师们如何描述、理解社会公平教育和九年级的咨询服务项目。我会分析老师们和校长对于咨询服务项目的目的、内容、组织和领导者的观点。为了回答这些问题,我会进行半结构化访谈。因为我起先对老师们在以社会公平为主题的小型学校环境中担任咨询服务老师的生活经验感兴趣(Seidman,2006)。我会通过观察访谈咨询服务团队会议和获得初始访谈指南和后续问题的文件来将访谈数据三角化,由此来增加研究者和参与者间的相互关系(Riehl,2007)。Borko(2004)解释了使用多种实践记录(例如手工艺品和录音)来帮助挖掘参与者对自身实践的看法,同时给研究者和参与者都创造了学习的机会。这一部分是对我的计划的访谈、观察和文献数据收集策略的一个概览。

现在介绍三种数据收集方法。首先是回顾文件,正如图1中呈现的一样,它也为另一种数据收集方法做准备。观察的使用使访谈更加明了,并且三种数据收集方法将在数据分析和结果三角化过程中被同时使用以获得最终结论。描述观察和访谈的章节将在附录中为读者提供一个数据收集指南。这一策略很合适。因为它将建议书的主体和细节分离。如果委员会成员想要更多的细节,他们可以事先研究这些计划和机构。而在这一案例中,通过初步研究的预备工作是明显需要的。

文件

在开始对参与者展开访谈时,我会回顾相关学校文件来准备我的访谈指南。关于咨询指导指南项目的文档(例如 ISA 回馈报告)和学校社会公平教育的目标将能帮助我对访谈数据进行三角化和协助我产生更丰富的协议问题。通过多种多样的来源和方法搜集信息是三角化的一方面(Maxwell,2005)。我收集了 NCREST 在2003 学年到 2006 学年间撰写的,关于 BSSJ 如何实施 ISA 改革的 ISA 回馈报告。其中一个 ISA 改革是分散式咨询。因此,ISA 回馈报告的片段着重在作为分散式咨询环境的指导咨询服务。如果参与者向员工描述备忘录,或者指导咨询项目、社会公平教育的一致性,在第一、第二或者第三个访谈中,我将询问我是否能有一个副本。通过增加访谈问题的具体性,这些文件或许能完善我初次、再次或者第三次的访谈。

观摩

我将总共安排六次指导咨询团队会议的观摩,以便我能和访谈参与者建立密切的关系,完善我的访谈指南,并且增加我对团队会议实质的理解。在我开始收集访谈信息之前,我将进行至少两次对 45 分钟会议的观摩,以便我能和团队成员建立关系。观摩指导咨询团队会议能够帮助完善我的访谈指南和后续问题。我能在我观察的团队致力于做的项目上,询问更细节的问题,并且因此学习更多的指导咨询项目的内容。观摩团队会议将给我一个初步建立对指导咨询团队的印象的机会。我能在后续的与参与者的访谈中使这一印象更加完善。例如,一个参与者或许能对另一位老师提供关于社会行动项目的建议、批评或者投入。我能就这一观摩和参与者进行后续探讨，并可能了解到参与者在指导咨询服务项目中是如何经历有指导的领导力的。通过在我的研究问题指导下进行的观摩记录，我将分析这些团队会议。（观摩指南参见附件 D）

访谈

本研究希望获悉在学校涉及的以社会公平教育为主题的指导咨询服务中，指导咨询老师对目标、内容和领导力的看法。本研究将把社会公平教育当作指导咨询计划中的一部分内容，指导咨询团队被视为一个支持老师们专业发展的结构。本研究也想要了解校长对指导咨询服务的看法以及他是如何支持该学校指导咨询的服务项目的。Seidman（2006）解释道，他进行"访谈"是因为他对别人的故事到兴趣，而这些故事是一种认识的方式（p.7）。深入的访谈将会是本研究主要收集资料的方法，因为被访者的故事是最好的信息来源，可以通过洞察被试们了解一个复杂现象：社会公平教育和社会公平教育的指导咨询团队。本研究访谈程序组织为一个三次连续的访谈，所以我将有机会深入地了解被试们的经验。为了访谈，本研究将和被试在他们的办公室、教室或者是一个对于他们而言最方便且安静的地方与他们碰面。在每一次将近一刻钟的采访当中，我会在访谈大纲上做笔记，并利用我的 MP3 播放器在访谈中逐字地录音。之后为了分析这些数据，我将会整理这些录音档案，并储存于一个上锁的档柜。一年内，我完成论文研究后，将销毁所有这些访谈的数字文件。

我将与九年级指导咨询队伍的每个成员以及校长进行三次访谈。有八位教师参加了九年级的队伍，我希望他们都能够参与访谈。我将会总共收集大约 27 小时的访谈数据。我希望每一次访谈都能够持续一小时左右。

老师

本研究将与九年级指导咨询老师进行三阶段的半结构化访谈。和每一位九年级指导咨询老师在初次为时一刻钟的访谈中，将问被试们对学校的社会公平教育课题的看法、指导咨询服务的目的和指导咨询教师角色定位（请参阅附录 D 的访谈大纲）。和指导咨询老师们在第二次为时一小时的访谈中，将问有关于社会公平教育的指导咨询服务内容的问题（请参阅附录 E 的访谈大纲）。在第三次为时一小时的访谈中，将试图总结教师参与指导咨询服务的经历对其自身学习的作用（请参阅附录 F 的访谈大纲）。本研究将隔周进行三阶段的访谈，让我有机会去检阅笔记和在下一个访谈前决定后续的问题。采用开放性题目其目的在于挖掘现实世界的真实事例和故事。此外，半结构化访谈更具弹性，研究者可以根据需要，灵活变动使用不同的问题，更加深入地探查访谈者的反应。我预测在访谈过程中，当参与访谈的被试在回答预先设定问题时，会出现新的访谈问题，完成访谈之后我会首先分析第一阶段的访谈内容,之后对访谈中先出现的内容资料进行整理。

校长

为了提出我的第三个研究问题——了解 BSSJ 校长是如何阐述和理解学校社会公平教育主题的指导咨询服务其目的、内容、组织和领导阶层的,本研究将访谈学校的校长。每次的访谈也为时约一小时,在初次的访谈当中,我会先告知被试访谈的历程:本研究的目的、保密、录音记录。我会向参与者提供我的背景信息。在初次访谈中,我将问校长一些关于职业和个人背景的问题。接着,我会问校长对学校社会公平教育的主题、指导咨询服务的目标和指导咨询老师们的职责的理解(请参阅附录 G 的访谈大纲)。本研究将在第一次访谈的隔周再次访谈校长,这使我得以检阅访谈笔记,继而得出校长的哪些语句重要,需要进一步探索。在第二次的访谈中,我将问关于学校社会公平教育的主题、其九年级指导咨询服务的内容的问题。(请参阅附录 H 的访谈大纲。)

为了回答本研究的第四个问题——校长如何阐述他对指导咨询老师们专业学习的支持,本研究将访谈校长。第三次访谈将在第二次访谈的隔周后进行,所以使我得以检阅过往的访谈笔记,并识别出需要进一步探讨的话题。在第三次访谈一开始,我将提醒校长访谈的历程,之后了解校长如何为指导咨询教师们的专业学习提供直接或间接的支持。(请参阅附录 I 的访谈大纲。)

数据分析

> 接下来会详细介绍数据分析,并且会按照处理的顺序进行描述。读者一再被提及一个在数据分析时将会被使用的初始编码附录。

回顾本研究自指导咨询团队的会议到任何受访者提供的文件所得的观察记录,是本研究分析过程中第一阶段。在第二阶段分析访谈笔记之前,我将审阅我的观察和文件记录。在数据分析之后,为重复的主题编码时,本研究在分析历程中将涉及一个更彻底的文档分析。最初的阶段,看文件和观察记录的目的是获得关于指导咨询团队大致上的和独立受访者的信息,确定本研究将从访谈中搜集到研究需要的数据。在另一个初始分析的阶段,我将审阅分析那些每次访谈结束所创建的简短备忘录。

马克斯威尔(Maxwell,2005)认同备忘录是将研究者的构想写在纸上的方法,以便之后进行"反思和分析洞察"(p.12)。分析型备忘录是一个重要的工具,它使研究者去发展想法、追踪反射度、收集数据和分析数据。本研究将书写备忘录当作一个

如何做好研究计划：关于开题报告和项目申请的指导（原书第6版）

主要的方法，在数据收集和分析过程中，用其追踪和组织自己不断增长的理解。书写备忘录将使思考历程放慢，使我能够有组织性地、批判性地反思自己的方法。在每次访谈后，我会立即把想法录进录音机，之后便可阅读刚转录下来的感想。在这些备忘录中，本研究试着进行交叉案例的链接并记录我的反应，这些思想笔记将会促进研究识别来自访谈数据的主位（依照数据处理的）代码（Maxwell, 2005），并使客位（依照文字处理的）代码与数据连接。

本研究第二阶段的数据分析是转录。在各个访谈完成之后，我将会拥有由专业转录员逐字逐句转录的各个访谈的数字记录。这项服务将会加快分析进程并且帮助解决描述效度。我将审查书面副本并将它们与录音进行比较。

本研究第三阶段的数据分析，是将独立访谈的文字记录编码。寻找和识别编码是一个不间断且贯穿数据收集的过程，客位编码是受访者用自己的话语表达的文字或是在采访中感兴趣的片段。本研究根据文献回顾，建立了一个初步的客位编码表，而这表是和本研究的问题相互匹配的（请参阅附录 J & K 的初始客位编码表）。以下是可以从本研究得到的主位编码范例，本研究其中一个访谈问题是："你对九年级指导咨询服务的目的有什么看法？"而响应可能会形成接下来的编码："监督自习教室""休息"和"发展关系"。当阅读笔记后，本研究将会加入更多主位编码进入研究表中，因为额外的编码可能会出现在更仔细地审查访谈数据中。关于同样的问题，我将在序言中提到一些客位编码的范例，包含格拉斯（Galassi）和同事们的（1997）"主张""团体""技巧""鼓舞""学术的"和"行政的"。

源自多元文化教育编纂的社会公平理论（见表1）为我的访谈问题和初始语音编码清单提供了资料。其中一个针对校长和咨询顾问的访谈问题问道："你是否认为在社会公平教育中有特殊的重要活动？"根据相应的多文化教育方式，回答将被编码（笔者在初步研究中使用的表格请参见附录J）。例如，如果参与者的回答包括对该学生所在社区房屋环境的社会行动项目的描述，我会将其编号为"水平4，社会公平教育"。我将从我电脑中的打印文献开始还原每一个副本和文献的编码过程。我将给我清单中每一个主位的和客位的编码以不同的颜色，并在编码数据时创造一个参考的关键。下一步，我将用和这些特定的主位和客位编码相应的合适的颜色标记并强调这些数据。

接着，我将通过编码访谈来分解这些数据。斯特劳斯和科宾（Strauss & Corbin, 1998）将分解看作一项程序。该程序能基于具体的类别鉴别数据。根据研究问题与主位和客位编码创建的素材抽屉或类别，被分解的数据将被鉴别出来。分解数据是一项分类策略，它能将访谈数据片段组合成整体的编码或者是特定兴趣的语句。分类策略的第一步是将数据"单元化"（Merriam, 1998, p.132）通过语句筛选和分组回答四个研究问题的各方面。我将通过参与者和访谈环境来"咀嚼"数据单元,将其放入访谈素材抽屉。例如,第一个访谈素材抽屉将是关于指导咨询老师如何描述和理解指导咨询项目和指导者的角色。第二个访谈素材抽屉将包含与指导咨询项目内容相关的数据,而第四个访谈素材抽屉将包含与指导咨询团队经验相关的数据。在每一次访谈之后,我都将进行这一阶段的分析。同时,在将指导咨询老师和校长的访谈数据进行比较之前,我将完成一个副本。马克斯威尔(Maxwell,2005)提出,将数据重新安排成为有组织的类别对分析的原始目标,即理论概念的形成有帮助。我将通过开展参与者的口头总结和短文书写,将数据置于上下文中。马克斯威尔(Maxwell,2005)解释道,类别化将数据分解,"而融入上下文旨在通过文段理解数据,使用各种各样的方法来鉴别文本中不同元素的关系(p.79)。一个原始的置于上下文的策略是创建叙述性问题。这些叙述性的总结经常在包含定性的研究报告中作为对类别分析的一种补充"(Barone,1990,p.358)。我力图深入探究教师在指导咨询团队的经验和指导咨询项目的观点。类似地,我将挖掘校长支持指导咨询教师进行专业性学习的经验和他对关于学校社会公平主题的指导咨询项目的理解。从访谈中收获的参与者的故事、案例和描述将形成丰富的数据。

为了更好地管理数据,归纳总结的第一步对本研究而言就是创建分析的问题。我会根据语音整理稿来创建分析的问题。比如说,与指导咨询教师进行第三次访谈时,我会请他们举例子说明他们与其他教师在指导讨论会上研究课程的事情。如果被访者谈论了指导咨询团队内部的要求(Duncan-Andrade,2005),我就问这样的问题,"教师是如何描述在教师指导团队中的工作的呢?"然后复制他们回答里的关键词。分析备忘录也有助于我创建分析问题,然后我将使用数据简化策略。其他的分析问题比如"教师如何描述他们在指导团队讨论会上的收获与进步?""教师如何看待有助于建立社会公平教育课程的组织构建问题?"创建分析问题有利于减轻录音稿转换工作量,因为可以排除很多无效信息。

我打算使用插叙和陈述的方法写总结。插叙是简短的陈述,有限地展示被访者的经历。这些插叙总结是分析问题的关键,它们呈现了每个被访者关于分析问题的看法。此外,我也会陈述性地记录总结每个录音稿(Drago-Severson,1997b)。陈述性总结是每篇录音稿的必要因素,也保存记录了被访者每段经历的背景。陈述性总结减轻了数据处理的压力。所以尽管插叙可以轻易建立内容之间的具体联系,但是也有一定的风险,可能会遗失被访者的故事(Mishler,1986)。陈述性总结则会保持被访者的讲话内容。

分析的最后一段是每名被访者插叙和陈述性文件的对比。这份数据显示出了一些相关主题的普遍性,以及教师教学和带领团队讨论经历的相似性。本研究问题的主题也有来自8位被访老师和校长的访谈资料。

随着我从访谈、文件和文献中获得更多见解，我对数据的分析将是一个不断检查、解释和重新解释数据的过程。在整个分析过程中，我将会删除代码，制作新的代码，并且创造新的分析问题、叙述内容和简介。

效度

这一章将展示研究者如何获取更好的数据。量化研究一度不包括我们现在所能见到的细节，但现在博士生以及其他研究者已经接受了这样的做法，即追求效度（或者其他普遍使用的关于效度的概念）将有助于提升他人对研究成果的可信度。这样的实践为我们所赞同，缺乏计划会使珍贵的资料失去有效的利用，而这在早期的研究者中是非常普遍的。

在这一章，我将解释两种影响我研究设计效度的威胁：反应性和研究者偏见。在这一章的第二部分，我将介绍三种在解释中可能出现的威胁：描述效度，释效度，理论效度，以及如何解决这些威胁（Maxwell，2005）。

关于面对反应性和研究者偏见的细节描述将证明计划的严肃性和完备性。

解决反应性和研究者偏见

反应性是研究者因为个人因素或学习经历而受到的影响（Maxwell，2005）。我之前代表 ISA 在 NCREST 进行量化研究工作的经历可能会影响参与者对我的认知。他们可能会将我视为 ISA——一个为学校提供各种支持服务的中介机构的代表。2008 年 2 月 7 日，我会向正在进行团队会议的咨询老师进行自我介绍，并向他们介绍我对社会公平的研究背景及兴趣，以此解决这个威胁。在每一个采访前，我也会简单地介绍我的专业背景、个人背景和对社会公平的研究兴趣。这些老师可能会认为我在进行一些评估活动，因此会更不愿意谈论他们在咨询团队会议上面临的挑战。我将采用两种方法应对效度威胁。首先，我将清晰地向参与者阐释采访他们的原因：是因为他们拥有对咨询服务的独特视角并且参与了九年级的咨询团队。其次，我会提醒参与者阅读知情同意信（见附件 A 和附件 B），重申我的承诺，即我只会将采访数据用于研究而且他们可以跳过他们不想讨论的问题。

不仅仅是我先前研究者的角色，我的种族和性别也可能会影响参与者对我的看法和感受。鉴于在量化研究中反应性是无法被完全消除的,我的目标是在了解了我对参与者的影响后合理地对其进行运用(Maxwell,2005)。我将在访谈中有意识地传递口头和非口头信息。马克斯威尔(Maxwell,2005)详细阐述了哈默斯利(Hammersley)和阿特金森(Atkinson,1995)关于反应性的概念:研究者是他或她自身研究中充满力量而无法规避的影响因素之一。

我会采访不同于我的种族、性别、宗教和工作的参与者。社会公正问题通常存在于种族、社会阶级等不易于跨文化调查或与陌生人探讨的内容中。对咨询会议进行观察和在三个隔离的情境下采访参与者,有助于我和参与者建立一个更信任的协调关系,并克服最初的不信任感。塞德曼(Seidman,2006)说明了对参与者的一系列采访将有助于建立跨文化关系。他解释道:对问题的敏感性在引发不信任的同时有着礼貌的举动和尊重,而对他人故事的真实兴趣将对建立跨文化和宗教的关系产生深远的影响(Seidman,2006)。对效度的第二个威胁是研究者偏见(Maxwell,2005)。研究者偏见是"选出那些符合研究者已经存在的理论或预想的数据和剔除那些反对研究者的数据"(Maxwell,2005,p.108)。首先,我会积极地寻找那些不符合我关于教育公平的数据;其次,我会在备忘录上记录我的态度、感受和感知(Maxwell,2005)。最后,我会参与由一群接受过量化研究训练的研究生举办的每周批评对话会议。在会议上,我们会讨论各人可能存在的研究者偏见。举例来说,我认为社会公平教育是教育改革的重要方面的信念将影响我的研究和我处理数据的方法。我给我的研究预设了社会公平教育实施的方法。为了减轻这项威胁,我会用分析备忘录记录下我的预想和世界观,并在每周聚会上进行讨论。

描述效度

描述效度涉及定性研究报告中的准确性(Johnson,1997)。在数据分析部分,我会运用备忘录进行记录,同时运用电子记录来确保信息的可靠性。8名老师和1名校长的调查将为我提供充分的信息支持和资料效度。我拥有约27小时的数据资料,如此"富足"的资料将帮助我观测到"丰富而清晰的关于事件来龙去脉的照片"(Becker,转引自Maxwell,2005,p.110)。

我只会构建能够符合老师经历的理论,这样的构建方法符合克劳森(Crowson,1993)对多重资料中三角构建法的使用方法。

解释效度

解释效度反映了研究者对参与者观点、想法、意图和经历的正确理解程度(Johnson,1997)。谷巴和林肯(Cuba & Lincoln,1989)说明了参与者检核将有助于研究者证明他们对参与者资料解释的正确性。参与者检核给参与者一个"纠正事实错误和阐释错误"的机会，并提供更多的信息（Cuba & Lincoln，1989，p.239）。为了确保我对老师们对咨询服务的观点以及团队会议经历的理解，我都会进行参与者检核。同样地，我会和校长进行参与者检核以检验自己是否理解了他对咨询服务的观点以及他如何支持咨询教师的学习。在参与者检核过程中，我会回顾对每个老师和校长采访中的叙述总结、简介和一些零碎的资料。我想确认自己并没有误解参与者的话。我会通过电子邮件的形式感谢参与者对我研究的参与，并通过这样的方法对每个参与者进行跟进。我会对草稿中不确定的信息通过最终的参与者检核进行最终确认。如果参与者不同意我对面谈资料的解释，我会请参与者解释他们的意思，并请他们用例子或故事阐述他们的想法。

理论效度

理论效度涉及研究者产生的理论和研究解释是否能够符合数据，是否可信且合理正当（Johnson，1997）。马克斯威尔（Maxwell，2005）提醒研究者对于可供选择的理论应该保持谨慎的态度，同时要将资料而非前人的研究纳入"对已有的理论和研究的意识形态霸权的抗衡中"（p.46）。因此，我会积极关注差异数据。我的每周讨论小组是我接受对差异数据的反馈以及对其余解释的理解的主要方法。

到此阶段，参考文献和附件应包含：4个月的数据收集日程表；6个采访细节指南（老师3个，校长3个）；观察指南；原始印证理论；各种邀请信和知情同意文件。我们在附件中收录了一个月的数据收集日程表和首次采访老师的指南。附件中的细节强调了手段的重要性，同时为数据的收集和分析提供了框架。

附录C:数据收集日程表

2008年4月						
星期天	星期一	星期二	星期三	星期四	星期五	星期六
		1	2	3 10:00 am 观察咨询会议	4	5
6 每个采访之后马上发送录音文件给录音打字员	7 对咨询教师#1的第一次访谈;写分析备忘录	8 对咨询教师#2的第一次访谈;写分析备忘录	9 对咨询教师#3的第一次访谈;写分析备忘录	10 观察团队会议;对咨询教师#4的第一次访谈;写分析备忘录	11 对咨询教师#5的第一次访谈;写分析备忘录	12
13	14 查收并阅读采访转录记录	15 对咨询教师#6的第一次访谈;写分析备忘录	16 对咨询教师#7的第一次访谈;写分析备忘录	17 观察团队会议;对校长的第二次访谈;写分析备忘录	18 对咨询教师#8的第一次访谈;写分析备忘录	19
20	21 公立学校本周放假	22 查收并阅读对教师6-8和校长的采访转录记录	23 编制第二轮访谈的问题	24	25	26
27	28 对咨询教师#1的第二次访谈;写分析备忘录	29 对咨询教师#2的第二次访谈;写分析备忘录	30 对咨询教师#3的第二次访谈;写分析备忘录	1 观察团队会议;对咨询教师#4的第二次访谈;写分析备忘录	2 对咨询教师#5的第二次访谈;写分析备忘录	

附录G：访谈指南#1访谈指导教师

第一部分：背景

1.感谢和介绍

十分感谢您参加我的研究。深知您的时间十分宝贵，十分感谢您今天接受我的访谈。在开始访谈之前，我想向您介绍一下我的研究问题及其目的。我们今天的谈话内容会绝对保密。

2.第一个访谈的目标回顾

我对此研究的期望是了解您是如何描述贵校九年级指导咨询服务的，尤其是您在学校社会公平教育的主题基础上对该项目的目标的理解。在接下来的访谈中，我会问您一些专业和个人背景的问题，以协助我更好地了解您，并将您在BSSJ的经历放入一个叙述背景中。回答没有对错之分，我十分在意您自己独特的见解。

3.保密性

作为一名研究者，我会记录下您所谈到的内容。我会使用假名来写您的个人经历。我也可能会引用您的话，但是绝对不会泄露您的信息。您也不用回答每一个问题，可以选择跳过问题、让我重新叙述问题或者帮我想出更好的访谈问题。

4.记录

为了确保我可以全神贯注地和您交流，我只会偶尔地记笔记，如果您允许的话，我想要进行录音，以便完整地转换编码。能够听到录音的人只有我和转换员，专业的转换员也是签过协议的，只会听取并且记录下谈话内容，不会外泄。如果您想看最后整理稿的任何部分，我都可以给您副本。我也可以在接下来的访谈中和您分享上一个访谈的小结内容。

5.问题

在开始之前，请允许我介绍一下我自己：

（1）出生地；

（2）教育背景；

（3）教学经验；

（4）对社会公平教育的热衷。

开始之前您还有问题要问我吗？

如果有任何问题都可以在访谈中的任何时候问我。

第二部分：访谈问题

A.背景和准备

首先，我想要就您的个人背景问您些问题。

1.请介绍一下您自己,是什么经历让您喜欢在BSSJ教书?

2.可以简短地介绍一下您的教育背景吗?

3.您如何看待您的种族?

现在我想请教您一些专业问题。

4.您在BSSJ当老师多久了?

5.您教授什么?

6.在来BSSJ之前您做什么工作?

跟随问题:对您而言是怎样的?

7.您为何决定在BSSJ教书?

现在要问您一些关于社会公平背景的问题。

8.怎样的经历使您想在一个社会公平导向型学校里工作?

9.社会公平对您意味着什么?

B.学校价值观和使命

10.BSSJ的使命和名字均传达了社会公平的重心,就日常来说,您觉得为何社会公平是您教学的一部分?

11.您认为BSSJ教师和员工所认为的核心价值观是什么?

跟随问题:您和其他的员工想要在BSSJ培养的核心价值观是什么?(Osofosky et al.,2003)

12.您认为BSSJ的主题和价值观之间是什么关系?

C.对于九年级指导咨询服务项目的看法

13.您认为九年级该项目的目的是什么?(Tocci et al.,2005)

14.您对九年级指导咨询课程设定的目标是什么?

15.您认为BSSJ的价值观和指导咨询服务项目的关系是什么?

16.指导咨询服务项目和学校社会公平主题的关系是什么?

D.行程

17.您在咨询期一般多久与学生见一次面?

E.结束

感谢您今天与我分享这么多您的经历和看法。

尽管质性研究有一些特殊的要求,计划书的格式也和量化研究不太相同。此处呈现的这份计划书在第一章就阐述了所有的任务,然后按照需求进行详细描述。把计划书应用到你的研究领域、研究方法和研究目标,但是要确保整个文件显示出你可以做出一个完整的研究来!

计划书3：网上调查

一线儿科护理师对儿童艾滋病患者的营养护理过程研究①

提醒读者

　　本计划书分为三个部分：(1)导言,(2)相关文献,(3)研究方法。我们删除了作者原本对这些章节的划分,但在相应位置标注了原文页码,可通过标注的页码参阅原文。

---

①注：本计划书是2003年帕梅拉·罗斯佩兹·普利亚（Pamela Rothpletz Puglia）在哥伦比亚大学教育学院申请营养教育博士学位期间开展的调查研究的部分内容，论文已顺利通过答辩。罗斯佩兹·普利亚博士目前为美国新泽西医科与牙科大学弗朗索瓦—格扎维埃·巴纽中心营养与健康学主任。

目　录

导言

一直以来，人们普遍认为充足的人体营养和有效的免疫功能之间存在着联系。几个世纪的实证观察表明：在饥荒年代传染病比较容易盛行。然而直到20世纪营养免疫学成为一门学科，人们才对这两者之间的关系进行了更深入的研究。

直到1968年，世界卫生组织（World Health Organization，WHO）推出了《营养和传染病的关系》（*Interactions of Nutrition and Infection*）专著后，人们对营养在抵御疾病方面的认识才有了根本性的转变。作者在专著中以大量证据毋庸置疑地表明：与单独的营养不良或传染病相比，两者同时出现可以使彼此的作用加重，对患者产生的后果也更严重（Scrimshaw，Taylor，& Gordon，1968）。

总之，营养与免疫功能之间不仅存在着明确的关系，而且两者间的影响路径既可能是单向的，也可能是双向的。正如本文下一部分将要说明的，随后研究的目的是验证世界卫生组织之前的论断。许多研究表明，营养缺乏和传染病的发病机理组成了一个致命的相互影响的恶性循环。

> 这里删除了原文中的6页研究综述和45行引文。在这些被删除的内容中，作者介绍了研究问题的理论基础。首先，她用那些营养免疫学中里程碑式的研究来说明：(1)为什么免疫功能依赖于营养；(2)哪些营养物质已经被确认是营养和免疫间相互关系中的关键成分。然后，她聚焦于营养免疫交互作用的一个特例——因人类免疫缺陷而感染的艾滋病（HIV）。此外，她还引用了其他疾病和营养不良之间循环作用的研究。为了便于读者理解，作者采用图1来说明该循环作用。

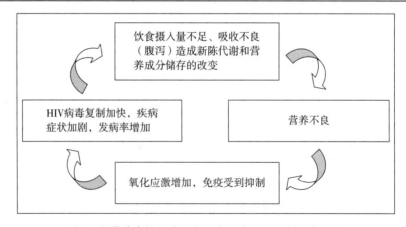

图1 微营养素缺乏症和艾滋病发病机理的循环作用图

资料来源：Semba，R.，& Tang，A.，Micronutrient and pathogenesis of human immunodeficiency virus infection，*in British Journal of Nutrition*，81，181~189.Copyright ©1999，Cambridge University Press.引用获得了许可。

> 目前,对儿童艾滋病毒感染者治疗方案的医疗管理和对儿童营养护理特别指导的需求日益增长。对于这一点,已有足够的研究证据可以表明。因此,作者接着开始论述研究计划的主要目的和研究意义。在阅读接下来的段落时,你会注意到作者(Rothpletz—Puglia)用自己公开发表的研究为现在的研究提供佐证。

　　在艾滋病长期治疗过程中不断出现的日益复杂的问题,特别是肥胖患者的不断增多,迫切需要对当前的儿童艾滋病营养护理进行评估。此外,对所出现的问题采取的处理措施需要纳入执业准则。美国饮食协会(American Dietetic Association, ADA)是为儿童艾滋病患者提供使用广泛的饮食指南和医学营养疗法(Medical Nutrition Therapy, MNT)计划的专业组织(Rothpletz-Puglia, Heller, & Morris, 2000)。美国饮食协会目前在修订医学营养疗法的过程中特别注重有实证数据支持的建议。但是,科学的证据往往需要很多年才能获得,或者永远都没有特别针对儿科的证据。

> 关于需要营养管理策略的问题,已经有了定论。同时读者也已知道了美国饮食协会正试图制定饮食指南。以此为基础,作者为引出研究目的逐步做了铺垫。请注意在第二段中她是如何确定合适的数据收集方法,并巧妙地将其引入正文。

　　同时,我们可以看到相关的研究文献却非常少,特别是针对一线营养护理师本身的研究。不论我们有没有基于证据的饮食指南,关键是营养护理师他们自己在临床实践中到底是如何操作的? 在高效抗逆转录病毒疗法(Highly Active Antiretroviral Therapy, HAART)[①]的时代,一线营养护理师的集体智慧能够为理解儿童艾滋病营养疗法的临床特点提供支撑。

　　本研究将采用美国饮食协会的营养护理过程模型作为框架,对儿童艾滋病毒携带者报告的营养护理策略进行分析评述(Lacey & Pritchett, 2003)。此外,会使用一种归纳性的工作分析策略——关键事件法(critical incident technique),通过逻辑分析得出患者－护理师(patient-provider)的特征。

---

①高效抗逆转录病毒疗法是指采用抗逆转录病毒药物治疗逆转录病毒(主要是 HIV)感染的治疗方法。不同种类的抗逆转录病毒药物作用在 HIV 生命周期的不同阶段。联合使用几种(通常是三种或四种)抗逆转录病毒药物被称为高效抗逆转录病毒治疗。一些组织,比如美国国家卫生研究所(NIH)推荐有 HIV 相关症状的患者,使用抗逆转录病毒药物治疗。然而,由于药物复杂的搭配和服用方法,以及可能产生的严重副作用,更重要的是还有病毒对药物产生的耐药性,这些组织也强调需要分析这种治疗对没有症状的患者带来的风险和益处来选择治疗方法。——译者注

> 尽管主题还未正式呈现，但我们仍可看出该研究的目的(回顾和分析护理师的护理策略)，会采用何种方法收集数据(护理师提供纸笔报告)以及数据收集对象(儿童艾滋病护理者)、分析的理论框架(ADA营养护理过程模型，NCPM)和收集分析医患特征数据的方法。上面这个句子包含了大量的信息，并对在下文反复出现的词语用缩写词来表示。例如，用NCPM表示ADA营养护理过程模型、CIT表示关键事件分析技术。

营养护理过程模型(Nutrition Care Process Model，NCPM)为解释营养护理的特征和营养学家的一系列营养护理行为提供了一个框架。它用一个简单直观的图形(图2)将营养护理过程中的关键概念清晰地表示出来。同时它描述了各个主要环节之间相互联系、相互作用、相互影响的动态关系以尽可能地提供高营养护理的质量。NCPM包括营养评估、营养诊断、营养干预和营养监控与评价四步，它还包括影响营养护理质量的其他因素，如医患关系、护理师对护理过程的专业优势以及影响护理过程的环境因素。

NCPM的目的在于描述护理师可提供的营养护理范围(Lacey & Pritchett，2003)。它强调以医患关系作为护理过程的核心，以护理师的知识、技术、批判性思维作为外环，但是该模型对这些内容只是进行了简单的说明。而研究人员对护理师的特征与营养护理的质量两者间的关系更感兴趣，关键事件法为获得相关数据以分析两者间的关系提供了可能。

> 上面几段内容有两点需要说明：第一，在涉及文献的自我引用(self-reference)时，作者故意用第三人称"研究人员"而非第一人称"我"。这种文法风格曾经被认为是正确的，因为它适合将研究人员从研究进程中分离。在没有正式调查之前，任何个人意见、倾向和评价都可能对结果产生误导。然而，事实上如果写"我对护理师特征和护理之间的关系感兴趣……"可能会使这项研究的计划与目的更加清晰。现在，大家普遍接受的是研究人员使用第一人称的写法，而以第三人称写的计划或报告通常被认为是麻烦的和没有必要的。
>
> 第二，在第一句和第二句话之间的"但是"一词也是值得注意的，它给人以转折感但并没有明确地说明。这种迂回的写法可能会使一些读者难以把握段落的要点。读者会主观地在有"但是"的地方插入转折，这将使读者把作者的研究目的误解为：作者计划对模型中目前所没有包括的护理方面内容进行研究。而实际上她的研究旨在提出关于护理师特征的具体内容。一些没有很快地抓住作者意图的读者在对文字的把握上处于不利地位。其实写作规则是很简单的，文字的表达要直接、清晰，不要让你的读者来揣摩你的暗示。

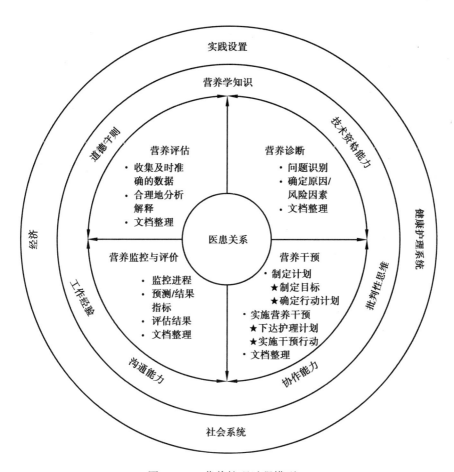

图2 ADA营养护理过程模型

资料来源：Reprinted from *the Journal of The American Dietetic Association*, *V103*（8）：1061-1072, copyright © 2003.Reprinted with permission of The American Dietetic Association.

研究目的

本研究的目的是通过对众多美国一线儿科营养护理师的调查, 研究分析出儿童艾滋病的营养护理过程。

在原稿中, 正式陈述的研究目的放在了导言和文献综述之后, 即原稿的第9页之后。此外, 也可以将研究目的放在起始段, 对研究的整体构架起说明作用。还有作者发现将研究目的和研究意义放在计划书相同或相邻的位置也是一种有效的做法。有时导师对于如何确定文章呈现顺序有着坚定的意见, 即认为这只属于写作风格问题。但明智的做法是应尽早了解评审专家对计划书结构顺序的偏好, 而且是越早越好。

接下来的段落作者主要通过一系列问题引出研究。请注意她提出这些总括

如何做好研究计划：关于开题报告和项目申请的指导（原书第6版）

性的问题的方法以及更为具体的子问题。通过对研究问题的详细描述可以帮助读者更好地把握作者的研究重点。这样评审委员就不会再要求作者对研究目的进行更详细的描述了。

问题陈述

1.一线儿童艾滋病护理师的营养护理过程是什么？
2.艾滋病毒感染儿童的营养评估包含什么？
3.儿童艾滋病当前的营养护理中存在哪些问题？
4.儿童艾滋病营养护理师采取的干预措施和策略有哪些？
5.营养护理师期望给患者带来什么样的治疗效果？
6.营养护理师和患者之间的交互(interaction)特征有哪些？

作者在导言部分对研究的重要性作了详细说明,在此又重申了研究的重要意义,接下来自然而然地过渡到文献综述。

研究意义

在美国艾滋病毒感染儿童的医疗管理中,营养护理的演变发展呈现戏剧性的变化。服务于这些孩子的护理师们需要不断地学习和参加培训以应对在艾滋病治疗过程中不断出现的营养难题。深入分析一线营养护理师的临床实践,对完善美国艾滋病感染儿童的营养护理过程来说是非常必要的,并可为营养介入、策略及方法等方面的运行机制提供科学依据。本研究将为健康护理师参加持续教育与培训的内容提供实证支撑。此外,对医患交互关系特征进行描述还可为进一步了解和说明营养护理过程模型的核心、为采取有效而专业的护理提供依据。同时,本研究也可能为进一步促进和改善医患关系,进而取得更好的营养护理效果做出贡献。

文献综述

本节主要讨论了研究的理论基础和研究思路的确立过程。首先,对儿童艾滋病与营养学的发展进行了简短的回顾,进而指出在医疗管理上这两者已演化到儿童艾滋病护理时代。同时,该段也指出,新时代营养学问题与方法给护理带来了新的挑战。在此基础上,作者进一步说明了研究对象(一线儿科护理师)选择的依据。在该部分最后一段,文章对研究方法方面的相关文献进行了概括总结。该段包括美国饮食协会的营养护理过程模型的应用、演绎工作分析法的框架以及分析艾滋病感染儿童和他们的营养护理师之间关系特征的策略。

> 如上所述,文献综述的主要内容分为三部分。第一部分是"儿童艾滋病与营养学",这在前面的导言部分已经提及。在这里我们删除了文献综述的其他11页内容,以及所引用的71篇报告和文献。

儿童艾滋病与营养学

1983年,医学博士詹姆斯·奥雷斯克(James Oleske)发表了第一篇有关艾滋感染患儿的报告(Oleske et al., 1983)。自从他发现艾滋病毒可在围产期(perinatally)传播后,人类已经在预防、检查、治疗艾滋病患儿方面取得了很大的进步。然而在2000年,美国仍然有约1万名儿童感染了艾滋病毒或患了艾滋病,世界范围内15岁以下的儿童艾滋病毒感染者或儿童艾滋病患者高达140万人(UNAIDS, 2000)。

儿童时期,营养状况和孩子的成长密切相关,适当的成长水平是身体健康的标志。肥胖、持续体重减轻和营养不良是艾滋病患儿面临的最复杂的问题(Oleske, 1994)。在长期患病的大龄儿童中,这些问题最终会导致消耗综合征(wasting syndrome)。而消耗综合征常常是身体状况快速恶化和儿童早夭的开始(Oleske, Rothpletz-Puglia, & Winter, 1996)。

发育异常和消耗综合征的早期症状包括食欲不振、腹痛、呕吐、慢性腹泻以及感染艾滋病毒的多种口腔、肠胃并发症(Palumbo, Jandinski, Connor, Fenesy & Oleske, 1990)。这些不断增加的营养流失除了改变新陈代谢和摄入不足外,还将艾滋感染者置于营养失调的危险境地。因此,营养失调已经被确认为艾滋患者发病和死亡的潜在重要原因(Kotler et al., 1989),同时营养不足也被认为是在HIV中造成免疫功能失调的辅助因素(Ikeogu et al., 1997)。而营养护理也理所当然地成为艾滋患者医疗管理不可或缺的一部分(American Dietetic Association, 2000; Centers for Disease Control and Prevention, 1998)。

> 在描述了儿童艾滋病毒感染与营养关系的文献之后,我们在临近结尾时对第一部分的相关文献进行了小结。请注意作者在此处提醒读者关注研究的潜在意义的方法。

　　研究结果显示,对儿童艾滋病患者的营养护理过程的完善也同样适合对肥胖儿童和代谢异常儿童的治疗过程。此外,在调查的过程中,第四法案资助机构(Lead Title IV Agencies)赞同他们的护理师需要不断地接受教育和培训,以应对在儿童艾滋病护理中层出不穷的挑战。

> 　　作者在文献综述的第二部分介绍了本文的研究对象——一线儿童艾滋感染患者营养护理师,这也是研究的主要内容。这点在全文中显而易见。

一线儿童艾滋病感染患者营养护理师

　　美国饮食协会是为医疗营养疗法(Medical Nutrition Therapy,MNT)和儿科 HIV/AIDS 草案制定饮食指南的专业组织(Rothpletz-Puglia et al.,2000)。美国饮食协会目前在修订医疗营养疗法的过程中特别注重具有证据的建议。但是,科学的证据往往要很多年才能获得,或者永远都没有特别针对儿科的证据。

　　儿童艾滋病临床试验联盟(Pediatric AIDS Clinical Trials Group,PACTG)是一个杰出的世界性组织,它专门评估艾滋感染儿童和青少年疗法,并研发新的方法来中断母亲对婴儿的传播。儿童艾滋病临床试验联盟是由美国国家过敏症和传染病研究所(National Institute of Allergy and Infectious Diseases,NIAID)与美国国家儿童健康和人类发展研究所(National Institute for Child Health and Human Development,NICHD)联合成立的。如果没有儿童艾滋病临床试验联盟,关于母婴间 HIV 传染的研究将十分有限甚至成为空白领域。据报道,儿童艾滋病临床试验联盟组织正在进行的28项研究中仅有2项涉及营养治疗,而成人艾滋病临床试验联盟组织中的38项研究中有7项是和营养治疗有关的。总的来说,营养治疗研究的资金投入不像药学研究那么多,关于儿童营养治疗的研究更是少之又少。当今,约80%的儿童药品没有进行专门针对儿童的医药测试(Pediatric Aids Foundation,2004)。

　　儿童艾滋感染方面的研究也不例外,它在医学和营养护理方面所搜集的资料大多来自成人艾滋感染的临床实践和研究。当前关于患艾滋病儿童的营养管理的研究或实验大多是基于成人艾滋病的研究之上的。例如,虽然没有对艾滋病儿童服用车前子(又名洋车前,psyllium)进行系统的研究,但是儿童艾滋营养专业人员建议儿童食用车前子来降低胆固醇。由于对感染艾滋病毒的儿童缺乏研究,儿童艾滋病营养专业人员的营养护理建议都是基于成人研究文献和其他儿童慢性疾病的研究。

这些日益涌现、不断变化的营养护理问题,对儿童艾滋病患者营养护理过程提出了更高的要求,应进一步完善。然而目前已完成的、正在实施的或计划中的营养介入方面的研究却非常有限,因而这就使得针对一线儿童艾滋病护理人员的研究具有十分重要的意义。不论我们有没有证据确凿的饮食指南,关键是营养护理人员他们自己在临床中做了什么。在高效抗逆转录病毒疗法的时代,一线营养护理人员的集体智慧对了解儿童艾滋营养的临床特点有着重要意义。

> 文献综述的第三部分也是最后一部分在内容上又分为两个层次:第一个层次是应用到本研究中的工作分析方法,告诉读者本研究是如何获得和利用研究资料的,特别是如何利用弗拉纳根(Flanagan)的关键事件法达到研究目的。

应用于本研究的工作分析

在工业组织心理学中,工作分析(job analysis)是获得"关于工作是如何完成的"这个问题答案的过程,是一种被广泛用来搜集组织数据的技术(Morgeson & Campion,1997)。

工作分析的结果常用作开发绩效评估系统、员工选拔系统、职业规划、工作计划和培训课程开发与设计的基础(Butler & Harvey,1988)。

> 我们删除了4页描述工作分析的内容,但这里我们依旧保留了原文关于关键事件法的介绍部分,以及一个作者在研究中所用的关键事件法步骤的表格。

弗拉纳根开发的关键事件技术程序(critical incident technique)[1]要求受访者报告关键事件的情况描述、采取的方案以及结果。关键事件的收集可以通过面对面访谈(face-to-face interview)、自填式问卷(self-administered questionnaire)、电话采访(telephone interview)、研讨会(workshop)、群组访谈(group interview)、系统性记录(systematic record keeping)和直接观察(direct observation)(Anderson & Wilson,1997;Flanagan,1954;Kemppainen,2000)。事件(incident)就是可观察到的人类活动,就其自身而言是十分全面的,人们通过它可以对人类的表现行为做出预言或预测(Flanagan,1954)。术语"关键"(critical)是指事件所描述的行为对最终的结果起非常重要或者关键的作用(Kemppainen,2000)。

---

[1]关键事件技术是第二次世界大战中由约翰·弗拉纳根开发出,最初用于识别各种军事环境下提高人力绩效的关键因素的手段,后成为一种常用的行为定向法。——译者注

用于研究的工作分析

工作分析研究通常包括调查问卷的设计，问卷结果常常又能用于培训与发展（McCormick，1980）。因此，工作分析技术可以用来收集关于儿科营养护理的资料，调查结果可以用于对健康护理专业人员进行培训与开发。具体见表1。

> 本部分的第二个内容列出了几个关于关键事件法的模型，这些模型提供了处理本研究中工作分析资料的框架。本研究选取美国饮食协会的营养护理过程模型作为调查资料处理的框架。

表1 关键事件法的研究步骤

[弗拉纳根（Flanagan，1954）的五阶段方法在本研究中的应用]

弗拉纳根五阶段步骤	本研究的步骤
步骤1：建立研究的基本目标。	步骤1：描述与医患关系有关的护理人员特征。
步骤2：制订研究计划和计划说明书，例如，观察对象应该是谁（也就是受访者），应该调查哪些事例，关注哪些行为。	步骤2：调查对象应是在第四法案机构中的营养护理师，这些受访者要讲述一个自己难忘的一个患者的故事。
步骤3：收集资料——通过直接观察；其他方法（例如访谈）；使用正面的或者正反面的事例。	步骤3：利用结构性问卷调查收集过去的事例，事例可以是正面或反面的。
步骤4：资料分析——归纳分类，聚类分析，对分类进行独立检查。	步骤4：专家将关键事件归纳分类，这些分类结果在经过独立评审员认可后才能有效。
步骤5：解释和报告结果。	步骤5：利用专业文献、相关专家和评审员检验分类结果。具有很高评分者一致性的关键事件将用来作为典型的营养护理事件，并分析它的类别和有效程度。

模型与框架回顾

有时可以使用现有的分类系统对研究工作进行分析，演绎分析就是把现有的工作分析框架推演到对一项特殊工作的描述中。但是，现有的分析框架或模型不能解释或包含所研究的工作的所有行为方面。如果当下没有对研究工作比较适合的分类方法，那么只有从业务专家那里对研究该项工作所需的资料进行收集。然后，工作分析专家把这些资料组织起来对工作行为进行建构或者分类。工作分析通常采用演绎或归纳的方法，但是如果现有的分类不足以完成工作分析的话，那么这两种方法需要结合起来使用（Williams & Crafts，1997）。

> 我们这里已删除了对现有模型分析的相关文献综述,但是依然保留了对美国饮食协会模型的基本介绍,以及如何收集满足该模型需要的研究资料。

演绎工作分析法(deductive job analysis)通常依靠现有的分类法,根据预先确定的类别对工作进行分析(Peterson & Jeanneret,1997)。本研究中对几个模型的使用进行了比较评价,这些模型的目的都是对营养护理进行全面的分析,包括营养护理师的行为特征、营养护理的内涵以及其他可借鉴的内容。为更好地对儿科营养护理的行为和作用进行全面的分析描述,文章也对这几个模型的相关性进行了分析。

美国饮食协会营养护理过程模型

在对专业文献进行分析之后,研究人员发现美国饮食协会最近公布了营养护理过程模型(Lacey & Pritchett,2003)。营养护理过程对于饮食专家来说是一个标准化过程,而营养护理过程模型是这个标准化过程的直观呈现。模型反映了营养护理过程每一步的关键概念,利用图示描述出营养实践的大环境。前文中的图2已经对该模型进行了一个全面的描述。

模型旨在描述所有部分之间为了提供最高质量的营养护理而相互重叠、相互影响、相互转化的动态变化关系。营养护理过程中的四步依次是营养评估、营养诊断、营养介入和营养监测与再评估。模型的环面指出了影响营养护理质量的因素,这些因素包括实践设置、环境因素和营养护理师的素质,例如知识、技术能力、合作能力、批判性思维、道德情操、工作经验和沟通能力等。模型的环心描述了患者和她的营养护理师之间的关系,但是模型没有指出这两者之间的交互作用的特性。同时,模型没有指出对护理结果有正面影响的护理师的品质有哪些,营养护理过程模型的相关文章也没有关于这方面的说明(Lacey & Pritchett,2003)。

营养护理过程模型的目的是提出一个营养护理专业人员所能提供的营养护理范围(Lacey & Pritchett,2003)。这个模型也是一个评估营养师工作的有用的工具,因为它指出了护理工作的共同维度,提供了检验营养护理与护理结果的框架。对研究营养护理工作来说,这是一个最全面最合理的模型。因此,本研究用它来作为分析描述儿童艾滋感染患者护理的各个阶段的框架。

工作分析的实施

工作分析可以识别出获得卓越工作绩效所必需的工作行为以及相关的任务。工作分析的实施包括两步(Wheaton & Whetzel,1997)。第一步是确认工作最关键的方面。这包括对做什么、如何做以及为什么要做的描述。在本研究中,这方面包括研究问题、策略和介入、成功实施任务的障碍以及预期结果。本研究中,营养护理过程的这方面资料通过问卷调查的第一部分获得。美国饮食协会的营养护理过程模型(Lacey & Pritchett,2003)提供了变量的发展或者影响关系的类别。同时,营养护理过程模型对分析营养护理过程中各个部分间的关系也是非常有帮助的。

第二步是确认护理人员成功完成一项关键工作所需的知识、技术、能力和个人特征。归纳法通常可以得到详细的知识、技术、能力因素以及卓越工作绩效不可或缺的其他特征(Dunnette,1983;Williams & Crafts,1997)。这些基于工作者或营养护理师(在本研究案例中)的工作分析可以在问卷调查的后一部分中获得,本文用关键事件法(Flanagan,1954)来解释和评估营养护理过程的这些行为。关键事件法对于解释专业人员的角色维度和医患之间的相互作用尤其有效(Byrne,2001)。对一项活动的具体功能进行描述需要以行为的目标导向作为基本条件(Flanagan,1954)。关键事件报告分析的总目标是描述营养护理师和患者之间的互动过程。

> 到目前为止,这一部分以这些文献如何支持了本研究的研究问题和研究方法作结尾。这部分所用到的文献完整地复制在这里。需要注意的是作者如何把已有文献中的主要观点作为本研究关注焦点的理论依据的。

小结

在儿童艾滋病病毒传染中分析营养护理过程还有很多原因。首先,儿童艾滋病的营养护理过程的公开研究相当缺乏,而且在营养管理过程中,近来的研究也发现了很多问题,如脂肪代谢障碍和超重。需要重新审视儿童艾滋病病毒营养实践的一个更微妙的原因是,艾滋病护理问题已经由主要是急性状态转变到长期疾病模式了。这意味着营养护理可以较少地关注危急病症,而更多地集中在防止其他长期疾病的发生上,如心血管病和糖尿病。最后,本研究最引人注目的原因是第四法案资助的机构表达了儿童艾滋病临床医生的需求,他们想更多地了解其他的营养护理师经历了什么过程以及他们是怎么处理这些新出现的临床问题的。这些研究发现的一个预期的结果和应用就是为第四法案资助机构的护理人员提供持续的教育培训机会。本研究不仅提出需增加工作培训,而且还对营养实践中内隐的、可资借鉴的方法进行了描述。

工作分析充当了工作培训职责需求的测评手段。从工作分析中得到的结果可以使培训的内容更有效。因此,本研究用到了工作分析技术。工作分析可以是演绎的、归纳的或者两者混合的,这取决于对已有的工作分类学的全面理解。

在这种情况下,营养护理过程已经有一个现有的框架,即所谓营养护理过程模型(Lacey & Pritchett,2003)。然而,这个过程的一个方面——也就是它的核心环节——患者-护理师关系并没有在这个模型中得以充分体现。因此,需要采用混合方法来揭示儿童艾滋病营养护理过程的更全面的画面,即用演绎法分析营养护理过程模型中的定量化问卷,同时也使用了归纳法中的关键事件技术。本文关于一线营养护理师角色的研究结果包括对已感染艾滋病病毒儿童的营养测评标准方面的信息、目前儿童艾滋感染的问题、具体策略和干预措施、理想的结果以及患者—护理师之间影响结果的那些互动的特征。这些研究结果都将会成为健康护理师培训发展的基础。

> 接下来的内容主要介绍了研究中会用到的研究方法。与我们在第三章中所推荐的实施过程相同,作者做了多项预研究,相应的参考文献也包含在下面的部分里。在预研究实施过程中,作者经常与其论文评审委员会的有关专家联系。因此,她确信计划书的这一部分不会发生任何意外。

研究方法

美国在已感染艾滋病病毒儿童的医疗管理方面已经有了显著的变化。此类变化也引发了新的营养问题,儿童艾滋病感染的医疗程序管理者们都要求对医疗保健护理人员进行继续教育和培训。为了满足这一需要,收集相关数据,网上调查系统应运而生,且已在美国所有提供艾滋病感染儿童护理的医疗网站上发布,该网上调查系统包含很多不同的资料收集策略。

> 正是在原计划书手稿中的第22页中提到的这一点,使读者第一次了解到该项研究的另一重要内容:主要通过"网上调查系统"收集研究数据。正如该数据收集系统所描述的那样,它特别适合解决被研究群体人数众多且分布广泛等问题。这也是我们已经在标题中所指出的特征,或者,如果没有注释的话我们也可以在导言中明确地指出这一点。

本次调查中的问题是为了阐明并揭示出营养实践中的某些特定方面。反过来,这些信息也可以丰富继续教育和培训的内容。此外,通过对那些描述了营养护理师和他们患者之间互动资料的分析，还有可能辨别出之前隐含在那些患者护理模范中可以借鉴的内容。总之，本计划书的这一部分描述了研究群体、用于开发和实施调查的程序以及用于收集和分析调查数据的程序。

样本总体的描述

美国卫生和福利部（United States Department of Health and Human Services'，DHHS）、健康资源与服务管理局（Health Resources and Services Administration，HRSA）以及瑞恩·怀特艾滋病综合控制资源紧急援助法案（Ryan White Comprehensive AIDS Resource Emergency Act，CARE）①所资助的项目，以各个城市、州和当地社区为基础为艾滋病感染个体提供服务。受资助者包括：卫生机构、法律机构、教育机构以及社区服务组织。大多数CARE法案基金为医疗护理和必要的支援服务提供资助。CARE法案第四编规定，为HIV服务提供协调服务，支持关于已感染艾滋病病毒以及患有艾滋病的妇女、婴幼儿、儿童、青少年和家庭的相关研究（United States Department of Health and Human Services，2002）。

2001年，瑞恩·怀特法案第四编（Ryan White Act Title Ⅳ）资助项目报告显示，在13岁以下的儿童群体中已经有6009名艾滋病感染者/艾滋病患者（Title Ⅳ Report，2001）。2001年12月，美国疾病控制与防御中心（United States Centers for Disease Control and Prevention，CDC）报告指出，美国13岁以下的儿童艾滋病感染者/艾滋病患者的人数为5409名（Center for Disease Control and Prevention，2001）。这两个数据之间的差距的原因可能部分在于上报要求的不同，如有些州并不强制性地要求上报HIV病例。

有数据显示，很多瑞恩·怀特法案第四编资助的项目已经启动，这些项目主要是为美国大多数艾滋病毒感染儿童提供护理。因此，本研究的调查将发布在所有第四编资助项目的网站上，这也是能接触到美国那些为艾滋病毒感染儿童提供护理的专业医护人员的最有效的方式。

受瑞恩·怀特法案第四编项目资助的专业医护人员均可作为研究的目标群体，包括营养师、内科医师、高级执业护士、护士、社会工作者、医师助理以及管理者。所有这些专业医护人员都有资格填写网上调查问卷，因为许多第四编资助的项目并没有经费用于聘用专门的营养学专家。对于儿童艾滋医疗护理而言，营养是全方位的。如果第四编资助的项目没有专门的营养学专家，如注册营养师等，那么其他的

①瑞恩·怀特艾滋病综合控制资源紧急援助法案[the Ryan White Comprehensive AIDS Resources Emergency（CARE）Act，以下简称瑞恩法案]，于1990年在美国国会通过，并分别于1996年和2000年进行了修订。该法案通过资助初级卫生保健活动，帮助不能得到医疗服务的艾滋病病人和感染者得到需要的服务，每年项目活动的费用可以帮助50万人，是美国最大的帮助艾滋病人及感染者的项目。

专业医护人员就必须要填补这方面的需求。这些医护专业人员在这些项目中为艾滋病感染儿童提供从婴儿期到青春期的护理。

> 　　刚才描述的内容会立刻引起论文评审委员会每一位成员的注意。首先,由于应答者的范围广泛,那么在第四编资助的网站上哪些身份的人可以回答调查就成为至关重要的信息。进一步来说,描述分派这项任务的人将在什么基础上做决定是很重要的。在继续往下读之前,你可以先想想你会提出什么样的方法去解决这两个问题。其次,作者已经明确指出,在护理项目角色中有着丰富的专业背景和非常不同的工作职责的个体的反应会被收回。那么,作者在提出的方法论中应该有什么样的前提或条件来保证这些收集来的收据可以用于不同作答者之间的比较分析呢?

工具开发

　　专业文献显示,越来越多的研究指出应该对新时代下的儿童艾滋病临床实践进行详细描述。工作分析领域的文献也为本次调查拟采用的策略奠定了方法学基础。美国饮食协会的营养护理过程模型为将要检验的营养护理程序改进提供了理论框架;该模型认为营养护理过程应包括四个独立而又相互联系的步骤:(一)营养评估;(二)营养诊断;(三)营养干预;(四)营养监控与评价。该模型还包括营养护理过程的其他维度,如医患之间的关系。营养护理过程模拟了特定研究问题的发展,以阐明营养护理过程的关键成分和特征。在本次调查中用到的收集营养护理过程各组成部分信息的方法将在下文进行讨论。

> 　　正如我们之前评论中所指出的,作者在下一段中将会描述关于工作场所背景和护理师角色的人口统计学信息是怎样获得的。你也可以注意到,作者在下文中是用过去时来描述那些已经完成的任务的,如工具开发及其预测试。我们认为计划书是一种关于未来研究目标的文件,然而以往所做的初步工作以合适的形式呈现也是很重要的。此处大量的预研究数据显示,毫无疑问本研究用到的工具完全可以满足数据收集工作。

人口统计学变量

人口统计学问题主要是用于获取临床背景数据以及营养护理师个人特征方面的信息。问题包括一系列选项，如工作环境、地理位置（农村、城市等）、病例数、提供直接护理所花的时间、工作经验的年数以及专业角色。

营养评估

这个变量主要是指营养护理师在评估营养状态时，收集和分析的相关信息。为了描述营养评估特意设计了几个问题。其中有两个问题是开放性的：第一个问题是询问护理师所在机构的工作人员是如何判断哪个儿童需要营养咨询的；第二个问题是儿童艾滋病毒感染者如何进行营养评估。

营养诊断

该变量主要是对营养问题及其相关诱发风险因素进行确定。问卷的格式主要采用开放性的问题，调查对象回答最常遇到的营养问题。此外，采用李克特五级量表对一个患者营养的影响因素问题进行评定，确定相关的风险因素。

营养干预

这部分包括治疗计划和营养护理的策略，设计相应的问题以收集变量数据：让应答者报告患者改变所面临的阻碍，以及他们会采用哪些特殊策略来帮助患者克服这些障碍。这些问题都是开放性的。另一个问题会让应答者报告他们使用的特殊教育材料。

营养监控与评价

该变量主要是一项营养护理过程和结果指标。护理的预期结果将通过李克特五级量表进行评定。

患者—护理师互动

该变量主要是关于营养护理师和他们患者之间的互动特征。关键事件报告将成为营养护理维度信息的主要来源。另外，有些在营养护理过程中的特殊环节，也会对营养护理过程中描述护理师的角色有所帮助。

本研究采用关键事件技术的主要目的是阐明患者—护理师关系的特征。以营养护理过程为背景采用关键事件技术，为患者护理的显著特征描绘出一幅有意义的画面。

关键事件报告为应答者呈现了一系列促使他们描述出有意义的患者护理经历的问题。一个完整的关键事件报告包括事情发生的情境、采取的行动以及结果。这系列问题的本质在于捕捉一个艾滋病患者经历的整个营养护理过程。因为关键事件报告会包括真实患者在营养护理过程中经历的所有环节，因此，该数据也可以用来验证调查中其他部分结论的有效性。

研究工具的精简

一旦设计出用于确认营养护理步骤和环节的问题，并设定了关键事件技术的相关程序，问卷就形成了。在对每个调查问题和研究问题的相关性进行评估后，研究工具交由3位有经验的研究者进行评审并进一步提出修改意见，反复进行修改（如删除一些不必要的问题）。精简问卷并进一步减少完成调查的时间量。在这个过程中，表2中列举的因素会为确定问卷中每道题和研究目的的相关性提供依据。

> 这里使用的表格简明易懂地呈现了大量的信息。读者可以很快知道研究工具是怎样和研究问题相关的。
>
> 接下来的段落中作者指出她是如何很好地利用她的同事和导师来完成研究工具的初步评价工作。通过这些工作，她确信用于收集数据的工具在预测开始之前已经尽可能进行了精简。这点也印证了我们在第三章中的建议：尽可能广泛而且经常地向别人咨询。

表2 调查题目和研究问题之间的关系

研究子问题#	概念	相关的问卷条目	测量的水平
人口统计学	工作环境	2-7	称名
人口统计学	专业角色	8-14	称名
1	评估	15,16	称名
2	诊断	17,24,27,28	称名
2	诊断	18	顺序
4	监控/结果	20	顺序
4	监控/结果	31,32	称名
3	干预	22,23,25,29	称名
5	患者—护理师互动	关键事件技术27-34	称名

营养教育博士项目的同学以及论文资助者会对调查工具进行再次评估。根据他们的意见，作者对调查介绍函的内容以及问题的措辞进行了修改。最后，美国卫生和福利部（DHHS）、健康资源与服务管理局（HRSA）的HIV/AIDS部对调查工具进行了评审。在此次评审后，没有再进行修改。研究初稿被送到美国新泽西医科与牙科大学（UMDNJ，研究者工作的地方）的机构审查委员会（IRB），然后被送到哥伦比亚大学教育学院的机构审查委员会进行审批。

调查问卷的版式

通过在线调查问卷收集数据（问题及格式参见附录A）。参与者按要求从电子邮件邀请函附带的网址链接登录进入调查问卷（邀请函参见附录B）。这封邀请函包括两个相关机构审查委员会要求并同意的所有内容。调查问卷可以通过创新研究系统（Creative Research Systems）（一家网络托管公司）的服务器在线发布两个月时间。

预实验

在机构审查委员会的审批通过后，作者对研究工具进行了预实验。预实验的参与者包括5个儿科HIV营养师、1名内科医生、1名执业护士和1名社会工作者，所有这些人都在儿科HIV护理领域有10年以上的经验。这些参与者需要完成在线调查问卷初稿，目的是让他们评价调查问卷的有效性、可理解性，并对收集数据的价值及其与研究要达到目标的相关性进行评估。8位专业人士其中的两位要完成两次调查，目的是检验调查问题的信度。基于预实验的结果，对调查问卷进行了修改，增大了一些题目的填写空间。这些参与者都认为该调查是有效的，尽管其中有位内科医师表示他更喜欢开放性较小的调查问题。问卷中的每个问题都产生了在问题设计时想要得到的答案，其中填写两次调查问卷的两位参与者两次的回答都是一样的。

调查实施方案

由瑞恩·怀特法案第四编项目资助的89家机构都会收到一封说明研究目的和研究参与者条件的通知或邀请函（具体内容见附录B）。请这些机构的管理者将该邀请函转发给那些在本机构从事营养教育的人员很有必要，因为第四编项目资助机构的管理者联系名单较全，内容较新，而在这些机构从事营养教育工作的人员联系名单却并不全，内容较旧。所有提交的调查问卷都是匿名的。

根据研究程序,作者得不到那些完成调查的个体的名字。实际上这些参与者都是匿名的。但是每一个调查应答者的工作地点和职业角色在调查问卷上有所记录,因此可以作为人口统计学信息数据库的一部分。

现在,我们对之前提出的关于邀请函在这些第四编法案资助机构是怎样管理的以及由谁管理的这个问题已经有答案了。这么做的原因也说得很清楚了——因为别无选择。

参与者回答调查问卷的时间为两个月。由于匿名作答,因此无法确认那些没有回答的人,作者将向所有潜在的应答者发送后续跟踪电子邮件(见附录C)。如果参与者喜欢填写纸版的调查问卷而不喜欢在线问卷,他们可以通过传真获得纸版问卷。另外,研究者也会拨打后续跟踪电话以提高回复率。

对这些机构的每一个"潜在应答者"都发一封后续跟踪电子邮件反映出在这样的一个研究中要保持匿名性是多么的不容易。为那些需要纸版的应答者提供纸版问卷表明作者对待参与者的态度是非常体贴尊重的。

数据分析

数据分析的主要目标可以通过描述性统计达到。通过和营养护理过程相关的人口统计学变量与其他变量可以计算出频率和患病率。采用费舍尔精确检验(Fisher Exact Test)对营养教育方式有效性的差异性进行估计。报告双尾检验的P值,双尾检验统计显著性的临界值设为 $P< 0.05$。采用科恩的卡帕系数(Cohen's Kappa Coefficient)对进行关键事件报告数据编码的两个分析员之间的评分者一致性进行计算。对Kappa值的解释,研究者使用兰迪斯和科赫(Landis & Koch,1977)的方法:卡帕(Kappa)值小于等于0.4,表明一致性相当低;Kappa值在0.4-0.6之间,表明一致性程度中等;Kappa值在0.6-0.8之间,表明一致性程度较好;Kappa值在0.8-1.0之间,表明一致性程度非常好。

将每一个开放性问题的答案进行编码,把编码的计数录入Excel数据库中(Microsoft Excel,2000)。使用Excel对数据进行统计,包括频次。使用调查系统软件(Version 8.0,Creative Research Systems,Petaluma,CA)对迫选题和李克特计分题目进行描述性统计分析。也可使用SPSS软件进行描述性统计和卡帕(Kappa)系数的计算。

评审委员会成员脑海中或许会浮现这样的问题：对于上面呈现的数据分析何种作答率才可接受？是否将作答率在计划书中进行说明，你可以个人决定或按照当地习惯确定。如果在计划书中没有呈现此类信息，对问题做一些准备应该是一种明智的做法，让评审委员会确信作答率和其他各种形式的主观漏答问题会在最终的博士论文中呈现并深入进行讨论。

在接下来的部分中，作者就如何系统地处理开放性问题的内容以及如何完成关键事件报告的分析程序进行了详细说明。请注意作者将信度和效度的信息也包含在内，清楚地表明她在处理这些数据时对问题的重要性有很好的理解。

开放性问题的处理程序

可以预测许多开放性问题都需要进行内容分析。研究证明，通过对特定词语和想法进行编码、计数的内容分析法完全适用于开放性问题。将计数数据进行统计转换，得出频率和发生率进而对营养问题、评估考虑因素和营养教育策略等进行分析。此外，还有两个问题需进行内容分析，也就是根据数据的背景，对数据的主要类型进行甄别、编码和分类的过程（Mayan, 2001）。这些问题是和患者改变过程中遇到的障碍以及护理师克服这些障碍的策略相关的。对提出克服障碍策略护理师的所处背景进行编码很有必要，因为背景编码能够促进障碍克服及其相关策略的概念分类过程。

关键事件访谈程序

根据安德森和威尔逊（Anderson & Wilson, 1997）提出的弗拉纳根方法（Flanagan's method）对关键事件的系列问题进行分析。他们编写了指南告诉研究者如何正确区分在什么地方对每一部分内容进行记录（环境、行为、结果）。该程序包括如何将记录的内容放置到合适的章节，同时还要注意保持应答者的原话。然后，有必要进一步确认该段叙述描述的确实是报告撰写者。信息提供不完整的事件以及个人的行为和结果间未包含因果关系的事件都将不会被采用。

下文的第一句，作者指出"专家"会参与下一步的数据分析。另外一段关于专家资格的描述将有助于读者的理解，特别是那些对如何界定专业知识心存疑虑的读者。

两位分析专家会根据营养护理过程中以提供者为导向的属性以及护理师与患者间的互动对事件进行审核和归类。每一位分析专家独立对关键事件进行分类,以达到比单个分析师更充分的效果。每项关键事件单独写在一张纸上以方便整理。每位分析师都有全部的关键事件报告材料。两位分析专家将完成研究者为专家设计的关键事件分析表,该表格之后用作关键事件报告分析的起点(附录D)。

关键事件分析表列有专栏供分析专家记录营养护理师的知识、技巧、能力、人格特征、护理师的建议以及预期的和实际达到的结果。编制该表格是为了方便分析师对每一个关键事件报告进行编码和归类。分析表根据ADA的营养护理过程模型和构成工作绩效的相关特征进行命名(Dunnette,1983;Lacey & Pritchett,2003)。

> 注意上面这段中作者是如何提醒读者这是基于前文提到的ADA模型的。在下面的段落中作者介绍了用到的表格。我们在附录中列出了跟原来的项目计划书中一样的表格。

该表格主要是对营养护理师进行特征化的工具。每一个关键事件报告完成后,可根据关键事件中护理师的行为特征将报告进行分类归纳。然后分析专家对行为进行概念抽象,对每一套相似的报告进行命名。

接下来的步骤是进一步分析两位分析师对护理师的特征描述,归纳出护理师具有的共性特征。分析师会依次说明自己的分类依据。然后他们会根据对关键事件报告的分析,通过协商抽取出护理师具有的共性特征。在此期间还穿插另外一个过程,内容分析专家会联系专业文献反复讨论他们的发现。之后,对护理师的特征进行详细描述并形成定义,这样即使是那些不具备儿科HIV营养领域专业知识的独立评审专家,也能根据定义对关键事件进行分类。

之后,一组独立的评审者会对护理师的特征进行验证(导出结构效度)。该程序也就是安德森和威尔逊(Anderson & Wilson,1997)所说的回译。在关键事件报告这部分的分析过程中,也会请独立的评审者根据此前分析专家导出的定义和描述对关键事件报告进行分类,或就这些事件的有效性水平在1到3程度上进行评分:1表示"无效";2表示"一定程度上有效";3表示"非常有效"。进一步分析这组独立评审者的评分数据,计算出有效性评分的平均数和标准差。此外,还会计算出独立评审者对每个事件进行相似归类的百分比。

> 在论文随后的部分,作者出色地运用关键事件报告,使用应答者自己的话描绘出各种营养教育方法的样例。在此处故意增加了这部分内容,既有助于吊起评委们的胃口,并且还可让他们意识到这些有价值的信息还会呈现在最终的论文中。
>
> 作者列出了所有引用的参考文献。我们在这里只是列出了最前面的几个来表明计划书的格式以及内容顺序。

参考文献

Amaya, R.A., Kozinetz, C.A., McMeans, A., Schwarzwald, H., & Kline, M.W. (2002). Lipodystrophy syndrome in human immunodeficiency virus-infected children. *Pediatric Infectious Disease Journal, 21*, 405 - 410.

American Academy of Pediatrics. (2003). *Pediatric nutrition handbook* (5th ed.). Washington, DC: American Academy of Pediatrics.

American Association of Diabetes Educators. (1998). *A core curriculum for diabetes educators* (1st ed.). Chicago: American Association for Diabetes Educators.

American Dietetic Association. (1998). *Medical nutrition therapy across the continuum of care* (2nd ed.). Chicago: American Dietetic Association.

附录

附录D: 关键事件分析表

一致性百分比/%	
实际结果	
预期结果	直接营养结果 （行为改变知识获得、食物或营养素摄入量变化、改善营养状态）
	临床和健康状况结果 （凝乳糖值、生长参数、血压、风险因素剖面图变化、征兆及症状、临床状况、感染、并发症）
	以患者为中心的结果 （生命质量、满意度、自我效能感、自我管理、器官功能）
	应用健康护理及其成本 （药物治疗变化、特殊程序、计划/非计划临床视察、可预防的住院治疗、住院治疗的时间长短、收容所护理）
与关键事件的联系：是/否	
提供的意见（从最后问的两个问题中得到）	
个人特征（种族、价值观、"病床边"行为举止——倾听、同理心、积极支持、理性思考、创造性思维）	
能力（批判性思考、做决定、合作、沟通、问题解决）	
技能（试管喂养管理方面的胜任力等）	
知识（医学营养治疗、HIV疾病、儿科等）	

作者在整篇研究计划书中包含了所有的附录，它们是：

A. 调查工具

B. 邀请函

C. 后续追踪信

D. 关键事件分析表

我们只把关键事件分析表列在这里，告诉读者在数据收集之前，需完成计划的内容广度以及复杂程度。

计划书4：博士学位论文开题报告

监狱内高等教育对服刑学生社会资本和自我概念的影响①

提醒读者

该计划书是一份典型的课题经费申请书，旨在获得大学或学院内部的博士论文资助。计划书是按照博士候选人所在机构的研究培训经费（Research Training Grant，RTG）计划书规范（Request for Proposals，RFP）起草而成的。研究培训经费主要是为学生的科研提供经费，也可作为其他科研经费的补充。申请研究培训经费在起草资助计划书时，包括如下内容：

封面（1页）
- 学生姓名
- 社会安全号码
- 项目和学位（如音乐教育、教育学博士）
- 暂定的论文题目
- 论文资助者的名字
- 通信地址
- 电子邮箱
- 电话号码

研究回顾（不超过5页）
- 研究背景和意义
- 研究问题和/或假设
- 研究方法总结

---

①作者注：本计划书经作者同意后使用，作者杰德· B.图切尔（Jed B.Tucker）在2005年依据哥伦比亚大学教育学院计划书要求撰写完成。目前该文作者已经从这家研究机构获得了应用人类学博士学位。

専业目标演示(不超过1页)
・这部分应该包括一个关于研究者毕业后计划做什么的简单演示,还应该简单描述一下现在的研究和未来的研究计划的联系。
预算(不超过1页)
・列出与研究相关的开销以及总共申请的金额
・上述开销的依据

另外,计划书还必须经过论文委员会和机构审查委员会的审批。

由于评审委员会经常会收到大量此类计划书,因此对内部申请者来说,申请文件的页数通常会有所限定。在选拔过程中,那些对申请要求反馈迅速并在规定页数内传达了所需信息的研究生,往往会具有明显的优势,大大增加获得青睐的机会。作者计划书的封面在此略去。

目　录

研究背景和意义

美国人口占世界总人口的5%,而美国210万入狱者则占了世界上囚犯的25%
(Shiraldi, 2003)。从历史的观点看,这也是在全世界所有国家内拥有囚犯最多的而
且也是占人口比重最高的(Elsner,2005)。新的判决导致入狱人数不断增长,而且重
犯(如释放后又入狱者)也已经成为入狱人数持续增长的力量。全国68%的入狱者
在释放三年后又会重新被捕;52%的囚犯会再度入狱(Bureau of Justice Statistics,
2002)。这些数字和那些确凿地反映入狱禁闭消极作用的证据(Rhodes,2004)一起
对刑事司法系统用监狱来"改造"犯人的有效性进行了质疑。

越来越多的人开始关注"起作用的改造实践"证据,这显示出了一些变化的希望
(Shrum, 2004)。监狱内为降低累犯率而启动的高等教育项目无与伦比的成功尤其
显示出对囚犯循环现象的一种有效干预(Anderson et.al., 1988;Blackburn, 1981;
CESA,1990;Chappell,2004;Clark,1991;Fine et.al.,2001;Harer,1994,1995;Johnson,
2001;Lawyer et.al.,1993;Lockwood,1998;O'Neill,1990;Shumacker et.al.,1990;Steu-
rer et.al.,2001;Tracy et.al.,1994)。

> 因为本研究比较敏感,因此下面所描述(以及贯穿整个计划书中)的机构和
> 地点均为化名。

直到1994年,全国的监狱中只有350多个学院项目。也就是在这一年,国会通
过了联邦政府控制暴力犯罪和法律强制执行法案。除了其他限制之外,该法案还取
消了监狱犯人申请佩尔补助金(Pell Grants)的资格,从那以后监狱里的学院就被终
止了。不过,也有私人主动从2001年开始开办当地学院,在两所国家男子监狱恢复
了高等教育:大改造监狱(Large Correctional Facility,LCF)和其他改造监狱(Other
Correctional Facility,OCF)。(当地学院将于2005年秋季首次在一个女子监狱开设它
的第三个学院项目。)

在监狱内开设高等教育的影响要优于禁闭这一研究结果是令人振奋的,然而由
于很少有人直接研究这些高等教育项目是如何产生预期结果的,因此这个结果的说
服力并不够强。本研究将通过对我已执教2年的最安全的LCF监狱的学院项目进
行人种学的研究来弥补这一缺憾。因为LCF监狱的每一个现存的当地学院项目都
有最大的学生群体($n=75$),因此在这个地方对监狱高等教育项目的深远影响进行研
究是最理想的。

下一部分将对直接支持该研究的具有重要意义的背景继续进行说明。

研究问题

在有关监狱高等教育项目影响的主要研究文献中，一个潜在的假设是：从刑事学、犯罪心理学以及犯罪社会学来看，累犯（recidivism）是一个囚犯复原与否的良好测量指标。

几乎在所有的研究文献（上面提到的一篇研究例外）中，高等教育项目（和其他形式的干预项目一样）的复原潜力是通过累犯率来测量的。如果一个以前的犯人在项目结束后的一定时间内（通常是三年）没有再入狱，他/她就被认为是从本质上改变了，那么这个项目就是成功的。对复原这种理解的潜在假设是只有有问题的个体（那些反社会的、精神病患者、职业罪犯、低自尊的以及许多诸如此类标签的个体）才会进监狱。这就是那些"成功的"复原项目可以被假定为"改造"了这些入狱者的"缺陷"的原因。

和传统的再犯以及复原率的模型不同，2001年监狱学家赛德·马鲁纳（Shadd Maruna，2001）对将囚犯描述为有缺陷者的这一基本教育说法提出了质疑。通过对惯犯犯罪行为"坚持者"和非惯犯犯罪行为"终止者"（那些停止了所有违法活动的罪犯）的对比研究，研究结果极大冲击了传统上人们关于罪犯、惩罚以及感化的最基本假设。他认为那些犯罪行为"终止者"既没有变得正直，也没有变得罪恶。这两种标签都只是对状态进行描述，因此都需要继续进行干预。这种对犯罪行为的理解方式也成为对囚犯复原主导图式进行质疑的理由之一。

现在北美洲的两项关于再犯的事实进一步打破了我之前提到的那种主导型的解释：（1）最近30年内再犯的爆发已经变成由立法和管理方面的变化而非人类行为的变化引起的（Currie，1998，ch.1；Gilmore，1998/9；Mauer，1999，ch.8；）；（2）全国52%的前犯人（40%州范围内）在释放三年后又重新入狱，一半（70%州范围内）是因为"从技术上违犯了假释条例"而非出现了新的犯罪行为（BJS，Recidivism 2002；DOCS，1999 Releases）。这就意味着累犯率作为复原项目的指标常常揭示不了囚犯个体的心理或者活动。

我在这里展示证据质疑主导高等教育和再犯之间关系的解释图式，但目的并不是有意认为这样一种关系事实上并不存在。将监狱内高等教育对重犯的影响作用加以约束，用重新入狱这个术语来测量，看起来似乎把其他潜在的关键结果模糊化了。本研究将会探索另一个可能的假设：学院参与用在社会群体或者小组（并不是一个单独个体）中内在的资源——"社会资本"——使得囚犯的社会网络变得丰富起来，这可以帮助该群体中个体成员"把事情办妥"。社会资本的例子有以下这些，如工具性的知识（哪里可以获得执照，在紧急情况下可以打电话给谁等）、文化知识（在法庭上用什么语调、穿什么合适等），以及情感或其他免费支持（免费保姆、咨询服务以及一般援助）。

由高水平的社会资本网络组成的强大的社会联结是前犯人在释放后不再入狱的一个行之有效的关键因素（Wolff et al., 2003）。本研究的目标也是解释学术课程的内容和整个学习过程是怎么鼓励那些囚犯学生重新审视他们过去的经验和理解自身的。

> 在这里作者呈现了计划书的研究目的。尽管有长度的限制，但作者对现有文献合理推敲编辑，交代了研究潜在的重要意义。

总的来说，本研究将会通过下列步骤来探索监狱高等教育的一个意外结果：（1）描述囚犯学生的社会网络变化（所有的个体和谁在一起时，研究参与者会拥有有意义的社会联结）以及那些社会网络的质量；（2）对历时超过一年的囚犯学生对自己生命体验重新阐释的个人叙述进行分析。如果这两个领域中确定有明显的变化，那么我们就会对学院参与和累犯率降低之间的关系有更进一步的实证的解释。

理论框架：为什么选叙述和社会网络？

> 在此，计划书就同类研究中普遍采用的理论框架着墨较多，目的在于为后续选择研究方法提供合理的依据。

叙述

本研究将会分析囚犯学生的个人叙述（personal narratives）或者生命故事（life stories）（见 Bruner, 2002；Greimas, 1990；Josselson et.al., 1993；McAdams, 1985；Ochs et.al, 2001；Ricouer, 1984 为叙述进行的一次全面的理论探讨）。在表面上，个人叙述或者生命故事被认为是关于个体社会环境和生命经历的信息仓库；在深层上，生命故事即使不能帮助建构也能揭示出叙述者的观点（参见 Rosenthal, 1993 对两种"层次"叙述的探讨）。

正如瑞库尔（Ricouer, 1984）所说，生命故事是基于对经历假想的理解，这种理解在重新叙述过程中会随着一种强加的特定的结构而发生变化。这个过程被描述为"给经历塑型"(Ochs et a1.,1996:20),或者"建构、重构,用某些方式使昨天和明天改头换面"(Bruner,2001: 93)。叙述通过为生命的偶然事件提供一个平滑年表的方法来使我们的经历变得可以理解(Goffman,1974;Labov,1972;Polanyi,1989;Ricouer,1984)。

关于"'新的'叙述结构是从哪里来的这个问题"没有硬性规定。然而重要的是,它们是可以通过新的经历获得或者学习得到。这意味着当一个"文本"对另一个文本的理解产生影响的原因不能确定时,一个人的个人叙述会因为对个体生活中新活动(或旧活动)的新的理解而变化。因为本研究关注学院项目是怎样影响囚犯学生生活的,我将会集中研究研究参与者对他们生命的重新阐释是怎样被课程材料的内容以及成为新的社会网络中的成员这两个因素影响的。

除了上述对个人观点的影响之外,学院参与会建立起新的人际关系环境,正式的学校教育会用社会资本来鼓舞整个社会群体(Bourdieu,1984)。社会资本反过来也是前犯人在释放后不再入狱的一个关键因素(Wolff,2003)。通过增加整个学生研究参与者的社会资本,个体成员将从整个群体的增加资源中得到更多的收益(Coleman,1990)。这个过程将会在下一部分进行探讨。

社会网络

除了能对叙述者的观点进行洞察之外,个人叙述也会提供关于个体整个生命历程中社会网络的信息(所有的个体和谁在一起时,研究参与者会拥有有意义的社会联结)。在囚禁过程中,所有学生的社会网络都有明显的断裂。本研究将尝试通过学院项目的参与来解决最近的断裂问题。

本文在社会网络方面感兴趣的两个问题是:(1)强大的支持性的人际关系是如何保持下去的?(2)这种人际关系的价值是什么?经典的(Mauss,1950[1924])以及稍微更现代的(Stack,1974)的人类学研究表明,社会联结是通过非正式的商品或服务交换形成的。非正式的交换是指一个并不需要立即付酬的给予/接受的交易。这种交换的延迟互惠性使长期的社会契约成为必要,这也正是强大的社会联结的特征。为了在当地的学院项目中取得成功,就需要这些学生囚犯在一起工作。他们必须学会与他人合作以及互相依靠。学生之间提供给别人的这种支持和互助性可以认为是建立强大社会联结的"非正式交换"的例子之一。

学生网络的社会资本(social capital)的程度将会通过它的社会联结的"强度"和"多样性"来测量,并作为特定社会网络中"参与者通过成员优点保证收益的能力"(Portes,1998:6;也可参见 Coleman,1990;Kadushin,2004;Lin,2001,Putnam,2000)。社会联结的强度是"时间总量、情感强度、亲密感(互信)以及能够标志该联结的互惠服务的混合"（Granovetter，1973；也可参见 Burt，1992）。一个社会网络的多样性通常是指研究参与者所认识个体的社会等级（职业地位、经济地位、权力地位）的"范围"（Erickson，2001；Kadushin，2004）。本研究中数据收集的焦点就是上面提到的两类中的内容。

基于各州的地区入狱分布分析（参见 Clear et.al.，2003；Fagan，2004），结合在那些非常特殊地区的人种学相关研究（Bourgois，1995；Sharff，1998；LeBlanc，2004），现有的囚犯的社会网络很可能是缺乏社会资本的（这里所定义的）。比如说，伯尔古斯（Bourgois）指出他目前的研究参与者群体的征求就需要驾驭"法律社会的法律法规"（Bourgois，1995: 28）。伯尔古斯描述的社会资本的一些缺陷（参见 ch.'s 1 and 4）是那些正式教育可以克服的（Bourdieu，1984）。囚犯学生社会网络外部低社会资本的局限性将会通过个人演示以及后续的访谈加以检验。

研究设计概述

本研究在大改造监狱（LCF）进行，这个在艾瑞万（Erehwon）地区最安全的监狱收容了1200名男子，其中75%来自附近的大城市地区。参与当地学院项目的75名男子是本研究的研究参与者。

本研究的设计由三部分组成：

1.个人叙述：对人口统计学变量以及个人观点数据的分析。

15名在下一个学期被新接收的囚犯学生在他们上第一个学期之前将会写一份个人叙述。对个人叙述的内容并没有作特殊的说明或限制，那么研究参与者的选择将会显示个人相关性（Rosenthal，1993）。在完成学院项目的第一学期以及在第一年结束后，这些研究参与者都需要再写一份个人叙述。一共有50个囚犯老生（第二年或者第三年的学生）也会写个人叙述。

这些叙述将会根据"主题、语调、风格、动机和特性"（参见 Maruna，2004:50）来进行单独编码。叙述的主体部分将会在个人观点历时性和同时性的变化上进行比较。

在研究参与者写完个人叙述后，我将会对他们进行访谈来补充那些他们忽略、忘记或者他们自己认为不相关的主题。把这些补充信息和叙述数据进行比较，就可以对主题相关性进行比较分析。

2.社会网络：一个关于囚犯的社会网络是如何被参与教育项目塑造的描述性说明。

刚开始的时候我会和6~8个囚犯学生组成的核心团体进行座谈，从中抽取出囚犯人口统计学"矩阵"的一些相关特征。这些讨论出来的变量将会形成一个初步访谈安排表(参见附件1的访谈问题样本)。这个部分将会使用结构化面试的方法(如果合适的话将采用一对一的方式)来关注入狱前非正式的社会经验,也会对那些愿意接受访谈的囚犯家人进行访谈,关注的焦点是学院项目对家庭关系的影响。

访谈和其他的方法,如问卷会一起提供关于囚犯在入狱前社会网络的强度和多样性方面的信息。接下来的小节将会关注监狱中的网络信息。

地理上的"囚禁集中"(Fagan,2004)意味着新来的囚犯毫无疑问会在监狱里面认识一些熟人。因此,监狱内部的网络信息会部分被监狱外部的习俗所影响。虽然如此,监狱内部的社会联结是受特定的环境约束的(Goffman,1961),如单人房间位置、工作分配以及项目活动。这一部分的目的是分离出高等教育项目对社会群体形成的影响。通过询问研究参与者他们新的社会化经验,尤其是和他们作为学生的角色相联系的互惠责任,这样就可能测定出学院项目是怎么塑造他们的社会网络的。

3.释放后的追踪研究:学院参与的长期影响测评。

尽管数量很少,但是考虑到学院参与的长期影响,我相信这些将在学习期间被释放的学生囚犯的经历是有用的。传统上,探讨前犯人的释放后经验的尝试会被追踪的困难所阻碍。多亏了近期实施的为了帮助前犯人在释放后从事他们的学术职业而设计的当地学院项目,使这个问题可以顺利解决。他们和当地学院的继续联系为本研究的追踪提供了一个难得的机会。

> 如果该计划书能够成功通过评审,评审委员会很可能是预测研究者(和他的导师)将专心开发一种标准的数据分析规程。另外也有可能,研究者经过充分考虑将提供一份高度概括的关于分析方法方面的介绍。
>
> 接下来,研究者重点阐述了研究结果可能的用途。在计划书的末尾,研究者再次强调该研究很可能会为开篇提出的所有重要问题提供答案。

结论

从囚犯学生的生命故事中可以学到什么呢？结论可以从马鲁纳(Maruna,2001)关于犯罪终止者(那些已经停止所有违法活动的长期犯罪者)的陈述分析中得出。不像那些犯罪坚持者,那些犯罪终止者把他们过去的犯罪活动想象成偏离了他们的真实样子,而不是表达为不能变更的身份。犯罪终止者经常通过把自己过去的行动作为"新事物召唤"的跳板来迈开新的步伐——自己"回馈社会"的兴趣(Maruna,2001:9,88)。通过认可他们的行动并把这些行动融合到"成功叙述"中去,犯罪终止者形成了对违法活动的长期的抵制。马鲁纳的研究发现这些具有独一无二品质的长期犯罪者都已经过上了新的生活。本研究可能会提供正式教育在这个转变发生中扮演何种角色的证据。

> 正如你所见，下面作者将访谈问题样例以附件形式呈现。这是一种不占用计划书主体空间，进一步补充研究方法信息的有效方式。如果你想采用这种方法撰写项目计划书，一定要首先确定所提供的附件或者附录是不是在允许范围之内。在本例中，使用附件是一种可以接受的策略，但是在其他例子中，可能并不允许，或者附件过多，可能会在评审过程中受到惩罚。

附件1 研究参与者访谈问题样例

1. 你有没有兄弟姐妹？如果有，你在成长过程中和他们的关系好吗？

2. 你小时候和谁在一起的时间最长？

3. 你小时候有多少个"好"朋友？青少年时候呢？成年时候呢？……

4. 你和你的朋友经常在一起做什么活动呢？

5. 你在长时间内有同样的朋友圈/熟人群吗？如果没有，是什么造成了这种变化呢？

6. 和你童年的朋友相比，你会怎么描述自己呢？

7. 在你成长过程中，当你不在学校的时候你在哪里度过的时间最长？

8. 你和父母/监护人在一起最喜欢做的事情是什么呢？和朋友或者其他的亲戚呢？

9. 对你而言，学校是什么样子呢？

10. 你参加过一些有组织的活动吗？如社区运动队、音乐课、夏令营、宗教活动等。

11. 你童年记忆最深刻的事情有哪些？

12. 作为成年人，你大多数朋友谋生的手段是什么？

13. 你认为是"好"朋友的大多数人住在你的附近呢，还是离你很远？

14. 在你入狱之前，你最典型的一天是什么样子的呢？

15. 你大多数时间是自己一个人度过还是有特定的人陪伴你呢？

16. 你入狱以来是否和你的一些老朋友保持联系呢？

17. 当你首次入狱的时候，监狱里有你认识的人吗？

18. 监狱里尝试建立一个社会团体你感觉怎么样呢？

19.在入狱期间,你有没有一些同一群体的朋友或者熟人呢?

20.自从入狱以来,你新认识一些人了吗? 包括一些重要的人。如果答案是肯定的话,是谁介绍你们认识的?

21.自从你参加学院项目或者其他"项目"之后,你新认识的人里面有没有一些你现在认为是朋友的人呢? 如果有,你们在一起学习吗? 在课外作业上互相帮助吗?

我的专业目标

> 对这一点,作者用一页纸对自己的专业目标做了概述。鉴于其属个人隐私,这里我们删除了该内容。然而我们也应该注意,在该部分中,研究者简要描述了毕业论文为何会对该研究主题感兴趣,以及他将如何以本研究作为未来研究的基础,进一步深入探讨合逻辑的后续研究,并以此作为计划书要求的直接回应。

预算和说明

> 这部分作者按照计划书申请规定,在允许申请的最大金额($3000)内列出了预算。注意在叙述中作者直接列出了计划书要求的优先资助项目,并且让评审委员可以很快了解如果可以得到该资助,将会为本研究提供其他经费补充。另外,正如我们在第9章建议的,作者在有限的空间内提供了预算中各项花费的依据。

预算和说明

1年研究的花费条目	花费
研究材料	
手提电脑	$1400
数码记录设备*	$140
转录服务和/或软件	$500
可移动存储设备(硬盘、压缩盘、DVD)	$300
电池、打印纸、记事本	$200
影印	$300
Misc.办公软件	$200
总计	$3040

*表示该项已经购买。

　　这个项目只有我一个研究者。因此，所有的花费都出自数据收集阶段我自己的研究花费。正如上文提到的，关于斯宾塞研究培训专款（Spencer RTG）的一些约束条件，申请的资助将不会直接用于生活开支（如薪金）。本计划书已经得到其他两个基金会的资助，他们会提供关于生活开支方面的资助。

　　因为本研究主要的研究技术是访谈和文本分析，研究材料的花费仅限于记录装置、存储媒介和手提电脑。电脑将会用于研究场所的问卷管理、存储数码记录的访谈材料，以及我个人写的东西。我的研究场所虽然有一些电脑，但是他们不能用于本研究，因为任何可转移的记录媒介都不能从研究场所中移走。

　　影印的高花费是由监狱管理所要求的许多频繁的进展报告造成的。

　　本计划书引用的参考文献并未列出，在原稿中，参考文献有2页半之多。然而，计划书要求中明确提到参考文献不算页数。因此，作者可以把所有的文献都列在这里，而不必考虑缩减计划书主体内容的长度。

　　我们应该注意到，计划书要求中提到应提供论文导师的支持信。如果你遇到此类要求，应尽快与导师沟通以便他或者她能够有足够时间起草，充分肯定你研究主题的重要性和研究方法的充分性，这是非常重要的。另外，如果你能给导师提供一份计划书的初稿，然后得到他们关于计划书内容以及写作风格方面的反馈，你也可获得计划书的修改机会。

推荐阅读的书

在撰写研究计划书时,可以从很多出版物中找到有用信息。有些教科书的主题并非计划书写作,但仍能从中发现有价值的指导。在这些参考资料中,有些是针对研究实施的,有些的确有几部分或几章节讨论计划书,但因为教材的核心内容是介绍研究设计和方法的技术规范,所以在涉及计划书的部分通常较简短、不够深入。这类标准的参考资料在高校的图书馆里都能找到,如2007年高尔、高尔和鲍格合著的教材(Gall,Gall & Borg,2007),不再赘述。如有需要,院校、指导教师和科研教授都可以为研究新手提供指导,找到适用于特定计划书常用的研究方法教材。

另一类出版物与前者不同,其宗旨就是帮助研究者获得资助以支持研究或(更普遍的是)开发项目。这类书多将重心放在寻找资助来源、协调计划项目与机构议程、介绍计划书评审程序等方面。以下提要包含了一些这样的指导书,但由于此类书籍的主要内容往往不是撰写计划书,读者最好在买书前去图书馆或书店查阅一下内容。

另有一小部分出版物包括专业学术组织制订的文献,作为研究伦理方面的准则、格式与资料准备的指南,或者作为着手进行研究的一般建议。每位研究者都应该从以上出版物中选择适合的参考材料常备左右,新手会发现其中的标准参考资料因为阅读频繁很快就被翻旧了,诸如《美国心理学会写作规范手册》(*Publication Manual of the American Psychological Association*,American Psychological Association,2010b)。本书没有包含此类各个学科专门文献的提要,但简要地介绍了一些较常见的样例。

最后,现在有越来越多的教材明确针对计划书的撰写工作而写——无论是学术研究或是课题经费申请书,本书也属此类。其中一些书以特定领域研究为主(如教育、医学或社会福利事业),其他则面向更广大的读者群。此类书大多针对实证—量化研究,但也有一些面向采用其他范式的研究者,如马歇尔(Marshall)与罗斯曼(Rossman)合著的《设计质性研究》(*Designing Qualitative Research*,2010)或马克斯威尔（Maxwell）的《互动取向的质性研究设计》(*Qualitative Research Design an Interactive Approach*, 2013)。其中一些关注研究生阶段研究中特有的政治、社会条件，另一些则更着重于制定设计和方法的逻辑性（或撰写正式材料的技巧）。本书尽可能广泛地吸纳了当今市面上的计划书教材。对很多新手来说，最好是多找几本有用的教材结合起来参考——别忘了和本书一并使用。

美国心理学会. (2010). 美国心理学会写作规范手册(第6版)[中译本名为《APA格式：国际社会科学学术写作规范手册》]

(American Psychological Association. (2010). *Publication manual of the American Psychological Association* (6th ed.). Washington, DC: Author.)

该平装本手册包含通常被称为"APA"格式的一整套规则，还有相当一部分篇幅涉及学术写作过程的其他方面，对于社会科学和行为科学的学生、教授而言，可以作为标准参考资料，因为APA是这些领域出版物公认的论文编辑标准格式。主要内容涵盖：(1)行为和社会科学写作，(2)文稿的结构与内容，(3)写作清晰和简洁（文风、语法、减少偏见），(4)APA排版格式，(5)如何展示研究结果，(6)文献引用，(7)参考文献样例（超过30页内容，几乎涵盖了所有参考文献格式），(8)发表过程（论文提交、评审、作者的责任）。在文风和语法部分则浓缩了编辑发现的写作新手和一些资深专家都经常犯的写作错误。还会为计划书作者提供颇具价值的指南，以减少或避免用语中出现（性别、种族、残疾、性取向）偏见。处理互联网和其他电子媒体资料的部分反映了出版当时的标准，鉴于该领域发展日新月异，计划书作者应该搜索最新指南。现在许多大学和期刊都接受或者要求使用APA格式和引用范式。如果想在今后一直使用APA，那么撰写计划书是掌握该格式细节的绝佳机会。

贝克尔·H.S.(2007).社会科学学者写作指南：论文、专著、文章全程指导(第2版).

(Becker, H.S. (2007). *Writing for social scientists: How to start and finish your thesis, book, or article* (2nd ed.). Chicago: University of Chicago Press.)

该书不是文体格式手册。书中收录9篇有关研究论文写作问题的文笔优美、内容简明的文章[另有第10章关于直面写作过程中的心理冒险，由社会学家帕米拉·理查兹（Pamela Richards）所著]。贝克尔关注一个文件诞生过程中所需的日常工作——该文件可能是计划书、学位论文或是期刊报告。而所需工作包括习惯容忍拖延、撰写一系列草稿、编辑自己的文章、求援、使用（或不使用）文字处理机，以及如何在不违反学术规范的同时写出清楚明白又颇具吸引力的文章。

撰写有关写作技巧的书需要作者相当有自信,如果还得给文章写作能力较差者提供有用的指导,那更需要自信。该书作者成功地做到了这点,文笔优美、给予读者温和的鼓励,令人想起另一本薄薄的册子——斯特朗克(Strunk)和怀特(White)合著的《风格之要素》(*The Elements of Style*, 2000)。贝克以其令人钦佩的写作风格为众人所知,该书的成功之处还在于作者准确地知道大多数人写不好文章的原因。如果认为自己的行文或工作习惯不足以完成一篇长文,那么参考该书就再适合不过了。

科勒,S.M.,赛恩伯格,C.A.(2013).计划书写作(第2版).
(Coley, S.M., & Scheinberg, C.A.(2013).*Proposal writing* (2nd ed.).Thousand Oaks, CA:Sage.)

该书篇幅不长、生动活泼,特别针对课题经费申请书的撰写工作(即向机构和基金会申请资助研究活动)。其目的在于协助学生和初次撰写课题经费申请书的研究者。在阅读本书第9章和第10章时,如果再参阅该书会收到非常理想的效果。该书篇章结构简洁明了,涵盖计划书发展的全过程,从概念形成一直到计划书提交后的后续工作,非常实用。作者还涉及了一些更为复杂老到的主题,比如多个资助来源的管理、获取增补资助的策略、计划书撰写过程中的术语使用,以及提高以后获得科研经费资助可能性的活动。

每个步骤都有清楚具体的指南和示例,还有一个尤其有用的附录,包含一份课题经费申请书的样例以及一份完整的评估报告,就如同机构评审专家提供的那样。该书关注公共事业活动这个大范围内的计划书撰写,没有针对寻找获得研究资助的具体问题。因此,读者可能需要"灵活变通",在计划申请的过程中多多调查询问,把作者的建议与实际情况结合起来参考。尽管该书有以上不足,但如果计划书旨在募集研究资金,而且想从机构或基金会获得资金,那么在参考书目中添上这本指南会大有裨益。

科学、工程和公共政策委员会,国家科学院,国家工程学院与国家医学院.(2009).论作为一名科学家:研究中的责任行为(第3版).
(Committee on Science, Engineering, and Public Policy, National Academy of Science, National Academy of Engineering, and Institute of Medicine.(2009).*On being a scientist: Responsible conduct in research* (3rd ed.).Washington, DC: National Academy Press.)

这本82页的小册子是国家科学院、国家工程学院与国家医学院共有的科学、工程和公共政策委员会的项目,概述了研究过程中应遵循的科研伦理准则。该书反映了资助组织所持的态度，是刚开始研究生涯的研究者的必读书目，对经验丰富的研究者来说也是持续指路的明灯。书中涵盖丰富而多样的主题，包括科学的社会基础、利益冲突、科学中的人为错误、疏漏和不轨行为、荣誉分配和署名惯例，以及对违背伦理规范行为的处理等方面内容，该手册写作流畅、内容通俗易读，值得投入时间参考学习。全书PDF版本可以免费从美国国家科学院出版社网站下载，非常值得阅读。

克雷斯威尔，J.W.(2013).质性探究与研究设计：五种取向的选择(第3版).
(Creswell, J. W. (2013). *Qualitative inquiry and research design: Choosing among five traditions* (3rd ed.).Thousand Oaks, CA: Sage.)

该书长达448页，内容翔实，显示了作者著书的雄心壮志。作者详细地阐述了特定"类型"质性调查(也称为质性研究方法)的选择是如何影响研究设计，进而影响计划书形成的。这不是个纯理论问题，因为和采取其他研究范式的人一样，计划做质性研究的人都必须先想一个问题，即"选哪一种类型的质性研究?"新手至少在理论上就有相当多的可选类型，选择之多让人无所适从。克雷斯韦选取了五种类型(传记、现象学、扎根理论、民族志、个案研究)，并进一步解释了选取任何一种质性研究范式会对研究设计的每个组成部分(研究问题定义、数据收集、分析和报告准备)产生的影响。附录中收入了已发表的五种类型的研究报告，以及每种研究独特的术语词汇表。

该书与本教材联系最密切的部分(第3章"质性研究设计")只概述了计划申请的过程。然而，如果研究者还不确定哪种质性研究最适合自己的课题、能力、资源和人力配置，那么该书应该有助于做出明智的决定。该书有力地表明那个决定会大大加强计划书中的细节。

克雷斯威尔，J.W.，普拉诺-查克，V.L.(2011).混合方法研究：设计与实施.
(Creswell, J.W., & Plano-Clark, V.L.(2011).*Designing and conducting mixed methods research* (2nd ed.).Thousand Oaks, CA: Sage.)

很多读者的研究计划可能会同时包含质性和量化的传统研究范式，或者混合了自己的研究范式模型。本书第六章就新手采用混合研究方法提供了建议以及作者的保留意见。但是无论处于研究的哪个阶段，如果考虑采用混合研究范式，该书都应该列为必读书单的首位。该书风格简明凝练、入门概念定义简明易懂、设计分析阐释的样例均经过精心挑选。如果与另外一本托马斯(Thomas)著的入门级教材(详见下文)一同阅读，读者一定会掌握充分的背景知识，足以判定混合方法的设计是否适合自己的计划研究。

克雷斯威尔和普拉诺-查克在书的第1、3章,告诉读者如何使用混合设计研究方法,需要考虑哪些因素以决定选不选择它作为研究设计,它到底能不能满足自己的研究目的,很多计划书作者因为这些疑问驻足不前。克雷斯威尔和普拉诺-查克正是由此出发,关注以上这些非常实际的抉择过程,急读者之所急。

接着作者着手解决混合方法研究设计与实施过程中的实际问题:在计划书中描述方案、收集分析数据、撰写报告。最后,作者解答了各不同范式中关于混合方法最常出现的疑问(推荐多数读者读完前言和开篇导言之后直接阅读第9章)。同约翰·克雷斯威尔所著,SAGE出版公司出版的其他教科书一样,克雷斯威尔的建议总是带有独特的实用风格。在自己能力范围内进行混合方法研究项目,同时保证质量,这是贯穿全书的主旨,也是所有研究生应该时刻谨记的原则。

芬克,A.(2010).如何做好文献综述(第3版).

(Fink,A.(2010).*Conducting research literature reviews: From paper to the Internet* (3rd ed.).Thousand Oaks,CA: Sage.)

该书专为想要评价特定研究领域已有成果,或想做文献综述的读者设计。当然,评价特定研究领域已有成果才与撰写计划书的准备工作有关系。而后一类文献综述的模式对大多数计划书都不适用,这点在本书第4章已经说明。该平装本教材介绍了电子搜索程序和筛选搜索结果的技巧,与时俱进,可用于任何领域的调查。再版中的示例和练习非常有助于健康、医药和社会服务领域的计划书撰写。

该书内容全面,尽管有些部分对大多数处于计划书撰写阶段的读者还用不上,尤其是有关收集到的报告其方法论适当性的部分,但该书仍是搜寻、消化互联网上相关文献的绝佳参考资料,对撰写计划书必需的成果综述也大有裨益。

福林,L.R.,&高德史密斯,R.E.(2013).社会科学领域学术研究伦理案例集.

Flynn,L.R.,& Goldsmith,R.E.(2013).*Case studies for ethics in academic research in the social sciences.*Thousand Oaks,CA: Sage.

这本(82页的)平装书主要探讨了当代学术伦理案例。它只关注了社会科学研究[其他领域的学术伦理问题请参见本文后面潘斯勒(Penslar)的著作]。书中收录了13个案例,探讨了学术不端行为、对人类被试的保护、利益冲突、数据管理实践、导师和受训人员的责任、合作研究、版权和发表以及同行评审。每个主题都采用对话形式进行写作,辅以简介并配有案例。在案例研究章节,书中还设有学习目标和讨论问题,既可以单独使用,也可用于课堂教学。我们认为书中的案例在其他情况下也同样适用,例如导师和学生在校外参加某些学术研讨或报告时发起的讨论。

加尔万,J.L.(2013).撰写文献综述(第5版).

(Galvan, J.L.(2013).*Writing literature reviews* (5th ed.).Glendale, CA: Pyrczak Publishing.)

尽管加尔万准备该畅销书第5版时,一定是考虑了面向多个目标读者群(包括计划撰写学位论文的研究生、课题经费申请书的撰写人和撰写学期论文作业的学生),但很明显这本书主要还是为毫无头绪的初学者而作。如果做过综述,想进一步提高自己的能力,那还是参考其他资源吧。上文提到的芬克的书(2010)可能更为适合。 此处介绍的是本简明易懂的渐进指南,任何学生都能读懂。

指南包括选题、收集研究、分析报告、综合成果、撰写综述初稿,以及编辑最终的文献综述。该书含有大量举例练习,并提供四个优秀的文献综述样例,示范如何从简洁的综述自然引入计划研究的新问题。该平装本引人入胜,完全实现了作者的预期目标,向初学者揭开了撰写稳妥适用的综述之谜,并能有效地协助读者写出合格的文献综述。

格登,E.R.(2011).科研论文评述:全程解密 (第3版)

(Girden, E.R.(2011).*Evaluating research articles: From start to finish* (3rd ed.). Thousand Oaks, CA: Sage.)

该书特别针对完成统计学入门/中级课程并熟悉研究设计方案的研究生。该书不能取代其他领域的教材,但对于很多正在准备撰写计划书的研究者,该书完美地结合了学院教材中的抽象理论和制作优秀设计、筛选研究文献的实际情况,能为成功撰写计划书奠定基础。

该书的目的是训练严谨的研究成果使用者和刚起步的研究者如何批判地阅读研究报告。11个不同的研究设计都各含有两个文献选段作为例子详细说明。第一个例子由作者详细评论,第二个则作为批判评估的练习留给读者(每个评论问题的答案附在书末)。 全书的重点在于哪些具体因素有助于构建优秀设计,乃至得出可靠结论。

书中的研究设计包括量化和质性研究范式:个案研究,叙事分析,调查,准实验研究,相关研究,多种实验研究方法,以及包含回归分析、因子分析和判别分析在内的量化研究设计方法。作者介绍每一种设计时都列出"注意事项",向批判读者指出最可能带来麻烦的方面。围绕这些方面,她作出了自己的分析,详细解释了自己的评价。

笔者此处的建议很简单:如果想使用书中介绍的设计,而且准备好进行入门程度以上的教程练习,那么该书助益良多,可以使你的相关文献分析及最终的计划设计实现从合格到出色的飞跃。

葛拉松,A.A.,乔伊纳,R.L.(2013).论文写作成功指南(第3版).

(Glatthorn, A. A., & Joyner, R. L. (2013). *Writing the winning thesis or dissertation* (3rd ed.). Thousand Oaks, CA: Corwin Press.)

该渐进指南明确面向教育领域的研究生,尽管在标题上并没有体现出来。该书虽针对教育领域(大多数说明材料包含学校背景),但也牵涉任何专业领域制订研究计划时会遇到的一般问题,因此撰写计划书的新手仍然可以得到很多实用的建议。

共有12章讨论实际进行研究之前的活动。其中两章强烈建议撰写预计划书("发起书")并在与导师讨论论文时使用预计划书(这项建议笔者由衷赞同)。其余章节贯穿计划书准备、撰写和最后提交的全过程。第2版新增章节讨论计划书准备过程中的同僚协作,以及如何慎重熟练地使用技术——均针对大多数研究生很快就会面对的机遇和挑战而增。

作者自己也意识到,该书不是为复杂的学术研究准备的练习,而是一本手册,旨在为毫无经验的人提供专门的协助——以确定研究题目、设计研究和撰写书面计划书。书中建议新手要学会在撰写研究时使用"学术腔",尽管追求精确用词的人可能会因此退缩,但只要看看已发表的研究报告使用的文体风格,就会明白这个建议十分中肯。但无论怎样,比起建议新手塑造适当的形象,格拉宋和乔伊纳更注重帮助新手清楚明白地表述。

作者作为富有经验的论文指导老师,累积了大量的建议,尽管多与程序问题有关,却是事情能否成功的关键。备份记录、按计划表行事、在撰写报告前期确定采用第一人称还是第三人称,这些琐事最好不要轻视。该平装本虽薄,却是前人在撰写计划书时的惨痛教训的结晶,会让所有读者受益匪浅。

克鲁格,R.A.,凯西,M.A.(2009).焦点小组:应用性研究实用指南(第4版).

(Krueger, R. A., & Casey, M. A. (2009). *Focus groups: A practical guide for applied research* (4th ed.). Thousand Oaks, CA: Sage.)

现在市面上有各种各样的教科书涉及社会研究中焦点小组方法的使用。本书第5章讨论研究手段时提到了很多此类教材。其中一些针对设计理论基础的构建,一些则偏向实用目的,说明如何用焦点小组生成数据以解答研究问题。该书显然属于后者,作者把全部重心放在焦点小组研究的计划实施上。相应地,该书依次讨论了计划主持小组讨论、数据分析和报告发现。

经过几次再版修改,该书写作风格简单明了,术语也解释得通俗易懂,但又不失严谨认真——强调研究者应该做好研究并尊重焦点小组,正因他们说出自己的故事,才有了研究数据。实用的螺旋装订、极富创意的可爱插图、大量举例,加上贯穿始终的图标以标明文段的不同作用(程序上的注意事项、操作建议、一般原则、备忘清单等等),该书的确名副其实,是一本应用研究的指南。

如果想详细了解焦点小组方法完整的理论框架,或者想调查它在社会科学中的历史和发展过程,则需要参考其他的书。 如果需要焦点小组研究老手的"入门"建议,笔者认为该书是首选。

洛柯,L.F.,斯尔弗曼,S.J.,斯波多索,W.W.(2004).阅读和理解研究(第3版).

(Locke, L. F., Silverman, S. J., & Spirduso, W. W. (2010). *Reading and understanding research* (3rd ed.).Thousand Oaks,CA: Sage.)

推荐该教材不全是为了补充本书。对于新手来说,准备撰写计划书的时间和精力大部分都花在阅读和理解研究报告上。从一开始就知道怎么阅读理解研究论文,可以大大提高整个过程的效率还有收获。另外,至少掌握一些基本技巧、会判断报告中研究的质量(由此可知研究发现的可靠程度),这对新手大有裨益,无论是在和导师谈话时或是撰写计划书相关文献部分时都很有用处。阅读、理解和批判评估,这三项任务是该书的核心问题。

《阅读和理解研究》(*Reading and Understanding Research*)一书的写作风格与本书相似,旨在为研究新手提供指路明灯,既可作为课堂用的教材,也可当作自学手册。该书包含渐进式的研究和实践程序,还包括各种各样的记录表格、清单,用以协助初学者进行第一次实际报告。该书旨在与社会科学和应用研究领域中采用的各种各样的(量化的、质性的)范式配合使用。

与计划书撰写者关系尤为密切的部分是:(1)报告中常见的研究类型;(2)已发表研究的可信度问题;(3)质疑研究发现的理由说明;(4)批判阅读研究报告时应铭记的一系列基本问题;(5)指导读者如何去"解释"研究报告,加深其对研究内容的理解。该书的附录还新增入门指导,告诉读者如何理解研究报告中的文献综述、统计数据以及结果解释等。

马歇尔,C.,罗斯曼,G.B.(2011).设计质性研究:有效研究计划的全程指导(第5版).

(Marshall,C.,& Rossman,G.B.(2011).*Designing qualitative research* (5th ed.).Thousand Oaks,CA: Sage.)

该书是为数不多的专门讨论质性研究计划编写的书籍(另外也可参见下文所列马克斯威尔的著作)。新版本尽管加入很多反映当今研究环境的更新的细节,但仍保留之前版本中直接实用的独特风格。简而言之,作者把计划书文件当作一个框架,把那些反复思量直至最终展示研究设计的大量工作都组织进去。

该书不是撰写计划书的入门指南,也不是标准的为初学者设计的研究方法入门教材。该书旨在为任何初次进行质性研究的人提供简明、实用的指引,无论读者是否有研究经验。贯穿全文的目标是完整系统地讨论设计研究的主要问题——从寻找、定义问题到就计划调查方法进行答辩。

讨论设计过程也就是发展论据,以便说服资助机构评审专家或论文审查委员认可质性研究的重要性和可行性,以及作者完成研究的能力。每个步骤都有短小精悍(1~3页)的说明,强调会遇到的问题的实质和可行的解决方法。保持设计灵活变通,整理支持论据,这两个主题贯穿始终,把各个独立部分串连成一个统一体。该书对质性研究的多种方法都有涉及,包括女性主义研究、批判性人种学研究和质性评估范式。还有一章专门为质性研究的价值和逻辑辩护,研究生读者会发现该章特别有帮助。作者很清楚读者可能会碰上不熟悉质性研究范式或不确定其效力的评审专家,到时免不了要为自己的提案争辩一番。他们对这个问题的评论始终保持积极实用,从而避免了辩护式的姿态。对撰写质性计划书的新手来说,关于估计、管理时间和资源的特别章节也尤其有价值——新手几乎都会忽视或低估这个问题。

细读该书对撰写任何一份质性研究论文研究计划书都会有所助益,而且越早读获益越多。结合该书与本书一起阅读,会为成功撰写计划书奠定坚实的基础。

马克斯威尔,J.A.(2013).互动取向的质性研究设计(第3版)

(Maxwell, J.A. (2013). *Qualitative research design: An interactive approach* (3rd ed.) (Sage Applied Social Research Methods Series, Vol.41). Thousand Oaks, CA: Sage.)

尽管这薄薄的平装本只有一章专门讨论质性研究计划书的撰写,但实际上整本书都是关于撰写计划书的准备工作。作者把研究"设计"简单地当作研究的逻辑,而研究"计划书"文本只是把逻辑传达给特定听众的载体。

作者采用"互动的取向",允许读者参与一系列引人思考的问题和活泼的写作练习,这些都是制订研究计划的必需步骤:(1)你为什么要做这项研究?(2)你的依据是什么?(3)你想要了解什么?(4)你真正会做什么?(5)你会犯什么错? 上述最后一个问题是希望计划书的读者能确保研究的有效性。这是质性研究计划书展示/答辩时面临的最常见的问题之一,因而该教材对此较为关注,由此凸显教材的优势。附录包含一篇完整的质性研究计划书,每部分都有作者的评论。

新版本的改动之一是补充讨论了研究设计中的个人目的,研究设计中的个人目的是合理因素，但研究教材中很少提及。新版还补充讨论了如何构建概念框架（这常让新手研究者烦恼不堪），以及必须如何把概念框架和研究所处的范式结合起来，这个讨论也很有价值。

这不是一本数据收集分析方法的概要，也不是对质性研究范式的哲学和理论支持的全面详细的说明。该书概述了质性研究研究者彻底全面地考虑计划研究时必须切实采取的行动。

帕顿，M.L.(2010).实证研究设计(第4版).

(Patten,M.L.(2010).*Proposing empirical research* (4th ed.).Glendale,CA: Pyrc- zak Publishing.)

该书的副标题是"基本原理指南"，的确名副其实。该书包括为初次撰写计划书的学生提供的渐进式指导。尽管介绍的方法没有专门术语，覆盖面也极广，但针对的显然是社会行为科学领域的研究。其难易程度恰好适合本科四年级研究班或是硕士研究生的研究入门课程。该书虽然有学生练习和课堂讨论题目，但书中基本没有深奥的词汇和不必要的专业术语，这也就是说读者完全可以自学。如果读者正面临研究入门课程的可怕压力，那么事先自学帕顿的指南就能让你站稳先机，自信启程。

9个短小的计划书示例，向读者全面展示了研究计划书到底是个什么样子。每一个样例都来源于学术期刊上发表过的研究报告。帕顿和每个研究的作者只是从最终的报告回溯，重新撰写了相应的计划书。尽管这样重新撰写的计划书可能不够逼真，全无新手在最初起草研究计划书时常犯的错误，如文章开篇不合理、内容陈述啰唆、行文逻辑混乱等。但重新撰写的研究计划书，更符合申请规范，内容简明扼要、结构紧凑、论述严密。计划书还包含各种研究设计，如调查、实验、准实验、质性研究和混合设计的研究等等。

该书采用皮尔克扎克出版社研究系列丛书的统一版式设计，十分漂亮。读者如果从未读过皮尔克扎克出版社的研究入门指南丛书，那就从这本读起吧。不过要记得这里指的是"介绍和概述"。坚持读完全书197页之后就会基本了解调查研究用语，理解计划书必须实现的效果，而且肯定会觉得自己有能力撰写研究计划书，不管自己是不是喜欢做研究。这对任何一本教科书来说都是不小的成就。

潘斯勒，R.L.主编.(1995).研究中的伦理问题：相关案例和资料.

(Penslar,R.L.(Ed.).(1995).*Research ethics: Cases and materials*.Bloomington, IN: Indiana University Press.)

学界一直没有专著讨论研究在计划、实施和报告过程中产生的伦理问题，该书填补了这项空白。编者把该书设计成案例汇编,旨在提供材料启发研究工作者更深入地思考人类境遇伴随着正式调查所带来的伦理问题。该书章节包括伦理学理论和研究伦理的内容。案例材料分为自然科学、行为科学和人文学科。案例之后有发人深省的问题或小组讨论。该书涉及的话题有:越轨的科研行为、著作权、动物和人体被试、作假、师生关系、知识产权和其他伦理学关注的领域,扩展并推进了本书第2章的讨论。撰写计划书时就该开始考虑伦理问题了,所有研究都需要考虑这个问题。

罗斯曼,G.B.,拉里斯,S.F.(2012).实践出真知:质性研究入门(第2版).

(Rossman,G.B.,& Rallis,S.F.(2012).*Learning in the field: An introduction to qualitative research* (2nd ed.).Thousand Oaks,CA: Sage.)

由于作者中都有罗斯曼,读者可能以为该书与马歇尔、罗斯曼合著的设计质性研究研究的教材(见上文)一样,概要性地描述了计划书的准备工作。尽管该书有很长的一章专门讨论计划申请过程,的确总结了后者的一些材料,但笔者仍认为准备撰写计划书时应该参考《实践出真知:质性研究入门》一书。

作者虚构了三个研究生,描述其逐步发展各自不同的计划书的过程,这种教学策略相信对很多读者都十分有效。该书通过虚构的对话使读者意识到经验如何将兴趣各异、研究目标有别的人们引向不同的调查类型——乃至计划书内容。因为所有计划书都必须证明研究者、研究目标和研究方法之间的逻辑联系,该教材可以协助研究新手在讨论各自经历时逐渐阐发出这些逻辑联系。

该书新版本对内容进行了拓展,内容涵盖了科研伦理、数据分析以及如何准备学术报告。罗斯曼和拉里斯为求教材简明实用可谓用心良苦。打算进行质性研究的学者一定会发现这本用心之作值得认真阅读。

赛尔斯,B.D.,福克曼,S.(编).(2000).在研究中使用人类研究参与者的伦理问题.

(Sales,B.D.,& Folkman,S.(Eds.).(2000).*Ethics in research with human participants.*Washington,DC: American Psychological Association.)

该书是美国心理学会特别工作组的一个项目,主要讨论如何人道对待人类研究参与者等相关问题。开篇一章题为"人类研究的道德基础",与其说是讨论道德准则,不如说是在研究中涉及伦理问题时如何决策的前奏。该章提出研究道德不仅是指单纯地遵守规则,并警告在各种道德准则中常存在亟待解决的棘手问题,由此点出全书的主题思想。

在该汇编中作者也强调了研究者在其特定研究环境中作出相应伦理决策时承担的责任。最后一章题为"找出利益冲突、解决伦理两难"，把道德复杂性和个人责任心这两个主题纳入一句简单的声明之中，点出负责行为的要义。有道德地进行研究包括在掌握充分的伦理学知识信息后作出决策。

首尾章之间的内容分为两部分，分别关注"研究过程中的伦理问题"和"研究团体内的伦理议题"。有关研究过程的部分涉及计划研究、招募参与者、知情同意和隐私保密。有关伦理学和研究团体的部分则超越大多数此类书籍的涵盖范围，讨论了针对参与者、著作权、知识产权和伦理培训的责任。

笔者相信只要参考该汇编与本书第2章的伦理道德建议和本附录中有关负责科研的其他参考书，就会为撰写计划书奠定坚实的伦理学基础，足以通过任何合理的伦理审查。要使自己的研究符合伦理准则不需要大智大慧，但首先必须在计划书中体现自己对该书涉及的道德议题的缜密考虑。

舒马赫，D.(1992).获得资助!

(Schumacher, D. (1992). *Get funded!* . Newbury Park, CA: Sage.)

在本书的第6版，我们仍将《获得资助》(*Get Fund*)这本薄薄的课题申请撰写指南列为参考书目。这本书之所以经久不衰，不仅是因为作者撰写的内容信息丰富，还因为该书价格不贵，结构紧凑，可谓"物美价廉"。该书的宣传定位是"寻求商业机构资助的研究者的实用指南"，开篇说明企业环境，指导研究者如何在企业文化中发现需求利益，概述各种策略、让企业经理相信计划研究可能有助实现企业目标，最后从实际出发，讨论获得资助后如何组织这种私人资助研究。全书强调的是以企业合作者的立场思考——有合作就要有互惠。

一些研究领域得到的政府资助越来越少，迫使许多研究者不得不拓宽募集资助的范围。正如作者所说，与企业建立合作关系很可能成为未来的潮流。想要尝试与企业合作的人由这本书入门应该会大有收获。

施万特，T.A.(2007).Sage质性探究辞典(第3版).

(Schwandt, T. A. (2007). *The SAGE Dictionary of qualitative inquiry* (3rd ed.). Thousand Oaks, CA: Sage.)

从题目就能看出，该书可以作为参考资料摆在桌边随时查阅质性研究报告中使用的术语的含义。不过，由于很多定义包含对质性研究者思考及工作方式的说明，所以很多读者还会把这本辞典当教科书一样翻阅。作者行文优雅、引人入胜，轻易实现了辞典与教材这两个功用，完美地体现了"附加价值"的含义。

有几类读者可能需要这本参考书。有些读者想阅读质性研究报告,却发现不理解专业术语,读起来很困难,甚至根本读不懂,他们便需要这本辞典。还有很多研究生出于研究课程要求或是为学位论文开题报告做准备,正努力掌握质性研究范式的基本原理,他们也需要购买施万特这本辞典。无论由于何种目的购买,该书对质性研究标准教材都是有益的补充。

该书包括374条术语,按字母顺序排列,其中有70条是第2版中没有出现的,这也说明了现今质性研究实践领域的重大特点。文中所给的"定义"实际上是对该特定研究语言的词语含义的评论(有时论述长度相当于一篇小论文)。 交叉索引用粗体标示,方便读者顺着词义线索找到多个层次的术语。

作者对社会调查的确有自己的观点,虽然这种成见掩饰得很好。尽管如此,读者会发现作者在对质性研究传统中的关键概念进行处理时,还是力求真实、简省,且含义丰富的。

沙迪什,W.R.,库克,T.D.,坎贝尔,D.T.(2002).一般因果推论的实验与准实验设计.

(Shadish, W.R., Cook, T.D., & Campbell, D.T.(2002).*Experimental and quasi-experimental designs for general causal inference*.Boston: Houghton Mifflin.)

坎贝尔与斯坦利(Stanley)对同一主题曾作专著论述(1963),被奉为经典,之后库克与坎贝尔对其做了更为全面详细的说明(1979),该书则补充了前二者,全面讨论了从真实实验到各种准实验的研究设计的有效性。讨论还包括在学校、社区中心、医院及其他场地进行研究的例子,在这些地方进行实验有时难以控制变量。同样地,作者论及很多问题,其范围已超越实验室试验的惯常界限。

全书关注的焦点是影响数据有效性的调查方法。即使读者计划的研究采用某种质性研究"传统",构建其有效性另有考虑因素,但笔者仍认为刚起步的读者应该对所有类型的实证研究有基本的了解,无论它们基于什么研究范式。

托马斯,R.M.(2003).论文中质性-量化研究方法的混合设计.

(Thomas, R.M.(2003).*Blending qualitative & quantitative research methods in theses and dissertations*.Thousand Oaks, CA: Corwin Press.)

在本书第6章,我们曾经阐述过关于混合设计的研究计划书写作注意事项,为该书目提要提供了背景信息。尽管我们担忧,课题申请采用混合设计能否被普遍接受,但目前来看,混合设计研究在社会学和行为学科研出版物上几乎随处可见。采用混合方法的论文以及经费资助研究项目的计划书也不可避免地成为一种潮流。

　　该平装本不厚但内容充实，托马斯教授在其中始终秉持一条原则，他相信示范比说教（或写）有用得多。因此，全书240页有超过一半的篇幅是精心选择的案例——很多是从论文中节选的。

　　读者应该弄清该书的定位，该书并未详细讲解如何计划、实施和汇报研究——无论是混合方法研究或是其他研究。该书也不规定"正确"方法来结合量化、质性研究范式进行调查。该书描述的是数据收集方法及从属的设计样式，涉及范围较广并罗列了各自的优缺点，然后由读者自行选择最适合自己研究需要的结合（混合）方式。

　　托马斯还用一整部分来说明重复研究是混合方法研究的一种合理形式，笔者对这一部分十分推崇。托马斯对研究类型有自己的分类方式，读者可能需要一些时间适应。例如，相关性研究的各种形式及其案例研究和调查囊括进题为"现状视角"的章节里。但如果读者坚持翻阅完全书，相信一定会大有收获。

　　沃特，W.P.和约翰逊，R.B.(2011)统计学与方法学辞典：社会科学非技术性指南（第4版）.

　　(Vogt, W.P., & Johnson, R.B. (2011). *Dictionary of statistics and methodology: A nontechnical guide for the social sciences* (4th ed.). Thousand Oaks, CA: Sage.)

　　本书最初从平装小本，到最新版增至456页，提供近2000条统计概念和方法术语的非技术性定义，以字母排序，简便易查。作者的目标是使读者能够读懂研究报告中陌生的步骤说明。所有的定义都用简明扼要的英语写成，解释说明完全不用套话行话。标准教材（通常没有术语汇编或合格索引）往往使读者遍寻不着研究概念或步骤的清楚解释，该书至少使读者免除了这个苦恼。

　　所有研究者包括笔者在内，都遇到过这种情况：术语、方法不经常使用就会变得生疏，因此需要时常温习。比如"固定效应模型""决定系数""下限效应""目的抽样"和"相关检验"，只需一个简单实际的定义（或是一句温和的提示）就能唤起我们的记忆，帮助阅读。很多词条都有方便的相关定义交叉索引。例如，"范式"一条的相关概念罗列了"图式"和"模型"，能很好地充实该词条的定义。最后，这本辞典附有其他参考词典和参考文献（涉及各个学科），供读者进一步延伸阅读，同时还提供了一系列网址，便于读者检索信息。

参考文献

Altman, L. K., & Broad, W. J. (2005, December 20). Global trend: More science, more fraud. *New York Times*. Retrieved from www.nytimes.com

American Educational Research Association. (2011). *Code of ethics*. Retrieved from www .aera.net/Portals/38/docs/About_AERA/CodeOfEthics(1).pdf

American Psychological Association. (2010a). *Ethical principles of psychologists and code of conduct*. Retrieved from www.apa.org/ethics/code/index.aspx

American Psychological Association. (2010b). *Publication manual of the American Psychological Association* (6th ed.). Washington, DC: Author.

Bailey, C. A. (2007). *A guide to qualitative field research* (2nd ed.). Thousand Oaks, CA: Sage.

Bauer, D. G. (2011). *The "how to" grants manual: Successful grantseeking techniques for obtaining public and private grants* (7th ed.). New York: Rowman & Littlefield.

Bartlett, T. (2011). Marc Houser resigns from Harvard. *Chronicle of Higher Education*. Retrieved from www.chronicle.com/article/Marc-Hauser-Resigns-From/128296/

Bazeley, P. (2007). *Qualitative data analysis with NVivo*. London: Sage.

Becker, H. S. (2007). *Writing for social scientists: How to start and finish your thesis, book, or article* (2nd ed.). Chicago: University of Chicago Press.

Bell, R. (1992). *Impure science: Fraud, compromise, and political influences in scientific research*. New York: Wiley.

Bloomberg, L. D., & Volpe, M. (2012). *Completing your qualitative dissertation: A road map from beginning to end* (2nd ed.). Thousand Oaks, CA: Sage.

Bogdan, R., & Biklen, S. (2006). *Qualitative research for education: An introduction to theory and method* (5th ed.). New York: Pearson.

Boote, D. N., & Beile, P. (2005). Scholars before researchers: On the centrality of the dissertation literature review in research preparation. *Educational Researcher, 34*(6), 3–15.

Bronowski, J. (1965). *Science and human values*. New York: Harper & Row.

Bryant, A., & Charmaz, K. (Eds.). (2010). *The SAGE handbook of grounded theory*. Thousand Oaks, CA: Sage.

Bryant, M. T. (2004). *The portable dissertation advisor*. Thousand Oaks, CA: Corwin Press.

Campbell, D. T., & Stanley, J. C. (1963). *Experimental and quasi-experimental designs for research*. Chicago: Rand McNally.

Carlisle, J. B. (2012). The analysis of 168 randomised controlled trials to test for data integrity. *Anaesthesia, 67*, 521–557.

Carr, W., & Kemmis, S. (1986). *Becoming critical: Education, knowledge and action research*. London: Falmer.

如何做好研究计划：关于开题报告和项目申请的指导（原书第6版）

Carspecken, P. F. (1996). *Critical ethnography in educational research: A theoretical and practical guide* (Routledge Critical Social Thought Series). New York: Routledge.

Coffey, A. J., & Atkinson, P. A. (1996). *Making sense of qualitative data: Complementary research strategies.* Thousand Oaks, CA: Sage.

Coley, S. M., & Scheinberg, C. A. (2013). *Proposal writing* (4th ed.). Thousand Oaks, CA: Sage.

Committee on Science, Engineering, and Public Policy, National Academy of Science, National Academy of Engineering, and Institute of Medicine. (2009). *On being a scientist: Responsible conduct in research* (3rd ed.). Washington, DC: National Academy Press.

Cook, T., & Campbell, D. (1979). *Quasi-experimentation: Design and analysis issues for field settings.* Boston: Houghton Mifflin.

Creswell, J. W. (2009). *Research design: Qualitative, quantitative, and mixed method approaches* (3rd ed.). Thousand Oaks, CA: Sage.

Creswell, J. W. (2013). *Qualitative inquiry and research design: Choosing among five approaches* (3rd ed.). Thousand Oaks, CA: Sage.

Creswell. J. W., & Plano-Clark, V. L. (2011). *Designing and conducting mixed methods research* (2nd ed.). Thousand Oaks, CA: Sage.

Cumming, G., Fidler, F., Kalinowski, P., & Lai, J. (2012). The statistical recommendations of the American Psychological Association Publication Manual: Effect sizes, confidence intervals, and meta-analysis. *Australian Journal of Psychology, 64,* 138–146.

Datta, L. (1994). Paradigm wars: A basis for peaceful coexistence and beyond. In C. S. Reichardt & S. F. Rallis (Eds.), *The qualitative-quantitative debate: New directions for program evaluation* (pp. 53–70). San Francisco: Jossey-Bass.

Delamont, S. (2001). *Fieldwork in educational settings: Methods, pitfalls, and perspectives* (2nd ed.). London: Falmer.

Denscombe, M. (2010). *The good research guide for small scale research projects* (4th ed.). Buckingham, UK: Open University Press.

Denzin, N. K., & Lincoln, Y. S. (Eds.). (2002). *The qualitative inquiry reader.* Thousand Oaks, CA: Sage.

Denzin, N. K., & Lincoln, Y. S. (Eds.). (2011). *The SAGE handbook of qualitative research* (4th ed.). Thousand Oaks, CA: Sage.

Eisenhart, M. A., & Howe, K. R. (1992). Validity in educational research. In M. D. LeCompte, W. L. Millroy, & J. Preissle (Eds.), *The handbook of qualitative research in education* (pp. 643–680). San Diego: Academic Press.

Eisner, E. W. (1981). On the differences between scientific and artistic approaches to qualitative research. *Educational Researcher, 59*(4), 5–9.

Eisner, E. W., & Peshkin, A. (Eds.). (1990). *Qualitative inquiry in education: The continuing debate.* New York: Teachers College Press.

Emerson, R. M., Fretz, R. I., & Shaw, L. L. (2012). *Writing ethnographic field notes.* Chicago: University of Chicago Press.

Fanger, D. (1985, May). The dissertation, from conception to delivery. *On Teaching and Learning: The Journal of the Harvard-Danforth Center, 1,* pp. 26–33.

Farrell, A. (Ed.). (2005). *Ethical research with children.* New York: Open University Press.

Fetterman, D. M. (2010). *Ethnography: Step by step* (3rd ed.) (Sage Applied Social Research Methods Series, Vol. 17). Thousand Oaks, CA: Sage.

Fink, A. (2010). *Conducting research literature reviews: From the Internet to paper* (3rd ed.). Thousand Oaks, CA: Sage.

Flynn, L. R., & Goldsmith, R. E. (2013). Case studies for ethics in academic research in the social sciences. Thousand Oaks, CA: Sage.

Foundation Center (2012). *The foundation directory online.* New York: Author.

Freebody, P. (2003). *Qualitative research in education.* Thousand Oaks, CA: Sage.

Gall, M. D., Gall, J. P., & Borg, W. R. (2007). *Educational research: An introduction* (8th ed.). Boston: Allyn & Bacon.

Galvan, J. L. (2013). *Writing literature reviews* (5th ed.). Glendale, CA: Pyrczak Publishing.

Girden, E. R., & Kabacoff, R. I. (2011). *Evaluating research articles: From start to finish* (3rd ed.). Thousand Oaks, CA: Sage.

Gitlin, A. (Ed.). (1994). *Power and method: Political activism and educational research.* New York: Routledge.

Glatthorn, A. A., & Joyner, R. L. (2013). *Writing the winning thesis or dissertation: A step-by-step guide* (3rd ed.). Thousand Oaks, CA: Corwin.

Glesne, C. (2010). *Becoming qualitative researchers: An introduction* (4th ed.). New York: Pearson.

Golden-Biddle, K., & Locke, K. D. (2007). *Composing qualitative research* (2nd ed.). Thousand Oaks, CA: Sage.

Green, J. C., & Caracelli, V. J. (Eds.). (1997). *Advances in mixed method evaluation: The challenges and benefits of integrating diverse paradigms.* San Francisco: Jossey-Bass.

Greenbaum, T. L. (1998). *The handbook for focus group research* (2nd ed.). Thousand Oaks, CA: Sage.

Greenbaum, T. L. (2000). *Moderating focus groups: A practical guide for group facilitation.* Thousand Oaks, CA: Sage.

Guba, E. G., & Lincoln, Y. S. (1989). *Fourth generation evaluation.* Newbury Park, CA: Sage.

Guston, D. H. (1993). Mentoring and the research training experience. In Panel on Scientific Responsibility and the Conduct of Research, Committee on Science, Engineering, and Public Policy, National Academy of Sciences, National Academy of Engineering, and Institute of Medicine (Eds.), *Responsible science: Ensuring the integrity of the research process* (Vol. 2, pp. 50–65). Washington, DC: National Academy Press.

Hammersley, M., & Traianou, A. (2012). *Ethics in qualitative research: Controversies and Contests.* Thousand Oaks, CA: Sage.

Harrison, J., Thompson, B., & Vannest, K. J. (2009). Interpreting the evidence for effective interventions to increase the academic performance of students with ADHD: Relevance of statistical significance controversy. *Review of Education Research, 79,* 740–775.

Holliday, A. (2007). *Doing and writing qualitative research* (2nd ed.). Thousand Oaks, CA: Sage.

如何做好研究计划: 关于开题报告和项目申请的指导（原书第6版）

Horner, J., & Minifie, F. D. (2011a). Research Ethics I: Responsible conduct of research (RCR)—historical and contemporary issues pertaining to human and animal experimentation. *Journal of Speech, Language, and Hearing Research, 54,* S303–S329.

Horner, J., & Minifie, F. D. (2011b). Research Ethics II: Mentoring, collaboration, peer review, and data management and ownership. *Journal of Speech, Language, and Hearing Research, 54,* S330–S345.

Horner, J., & Minifie, F. D. (2011c). Research Ethics III: Publication practices and authorship, conflicts of interest, and research misconduct. *Journal of Speech, Language, and Hearing Research, 54,* S346–S362.

Huberman, A. M., & Miles, M. B. (2002). *The qualitative researcher's companion.* Thousand Oaks, CA: Sage.

Information Today. (2013). *Annual register of grant support* (46th ed.). Medford, NJ: Author.

Jacob, E. (1987). Qualitative research traditions: A review. *Review of Educational Research, 57,* 1–50.

Jacob, E. (1988). Clarifying qualitative research: A focus on traditions. *Educational Researcher, 17*(1), 22–24.

Jacob, E. (1989). Qualitative research: A defense of traditions. *Review of Educational Research, 59,* 229–235.

Jensen, B. E., Martin, K. A., & Mann, B. L. (2003). Journal format versus chapter format: How to help graduate students publish. *Measurement in Physical Education and Exercise Science, 7,* 43–51.

Johnson, R. B. (1997). Examining the validity structure of qualitative research. *Education, 118,* 282–292.

Jorgensen, D. L. (1989). *Participant observation* (Sage Applied Social Research Methods Series, Vol. 15). Newbury Park, CA: Sage.

Kidd, P. S., & Parshall, M. B. (2000). Getting the focus and the group: Enhancing analytical rigor in focus group research. *Qualitative Health Research, 10,* 293–308.

Kimmel, A. J. (1988). *Ethics and values in applied social research* (Sage Applied Social Research Methods Series, Vol. 12). Newbury Park, CA: Sage

Kraemer, H. C., & Thiemann, S. (1987). *How many subjects? Statistical power analysis in research.* Newbury Park, CA: Sage.

Krause, M.S. (2011). Statistical significance testing and clinical trials. *Psychotherapy, 48,* 217–222.

Kroll, W. (1993). Ethical issues in human research. *Quest, 45,* 32–44.

Krueger, R. A., & Casey, M. A. (2009). *Focus groups: A practical guide for applied research* (4th ed.). Thousand Oaks, CA: Sage.

Kuhn, T. S. (1996). *The structure of scientific revolutions* (3rd ed.). Chicago: University of Chicago Press.

Kvale, S. (1994). Ten standard objections to qualitative research interviews. *Journal of Phenomenological Psychology, 25,* 147–173.

Kvale, S. (1995). The social construction of validity. *Qualitative Inquiry, 1,* 19–40.

Lather, P. (1991). *Getting smart: Feminist research and pedagogy with/in the postmodern* (Routledge Critical Social Thought Series). New York: Routledge.

LeCompte, M. D., Milroy, W. L., & Preissle, J. (Eds.). (1992). *The handbook of qualitative research in education.* San Diego: Academic Press.

Lincoln, Y. S. (1995). Emerging criteria for quality in qualitative and interpretive research. *Qualitative Inquiry, 1,* 275–289.

Lincoln, Y. S., & Guba, E. G. (1985). *Naturalistic inquiry.* Beverly Hills, CA: Sage

Locke, L. F., Silverman, S. J., & Spirduso, W. W. (2010). *Reading and understanding research* (3rd ed.). Thousand Oaks, CA: Sage.

Lofland, J., Snow, D. A., Anderson, L., & Lofland, L. H. (2005). *Analyzing social settings: A guide to qualitative observation and analysis* (4th ed.). Belmont, CA: Wadsworth.

Macrina, F. L. (2005). *Scientific integrity: Text and cases in responsible conduct of research* (3rd ed.). Washington, DC: ASM Press.

Madison, D. S. (2011). *Critical ethnography: Method, ethics, and performance* (2nd ed.) Thousand Oaks, CA: Sage.

Malek, J. (2010). To tell or not to tell? The ethical dilemma of the would-be whistleblower. *Accountability in Research, 17,* 115–129.

Marshall, C., & Rossman, G. B. (2010). *Designing qualitative research* (5th ed.). Thousand Oaks, CA: Sage.

Mauthner, M., Birch, M., Jessop, J., & Miller, T. (2002). *Ethics in qualitative research.* Thousand Oaks, CA: Sage.

Maxwell, J. A. (1992). Understanding and validity in qualitative research. *Harvard Educational Review, 62,* 279–300.

Maxwell, J. A. (2013). *Qualitative research design: An interactive approach* (3rd ed.). (Sage Applied Social Research Methods Series, Vol. 41). Thousand Oaks, CA: Sage.

Mays, N., & Pope, C. (2000). Assessing quality in qualitative research. *British Medical Journal, 320,* 50–52.

Merriam, S. B. (2001). *Qualitative research and case study applications in education* (2nd ed.). San Francisco: Jossey-Bass.

Merriam, S. B. (Ed.). (2002). *Qualitative research in practice: Examples for discussion and analysis.* San Francisco: Jossey-Bass.

Merriam, S. B. (2009). *Qualitative Research: A Guide to Design and Implementation.* San Francisco: Jossey-Bass.

Miceli, M. P., & Near, J. P. (1992). *Blowing the whistle.* Lanham, MD: Lexington Books.

Miles, M. B., & Huberman, A. M. (1994). *Qualitative data analysis* (2nd ed.). Thousand Oaks, CA: Sage.

Milinki, A. K. (Ed.) (1999). *Cases in qualitative research: Research reports for discussion and evaluation.* Los Angeles: Pyrczak Publishing.

Morgan, D. L. (1997). *Focus groups as qualitative research* (2nd ed.) (Sage Qualitative Research Methods Series Vol. 16). Thousand Oaks, CA: Sage.

Morse, J. M. (Ed.). (1997). *Completing a qualitative project: Details and dialogue.* Thousand Oaks, CA: Sage.

Morse, J. M., & Niehaus, L. (2009). *Mixed methods design: Principles and procedures.* Walnut Creek, CA: Left Coast Press.

Morse, J. M., & Richards, L. (2012). *Readme first for a user's guide to qualitative methods* (3rd ed.). Thousand Oaks, CA: Sage.

Morse, J. M., Swanson, J. M., & Kuzel, A. J. (Eds.). (2001). *The nature of qualitative evidence.* Thousand Oaks, CA: Sage.

National Academy of Science, National Academy of Engineering, and Institute of Medicine. (1997). *Advisor, teacher, role model, friend: On being a mentor to students in science and engineering.* Washington, DC: National Academy Press.

Oliver, P. (2003). *The student's guide to research ethics.* Philadelphia: Open University Press.

Palgrave Macmillan (Ed.). (2012). *The grants register 2013* (31st ed.). New York: Author.

Panel on Scientific Responsibility and the Conduct of Research. (1992). *Responsible science: Ensuring the integrity of the research process* (Vol. 1). Washington, DC: National Academy Press.

Patten, M. L. (2010). *Proposing empirical research: A guide to the fundamentals* (4th ed.). Glendale, CA: Pyrczak Publishing.

Patton, M. Q. (2001). *Qualitative research and evaluation methods* (3rd ed.). Thousand Oaks, CA: Sage.

Payne, D. (2005, March 21). Researcher admits faking data. *The Scientist.* Retrieved from www.the-scientist.com/article/display/22630/

Penslar, R. L. (Ed.). (1995). *Research ethics: Cases and materials.* Bloomington: Indiana University Press.

Piantanida, M., & Garman, N. B. (2009). *The qualitative dissertation: A guide for students and faculty* (2nd ed.). Thousand Oaks, CA: Corwin.

Przeworski, A., & Salomon, F. (1995). *The art of writing proposals.* New York: Social Science Research Council. Retrieved from www.ssrc.org/workspace/images/crm/new_publication_3/%7B7a9cb4f4-815f-de11-bd80-001cc477ec70%7D.pdf

Puchta, C., & Potter, J. (2004). *Focus group practice.* Thousand Oaks, CA: Sage.

Reece, R. D., & Siegel, H. A. (1986). *Studying people: A primer in the ethics of social research.* Macon, GA: Mercer University Press.

Reichardt, C. S., & Rallis, S. F. (Eds.). (1994). *The qualitative-quantitative debate.* San Francisco: Jossey-Bass.

Ribbens, J., & Edwards, R. (Eds.). (1998). *Feminist dilemmas in qualitative research.* Thousand Oaks, CA: Sage.

Riessman, C. K. (Ed.). (1994). *Qualitative studies in social work research.* Thousand Oaks, CA: Sage.

Roberts, C. M. (2010). *The dissertation journey: A practical and comprehensive guide to planning, writing, and defending your dissertation* (2nd ed.). Thousand Oaks, CA: Sage.

Roberts, G. C. (1993). Ethics in professional advising and academic counseling of graduate students. *Quest, 45,* 78–87.

Rossman, G. B., & Rallis, S. F. (2012). *Learning in the field: An introduction to qualitative research* (3rd ed.). Thousand Oaks, CA: Sage.

Rubin, H. J., & Rubin, I. S. (2012). *Qualitative interviewing: The art of hearing data* (3rd ed.). Thousand Oaks, CA: Sage.

Sales, B. D., & Folkman, S. (Eds.). (2000). *Ethics in research with human participants.* Washington, DC: American Psychological Association.

Schlachter, G. A., & Weber, R. D. (2010a). *Money for graduate students in the arts & humanities, 2010–2012.* El Dorado Hills, CA: Reference Service Press.

Schlachter, G. A., & Weber, R. D. (2010b). *Money for graduate students in the biological sciences, 2010–2012.* El Dorado Hills, CA: Reference Service Press.

Schlachter, G. A., & Weber, R. D. (2010c). *Money for graduate students in the health sciences, 2010-2012.* El Dorado Hills, CA: Reference Service Press.

Schlachter, G. A., & Weber, R. D. (2010d). *Money for graduate students in the physical & earth sciences, 2010-2012.* El Dorado Hills, CA: Reference Service Press.

Schlachter, G. A., & Weber, R. D. (2010e). *Money for graduate students in the social & behavioral sciences, 2010-2012.* El Dorado Hills, CA: Reference Service Press.

Schlachter, G. A., & Weber, R. D. (2011). *How to pay for your degree in education & related fields, 2011–2013.* El Dorado Hills, CA: Reference Service Press.

Schoolhouse Partners. (2012a). *Directory of biomedical and health care grants* (23rd ed.). West Lafayette, IN: Author.

Schoolhouse Partners. (2012b). *Directory of grants in the humanities* (22nd ed.). West Lafayette, IN: Author.

Schoolhouse Partners. (2012c). *Directory of research grants* (35th ed.). West Lafayette, IN: Author.

Schumacher, D. (1992). *Get funded!* Newbury Park, CA: Sage.

Schwandt, T. A. (2007). *The SAGE dictionary of qualitative inquiry* (3rd ed.). Thousand Oaks, CA: Sage.

Seidman, I. (2006). *Interviewing as qualitative research* (3rd ed.). New York: Teachers College Press.

Shadish, W. R., Cook, T. D., & Campbell, D. T. (2002). *Experimental and quasi-experimental designs for general causal inference.* Boston: Houghton Mifflin.

Sieber, J. E., & Tolich, M. B. (2013). *Planning ethically responsible research* (2nd ed.). Thousand Oaks, CA: Sage.

Simons, H., & Usher, R. (Eds.). (2000). *Situated ethics in educational research.* London: Routledge Falmer.

Sprague, R. L. (1998). The voice of experience. *Science and Engineering Ethics, 4,* 33–44.

Stake, R. E. (1995). *The art of case study research.* Thousand Oaks, CA: Sage.

Stang, A., Poole, C., & Kuss, O. (2010). The ongoing tyranny of statistical significance testing in biomedical research. *European Journal of Epidemiology, 25,* 225–230.

Stanley, B. H., Sieber, J. E., & Melton, G. B. (Eds.). (1996). *Research ethics: A psychological approach.* Lincoln: University of Nebraska Press.

Strauss, A., & Corbin, J. (Eds.). (1997). *Grounded theory in practice.* Thousand Oaks, CA: Sage.

Strauss, A., & Corbin, J. (2008). *Basics of qualitative research* (3rd ed.). Thousand Oaks, CA: Sage.

Strunk, W., Jr., & White, E. B. (2000). *The elements of style* (4th ed.). Boston: Longman.

Swazey, J. P., Anderson, M. S., & Lewis, K. S. (1993). Ethical problems in academic research. *American Scientist, 81,* 542–553.

Tashakkori, A., & Teddlie, C. (Eds.). (2010). *Handbook of mixed methods in social and behavioral research* (2nd ed.). Thousand Oaks, CA: Sage.

Taubes, G. (1995). Plagiarism suit wins: Experts hope it won't set a trend. *Science, 268,* 1125.

Teddlie, C., & Tashakkori, A. (2009). *Foundations of mixed methods research: Integrating quantitative and qualitative approaches in the social and behavioral sciences.* Thousand Oaks, CA: Sage.

Thomas, G. (2011). *How to do your case study: A guide for students and researchers.* Thousand Oaks, CA: Sage.

Thomas, J. (1992). *Doing critical ethnography.* Newbury Park, CA: Sage.

Thomas, J. R., Nelson, J. K., & Silverman, S.J. (2011). *Research methods in physical activity* (6th ed.). Champaign, IL: Human Kinetics.

Thomas, R. M. (2003). *Blending qualitative and quantitative research methods in theses and dissertations.* Thousand Oaks, CA: Corwin Press.

Thornton, S. J. (1987). Artistic and qualitative scientific approaches: Influence on aims, conduct, and outcome. *Education and Urban Society, 20,* 25–34.

Van Maanen, J. (2011). *Tales of the field: On writing ethnography* (2nd ed.). Chicago: University of Chicago Press.

Vogt, W. P., & Johnson, R. B. (2011). *Dictionary of statistics and methodology: A nontechnical guide for the social sciences* (4th ed.). Thousand Oaks, CA: Sage.

Webb, C., & Kevern, J. (2001). Focus groups as a research method: A critique of some aspects of their use in nursing research. *Journal of Advanced Nursing, 33,* 798–805.

Wolcott, H. F. (2009). *Writing up qualitative research* (2nd ed.) (Sage Qualitative Research Methods Series, Vol. 20). Thousand Oaks, CA: Sage.

Yin, R. K. (Ed.). (2004). *The case study anthology.* Thousand Oaks, CA: Sage.

Yin, R. K. (2009). *Case study research: Design and methods* (4th ed.) (Sage Applied Social Research Methods Series, Vol. 5). Thousand Oaks, CA: Sage.

Yin, R. K. (2012). *Applications of case study research* (3rd ed.) (Sage Applied Social Research Methods Series, Vol. 34). Thousand Oaks, CA: Sage.

Zeni, J. (Ed.). (2001). *Ethical issues in practitioner research.* New York: Teachers College Press.